중국의
神仙
이야기

그 넓고 신비한 세계로!

중국의 神仙 이야기

― 진기환 편저 ―

이담 Books

책머리에

　신선(神仙)은 병들지 않고 죽지도 않는다. 신선은 시공을 초월하며 하늘과 땅이나 바다 어디에서든 자유롭기에 인간에게는 동경의 대상이면서 희망이었다. 신선은 인간의 속성을 지닌 채 인간다운 노력과 활동을 한다. 따라서 신선의 이야기는 선량한 사람들이 살아가는 이야기이다.

　신선 이야기는 시비와 선악의 관념이 명확하며, 포악한 자를 징벌하고 약자를 돕는 소박한 정의수호가 그 주요한 내용이다. 여기에는 통치계층의 부당한 착취에 대한 민초들의 저항의식이 들어 있으며 자유평등과 풍요와 평화에 대한 염원이면서 기득권에 대한 부정이며 반항의식과 함께 강렬한 자아의식의 표출이다. 신선은 어린아이들의 단순한 몽상이 결코 아니다.

　신선 이야기에는 중국인의 미(美) 의식이 들어 있다. 이철괴(李鐵拐) 같이 추한 모습의 신선도 있지만, 대부분 모습과 마음이 아름다운 사람들이며 훌륭한 인격이나 학식과 능력을 갖추고 있다. 빼어난 미모의 아름다운 마음씨를 가진 선녀가 근면 성실한 젊은이를 사랑하는 이야기는 중국인이 바라는 여성상의 표현이며 심미관의 반영이다. 훌륭한 인격을 갖춘 신선이나 선녀는 중국인들의 이상이었다.

그런 이상형을 마음에 그리며 이야기하는 사람은 행복할 것이다.

신선은 수련이나 선단(仙丹)의 복용 또는 앞선 신선의 지도를 받아 초능력을 습득한다. 도(道)를 체득하여 신선이 된다는 것은 도교의 이상이었다. 도교는 신선 사상이 그 근저를 이루고 있다.

불사(不死)와 승천(昇天)은 인간의 삶과 죽음에 대한 형이상학적 사고의 결과이다. 육체적 불사는 영혼의 불사만큼 고귀한 것이라고 중국인들은 생각했다.

장생불로를 실현한 신선에 대한 개념은 도교의 성립 훨씬 이전부터 널리 퍼져 있었다. 도교가 성립 발전하면서 이들은 모두 도교에 수용되었다. 따라서 신선사상을 제외한 도교는 존재할 수 없다.

신선 이야기를 중국인은 특별히 선화(仙話)라고 하는데, 선화에는 환상적인 내용이 많다. 오곡을 먹지 않으니 양식 걱정이 없고, 자신의 형체를 마음대로 바꿀 수 있고, 신선은 황제나 통치계급에 의해 제어당하지도 않는데 이런 환상의 세계는 곧 이상향이었다.

선화는 철학적이며 이념적인 이야기로부터 아주 평범한 이야기까지 그야말로 천차만별이다. 이는 학자나 도사에서 일자무식의 촌로에 이르기까지 많은 계층에서 신선들의 이야기를 만들고 전승했다는 뜻이며 그만한 생명력을 갖고 있다는 반증이다.

선화는 중국문화에 큰 영향을 주었다. 중국의 역사, 문학, 사상, 종교에는 신선사상이 그 바탕에 깔려 있다. 불로장생과 건강, 여유와 행복, 자유와 평등, 선악과 정의 등 이런 가치관이나 개념을 뺀 문학과 역사와 정치가 있을 수 있겠는가?

선화는 중국 문화의 근원에 대한 이해와 탐구를 위한 기초이며, 도교 철학의 중요한 부분이기에 학문적으로도 매우 중요하다. 중국 신선의 이야기는 학문적이고 철학적인 이야기이다.

이러한 중국의 신선 이야기를 어찌 책 한 권에 모두 담을 수 있겠는가? 그중에서도 가장 기본적이면서도 문헌에 근거를 모두 두고 있는 것들을 선별하여 우리 독자들에게 소개하고자 한다.

2011년 11월
진기환

목차

제2부 도교의 여러 신선

제3부 전설 속의 신선

제1부

팔선 이야기

신선은 중국인들이 원하는 모든 것을 다 갖춘 슈퍼맨으로 중국인들에 의해 창조된, 불로불사의 이상적 인간이다.

중국에는 신선에 관한 이야기가 많이 전해 오는데 이를 특별히 선화(仙話)라고 한다.

신선은 한두 명이 결코 아니다. 신선이 된 사람은 굉장히 많이 있지만, 그중에서도 가장 잘 알려진 대표적 신선 8명을 특별히 팔선(八仙)이라고 한다. 팔선은 중국인에게 가장 인기 있는 신선 집단이다.

1. 팔선의 연원과 전설

도교에서 말하는 팔선(八仙)은 이철괴(李鐵拐), 종리권(鍾離權), 장과로(張果老), 여동빈(呂洞賓), 하선고(何仙姑), 남채화(藍采和), 한상자(韓湘子), 조국구(曹國舅) 등을 지칭한다. 이들이 팔선이라고 통칭되지만 그들이 살았던 시대가 서로 다르고, 그 행적도 당·송 문인들의 글 속에 산발적으로 나타난다.

그러다가 이들이 한 그룹으로 등장한 것은 원(元)나라 때였으나, 그때까지도 그 구성원이 조금씩 달랐다고 한다. 이처럼 팔선의 구성원이 시대나 사람에 따라 서로 다르다는 것은 민중들이 신(神)을 창조하는 과정에서 민중의 기호나 요구에 따라 대상이 달라지기 때문이다.

▷ 도교의 팔선

그러나 팔선이란 말의 근원은 한대(漢代)까지 거슬러 올라가야 한다.

회남팔선(淮南八仙)은 한대에 회남왕 유안(淮南王 劉安)의 문객 여덟 명을 지칭하는데 이들을 보통 팔공(八公)이라고도 통칭하며 이들이 곧 ≪회남자(淮南子)≫의 저자이기도 하다.

당대(唐代)에는 주중팔선(酒中八仙)으로 이백(李白), 하지장(賀知章), 이괄지(李适之), 이진(李璡), 최종지(崔宗之), 소진(蘇晉), 장욱(張旭), 초수(焦遂)가 유명한데 이들은 모두 술을 좋아하고 시를 잘 지은 인물들로 두보(杜甫)의 <음중팔선가(飮中八仙歌)>에 그들의 행적이 나타나 있다.

이들은 사실 신선은 아니고 술과 시와 한담을 즐긴 사람들을 부르기 좋게 신선이라 칭한 것이다.

신선에 대한 이런저런 이야기를 소설로 완성한 명대(明代) 오원태(吳元泰)의 《상동팔선전(上洞八仙傳, 속칭 東游記. 陳起煥 번역본 참조》 속에서 열거한 팔선이 지금까지 그대로 통하고 있다.

이들 팔선이 중국인에겐 아주 친근한 신선 그룹이지만, 그 팔선은 서로 다른 시기에, 서로 다른 신분으로 제각각 다른 수행과 행적을 남겼다. 그러나 이들의 성격이나 행동은 극히 합리적이고 인정(人情)에 맞고 아주 원만하여 중국인에게 가장 인기가 있는 스타 그룹이 되었다.

중국에 존재하는 그 수많은 신선이나 크고 작은 신들 중에 이들 팔선이 인기를 누리는 비결은 무엇인가?

그 해답은 팔선이 바로 중국의 남녀노소, 부귀빈천, 문아(文雅)함과 거친 야성(野性) 등 사회 각계각층의 특성을 포용하는, 즉 광범위한 대표성에 있다.

말하자면 이 팔선은 바로 중국인에게 아주 가까운 지기(知己)이며 바로 그들 자신의 모습이라고 말할 수 있다.

팔선은 형상도 제각각으로 개성이 넘치며 그 변화와 권능도 무척 다양하여 중국인들의 희망과 염원을 성취시키거나 대행해 주고 있다.

때문에 팔선의 이야기를 듣는 것은 마치 가장 신나는 연극판을 보는 것과 같다고 한다.

원(元) 혹은 명대(明代) 무명씨의 잡극인 <쟁옥판팔선과해(爭玉板八仙過海)>가 널리 잘 알려져 있는데 그 내용은 팔선이 동해에서 각자의 신통력을 유감없이 발휘하여 동해 용왕을 굴복시킨다는 줄거리이다.

즉, 신선들의 거처인 봉래 섬에 모란이 만개하자 백운선인(白雲仙

人)은 팔선들을 초청하여 모란을 감상하는 연회를 가졌다. 연회가 파하고 돌아가는 도중에 팔선들은 각자의 보배들을 가지고 신통력을 발휘하여 동해를 날아 건너고 있었다.

그때 동해 용왕의 두 아들이 남채화의 옥판(玉板)을 뺏어가지고 바다 속으로 숨어버렸다. 이에 팔선은 대노하여 동해 바닷물을 말리고 용왕의 아들을 죽였다. 다른 사해의 용왕들이 동해 용왕을 도왔지만 팔선을 이길 수가 없었다. 동해 용왕의 사과를 받아냈고 관음보살(觀音菩薩)의 중개로 서로 화해하고 동해를 원상 복구하는 것으로 이야기는 끝난다.

≪동유기(東游記)≫란 소설의 46회에서 56회까지도 팔선이 동해를 지나면서 나쁜 용왕을 혼내준다는 비슷한 내용이 있다. 이 이야기들은 팔선의 재능과 함께 팔선의 단결과 협력의 정신을 크게 찬양하고 있다.

그리하여 '팔선이 바다를 거느리며 각자 신통력을 발휘한다'는 뜻의 '팔선과해 각현신통(八仙過海 各顯神通)'이란 말은 '모두의 단결과 적극적인 행동으로 목표를 성취한다'는 속어의 전고(典故)가 되었다.

그러나 팔선의 이런 전설에 의해 중국의 어부들에겐 새로운 금기(禁忌)가 하나 더 생겼다고 한다. 즉 모든 배가 출항할 때 절대로 팔선과 같은 인적 구성인 7남 1녀를 태우지 않는다고 한다. 이는 동해 용왕의 지난날 그 감정을 건드리지 않는다는 배려일 것이다.

또 팔선 중 여자 신선인 하선고를 동해 용왕이 데려다가 첩실(妾室)로 삼으려 했다는 이야기와 함께 어떤 지역에서는 부녀자를 배에 태우면 배가 뒤집히거나 풍랑을 만난다며 꺼리는 곳도 있다고 한다. 이처럼 연극의 소재에서 새로운 금기나 숭배의 대상이 생겨난다는 사실에서 대중문화의 생명력과 영향력을 새삼 절감할 수 있다.

▷ 팔선이 동해를 건너다

 매년 삼월 삼일, 천부(天府)의 요지(瑤池)에서는 반도성회(蟠桃盛會)
가 열린다. 반도성회에는 상·하 팔동(上·下 八洞)에 거주하는 모든
신선들이 서왕모(西王母)의 초청을 받아 참가한다 하니, 말하자면 천
계(天界)에 거주하는 신선들의 정기총회라 할 수 있다.
 어느 해 삼월 삼일, 팔선들은 반도성회에 참가하여 마음껏 마셔댔
다. 그리고 모두 대취하여 비틀거리며 구름을 타고 표표히 동해(東海)
속의 삼신산(三神山)의 하나인 영주(瀛州)로 돌아가고 있었다.
 삼신산은 영주산 외에 봉래산(蓬萊山)과 방장산(方丈山)을 지칭하
는데, 발해(渤海)를 지나 동해 저쪽 먼 곳에 있다고 하였다. 이 삼신산
을 바라보면 구름과 같이 맑아 보이는데 인간들의 배가 다가가면 삼
신산은 바다 밑으로 가라앉고 사람들은 바람에 밀려 그냥 지나치게
되는, 신선들만의 거주지라고 한다. 그리고 삼신산 신선들의 궁전은
모두 황금과 은으로 지어졌고, 신선들이 복용하는 영약을 간직하고
있다고 믿었다.
 팔선이 동해 상공에 다다르니 동해엔 큰물이 넘실대고, 가끔씩 거
대한 파도가 하늘을 때리는, 그야말로 일망무제의 망망대해였다.
 그때 갑자기 꾸루룽! 하는 엄청나게 큰 소리와 함께 파도 속에서
휘황찬란한 큰 누각이 나타났다. 팔선들은 모두 눈이 둥그레지면서
입을 벌린 채 말이 없었다.
 한참 후 모두 같이 감탄했다.
 "과연! 우리 영주의 건물보다 열 배는 크겠다. 바다에다 어찌 저렇
게 큰 누각을 지을 수 있겠는가?"

여동빈이 약간 취기가 있는 얼굴로 여러 신선에게 말했다.

"동해가 크고 넓다 소리야 많이 들어왔지만 오늘의 동해는 대단하구먼! 우리 한번 신나게 놀아보지 않으시겠습니까?"

그러자 종리권이 급히 저지하듯 말했다.

"내 듣자니 동해 용왕은 거느린 장수가 많으며 신통력도 있는데다가 교만하고 뽐내길 좋아한답니다. 만약 용궁의 문을 닫고 우리를 거절한다면 정말 난처할 것이요. 여러분들 오늘은 이미 즐길 만큼 즐겼는데, 만일 취중 실언 때문에 사단이 생기면 어찌하겠소?"

그러나 이철괴가 그럴 수 없다는 듯이 눈을 부릅뜨며 말했다.

"여러 선장(仙長)께선 악을 겁낼 필요도 없지만 그렇다고 선(善)을 감출 까닭도 없습니다. 어찌 남의 기세에 눌려 자신의 위풍을 죽이겠습니까? 우리 모두는 명성도 쟁쟁한 팔동(八洞) 신선으로 어찌 풋내기 용왕을 두려워하겠습니까? 웃기는 얘기죠! 안 그렇습니까?"

팔선들은 이철괴의 말을 듣고 서로 얼굴을 쳐다보며 난감한 표정을 지었다.

그러자 이철괴가 다시 말을 이었다.

"까짓 것 용머리 뿔이야 꺾어버리면 그만 아닙니까?"

그러나 종리권은 냉소하듯 한마디 했다.

"그냥 생각나는 대로 말한다면 누군들 큰소리를 못 치겠습니까? 인간 속언(俗言)에 '아무리 많은 대화를 나누어도 과연 진정한 벗인지 알기 어렵지만, 서로 등 돌리고 원수가 되려면 한두 마디로도 족하다'는 말이 있습니다. 우리 신선들이란 본래 수신(修身)과 양성(養性)에 힘써야 합니다. 그만 돌아갑시다!"

그러자 이철괴는 화가 머리끝까지 치밀었는지 이마에 굵은 핏발

자국을 세우더니, 이것저것 따지지도 않고 가지고 있던 구부러진 쇠지팡이를 바다로 내던졌다. 그리고 몸을 날려 지팡이에 올라서자 지팡이는 금방 파도를 가르는 큰 용주(龍舟)로 변했다. 이철괴가 뱃전에 서자 그 큰 배는 마치 활시위를 떠난 화살처럼 파도를 타고 넘으며 앞으로 나갔다.

그러자 여러 신선들은 이철괴가 혹 잘못되지나 않을까 걱정하면서 그 뒤를 따랐다.

한쪽 어깨와 불룩한 배를 내놓고 다니는 종리권은 북(鼓)을 띄워 그 위에 올라앉아 이철괴의 배를 바짝 따라갔다. 그는 양다리를 북 가죽 위에 접고 앉은 채로 하얀 파도를 타넘으면서 용궁으로 향했다.

구레나룻이 많은 장과로는 다리를 저는 나귀의 등에 뒤쪽을 향해 돌려 앉은 채, '이~랴!' 소리를 지르며 채찍을 들어 나귀 엉덩이를 내리쳤다. 그러자 다리를 저는 나귀는 두 귀를 쫑긋 세우고 울음소리를 내면서 네 발굽으로 파도를 짓밟으며 나아갔다.

여자 신선인 하선고는 여러 가지 꽃이 든 꽃바구니를 등에 메고 있었다. 그 바구니 안에는 곤륜산의 형형색색 기화이초(奇花異草)가 담겨 있어 진한 향기가 코를 즐겁게 했다. 용궁 안에 산다는 용녀(龍女)들이나 새우와 물고기들이 서로 앞을 다투며 하선고의 꽃바구니에서 꽃을 갖다가 자기 머리에 꽂았다. 하선고 꽃바구니야 꺼내고 꺼내도 계속 꽃이 나오기 때문에 용궁 안의 모든 이들이 하선고를 둘러싸고 환영하면서 안으로 맞이했다.

손에 먼지떨이(불진 拂塵)를 든 여동빈이 그의 허리에 찬 보물 호로병을 전후좌우로 흔들자 오색영롱한 꽃구름이 피어났다. 꽃구름이 연화대를 만들자 여동빈은 그 위에 걸터앉아 이철괴의 배를 좇아 달렸다.

조국구는 광택이 반질반질 나는 죽판(竹板)을 들고 민간 속악의 옛 노래와 유행가들을 불렀다. 용궁의 자라나 거북 문어까지도 조국구의 노래를 듣고 대머리를 흔들면서 환호했다. 조국구는 자라와 거북의 등을 타고서 마치 바람이 파도를 가르듯 앞을 다투며 전진했다.

남채화는 서둘지도 꾸물대지도 않았다. 또 조심조심, 단아한 모습으로 광채가 찬란한 구슬 옥판(玉板)을 높이 들어 하얀 은색으로 용궁 위를 대낮처럼 환하게 비춰주었다.

그때 마침, 술판을 벌이고 있던 용왕은 급히 순해(巡海)하는 야차(夜叉)를 불러 사방을 탐색해서 무슨 일인가 알아보라고 명령했다. 곧이어 용왕은 야차로부터 팔선(八仙)들이 술에 취한 듯 기분 좋게 용궁에 놀러 오면서 제각각 신통력을 발휘하고 있다는 보고를 받았다. 그러자 용왕은 크게 화가 난 듯 앞니를 드러내고 흉악한 표정으로 소리쳤다.

"음! 팔선들이 나를 완전히 무시했어! 기껏해야 광대 같은 패거리들이 약간의 신통력을 구경했다고 남의 용궁에 와서 이렇게 소란을 피울 수야 없지!"

용왕은 고개를 흔들어 본래의 흉물로 모습을 바꾸었다. 용왕은 수면 위로 솟구쳐 오르며 피가 뚝뚝 떨어지는 큰 입을 벌려 남채화가 갖고 있는 구슬 옥판을 뺏어 가지고 바닷속으로 다시 들어갔다.

본래 남채화의 옥판은 천지의 신령스러운 기운과 해와 달의 정화(精華)를 모아 놓은 것이기에 용궁은 금방 화려한 광채로 가득 찼다. 마치 해와 달과 온갖 별들을 한꺼번에 걸어 놓은 것 같았다. 이에 용왕은 곧 친척과 뭇 신하들을 모아 옥판을 구경시키겠다며 다시 더 큰 잔치를 준비하라고 분부했다.

한편 팔선들은 모두 난처한 표정 속에 약간은 후회하면서 이철괴가 너무 고집을 부렸기에 이런 일이 생겼다고 한마디씩 건넸다. 그러자 이철괴도 화를 내며 말했다.

"내가 좀 따끔한 맛을 보여준 뒤 그 늙은 용에게 한수 가르쳐 주겠습니다."

이철괴는 한 발로 서둘러 뛰어가 용궁 앞에 서서 소리 질렀다.

"나는 상선(上仙)인 이철괴다. 늙은 도적아! 이 밝은 날에 도둑질을 하는가? 당장 그 옥판을 내놓지 않으면 네 집을 깔아뭉개버리겠다."

막 잔치를 시작하려던 용왕은 앙천대소하면서 말했다.

"초개 같은 꼬마 돌팔이 의사야! 네 다리도 못 고치면서 성스러운 용궁에 와서 큰소리를 치느냐! 큰소리 그만두고 분수나 지켜라!"

이철괴는 더 이상 말하지 않았다. 그의 꼬부라진 쇠 지팡이를 바다 속에 던져 엄청나게 큰 용으로 만들어 '웅! 웅!' 소리를 내며 불을 토하게 했다.

삽시간에 드넓은 바다가 마르면서 불이 붙었다. 게, 새우 같은 용왕의 부하 장수들은 모두 놀라 도망쳤다.

다른 신선들도 따라와 각종 신통력을 발휘하니 용왕인들 어찌 감당할 수 있겠는가?

용왕은 불을 끌 수 있는 구슬도 잃어버린 채, 단 한 번 제대로 대결도 못해보고, 팔선 앞에 옥판을 바쳤다.

이철괴는 화재를 진정시켰고 용왕은 팔선을 용궁으로 초대했다. 용왕은 이철괴를 상석으로 모시면서 용서를 빌었다. 이철괴는 득의양양 기분이 매우 좋았다.

여동빈은 보물 호로병을 거꾸로 해서 억만 섬의 바닷물을 끄집어냈다. 이리하여 동해엔 다시 푸른 물이 넘실대고 용궁은 평화를 되찾았다.

이후 '팔선들이 바다를 건너면서 각자의 신통력을 발휘했다(八仙過海 各顯神通)'는 이야기가 전해지고 팔선이 바다를 건너가는 그림들이 많이 그려졌다고 한다.

▷ 팔선이 군산을 만들다

동정호(洞庭湖)에서 멀지 않은 곳에 뇌석륜(磊石崙)이라 부르는 조그만 산이 부구산(浮邱山)과 마주 쳐다보고 있다. 그 뇌석륜에는 엄청나게 큰 바위 두 개가 서로 엇물려 있고 그 중간에 널찍한 공간이 있다. 그 큰 바위 두 개가 어떻게 서로 엇물렸는지 자연의 조화가 신비하기만 하다. 여기에는 자연의 조화가 아닌 팔선 특히 이철괴와 관계된 이야기가 있다.

그 오래고 오랜 옛날, 어느 캄캄한 밤에 젊은 사냥꾼 한 사람이 부구산 꼭대기에서 밤을 새우고 있었다.

그때 갑자기 몇 무더기 구름들이 산 정상에 내려앉으면서 흙과 돌을 담아서 어깨에 멘 사람들이 나타났다.

"우리 여기 좀 쉬면서 철괴선생을 기다립시다."

젊은이가 가만히 보니 그들은 바로 팔선들이었다. 하선고, 여동빈, 종리권, 한상자, 조국구, 남채화, 장과로 등이 줄지어 내려앉았다. 그들은 각지를 돌아다니며 유람했지만 그래도 동정호의 풍광이 가장 아름다워 동정호 가운데 산을 하나 만들어 가끔씩 내려와 쉬기로 상의하였고, 바로 오늘 팔선들이 곤륜산(崑崙山)에 가서 흙과 돌을 담아 가지고 이곳까지 온 것이었다.

다만 이철괴는 한쪽 다리가 불편하여 지팡이를 짚고 걷기 때문에 다른 사람보다 뒤에 처졌다. 젊은이는 숨을 죽이고 그들의 대화를 들으며 감탄을 금치 못했다.

기다리기가 지루했는지 여동빈이 한마디 던졌다.

"한상자! 한 곡 불어 철괴선생에게 빨리 오라고 재촉 좀 하시오."

한상자는 품 안에서 선적(仙笛)을 꺼내 한 곡조를 불었다. 그래도 이철괴가 도착하지 않자 칠선들은 흙과 돌을 멘 채로 구름을 타고 그냥 떠나갔다.

풀 섶에서 몸을 숨기고 있던 젊은이는 대단한 구경을 했다면서 혼자 놀라고 있는데 한 덩어리 구름이 산정에 내려앉았다. 그리고 이철괴가 혼자 투덜거리며 나타났다.

"체! 한상자의 피리 소리에 얼마나 마음이 급하던지 공연히 흙만 안화(安化: 湖南省에 있는 지명)에 쏟아버렸네. 우선 이곳의 흙이라도 담아가야 내 체면이 좀 서겠지!"

이철괴는 주문을 외우면서 이곳저곳의 흙을 조금씩 퍼 담기 시작했다. 그는 멜대의 양쪽 광주리에 흙과 돌을 가득 퍼 담았다. 그 모습을 바라보면서 젊은이는 가만히 생각해보았다.

'팔선들이 저렇게 많은 흙을 담아가면 적어도 한 고을의 흙을 다 퍼갈지 모른다. 그것들을 동정호에 다 쏟아 부으면 큰 산이야 만들어지겠지만 물이 넘쳐 동정호 주변에 애써 일구어 놓은 논밭이 모두 물에 잠길 것이야!'

젊은이는 이철괴가 담아갈 흙과 돌이라도 남겨두어야 한다고 생각했다. 그는 갑자기 이철괴의 쇠 지팡이를 집어 들고 힘껏 달리기 시작했다.

한편 이철괴는 두 광주리에 흙과 돌을 퍼 담고 일어서려니 지팡이가 없었다.

이철괴는 그대로 비틀거리며 한쪽 광주리의 흙을 모두 쏟아버렸다. 그 흙과 돌이 쌓여 큰 산이 되니 바로 부구산 아래의 조그만 편담산(偏擔山)이라고 한다.

이철괴는 자기의 쇠 지팡이를 가지고 도망가는 사냥꾼을 보았다. 이철괴는 급히 구름을 몰고 쫓아가 사냥꾼을 따라잡아 지팡이를 내놓으라고 말했다.

그러나 젊은이는 대담하게도 흥정을 걸어왔다. 지금 메고 가는 흙과 돌을 다 쏟아놓고 가지 않으면 결코 지팡이를 내놓지 않겠다고 말했다.

이철괴는 이미 한 광주리는 쏟아버렸고 '나머지 한 광주리라도 메고 가야 그래도 체면이 설 텐데!'라고 생각하면서 젊은이에게 화풀이를 했다. 이철괴는 광주리에서 잡히는 대로 돌을 집어던졌다.

젊은이는 바위 밑으로 피하면서 이철괴의 지팡이로 떨어지는 돌을 받혔다. 이철괴가 던진 돌은 큰 바위로 변해 모두 지팡이 위에 걸쳤다. 이철괴는 젊은이에게 다시 한 번 말했다.

"내 지팡이를 돌려주면 깔려 죽는 것은 면하게 해주겠다."

그러나 젊은이는 흙을 담아가면 내놓지 않겠다면서 지팡이를 조금 흔들었다.

그러자 지팡이에 걸린 돌이 이쪽저쪽에서 우르르 무너져 내렸다. 이철괴는 저러다가 자기 지팡이가 부러질 것 같아 큰소리로 도술을 걸며 외쳤다.

"멈춰라!"

그러자 쏟아지던 큰 바위 두 개가 그대로 엇갈린 채 멈추었다. 그 때 동정호 쪽에서 한상자의 피리 소리가 들려왔다. 이철괴가 고개를 돌려 동정호 쪽을 바라보니 칠선들이 동정호에 산을 다 만들어 놓고 쉬면서 앉아 있었다.

곧 이들이 만든 동정호 속의 아름다운 산이 바로 군산(君山)이라고 한다. 이철괴는 더 이상 흙을 담아갈 필요가 없었다.

이철괴는 한쪽 광주리에 있던 흙과 돌을 쏟아버렸다. 이철괴가 흙을 쏟는 것을 보고 사냥꾼은 이철괴의 지팡이를 세워둔 채 도망쳤다. 이철괴가 지팡이를 빼 갔지만 큰 바위 두 개는 서로 엇갈린 채 그냥 남아 있게 되었다.

2. 이철괴

이철괴(李鐵拐)는 보통 철괴리(鐵拐李)
라고도 부른다.

신선에 대한 이야기 곧 선화(仙話)
속에서 이철괴는 팔선 중 제일 연장자
격으로 등장하지만, 그의 내력에 대해
서는 서로 다른 이야기가 전해오고 있다.

그의 본 이름이 무엇이고 어느 시대
사람인지에 관해서는 여러 가지 주장이 있으나 그 어느 것도 확실하지
는 않다.

▷ 거지 신선

절름발이 거지, 성은 이(李)씨고, 그의 손에는 쇠로 만든 구불구불
한 지팡이를 언제든지 들고 다니기에 사람들은 철괴리 또는 철괴선
생이라고 불렀다. 그가 철괴리든 아니면 철괴선생이든 그가 신선이라
는 것은 누구나 알고 있었다.

그의 출신에 대해 잘 아는 사람이 없었다. 다만 노자(老子)나 완구
선생(宛丘先生)과 자주 내왕하는 것만 알려졌었다.

이철괴가 비록 노자와 완구선생의 도움을 받았지만 활동과 영향은
전혀 달랐다. 이철괴가 어느 바위 굴속에서 도를 닦고 있을 때, 노자
가 찾아왔다. 물론 두 사람의 최초 만남이었다. 노자는 나무꾼으로 모

습을 바꿔 이철괴에게 말했다.

"선생께선 대단한 도를 닦는 것 같습니다. 수도한 사람은 장수한다고 하던데, 그리고 일단 득도하면 그 가족들을 구원해 같이 선적(仙籍)을 얻어 인간세계의 고통을 영원히 벗어날 수 있다는데 그것이 사실입니까?"

"도(道)란 넓고 크며 정밀하고 오묘한 것이니 어찌 장수하는 것이 그 목적이 되겠소? 또 신선이 되는 것은 득도하여 깊은 이치를 터득한 것이거늘 어찌 가족이라고 같이 신선이 될 수 있겠소?"

"글쎄요. 저는 잘 알아듣지 못하겠습니다. 내 딸아이가 하나 있는데 아주 효심이 돈독합니다. 내 딸이 당신처럼 수도하는 사람을 찾아 같이 수도하고 싶다는 말을 여러 번 했습니다. 내 딸이 비록 우매하다지만 그래도 제자로 거두어주지 않겠습니까?"

"안 됩니다!"

"왜 안 됩니까?"

"내가 수도한다지만 아직 입문도 못한 셈입니다. 어찌 제자를 거느리겠습니까?"

"예! 그 말은 맞는 것 같습니다."

그날 저녁 노자는 다시 나타났다. 물론 스무 살이 된 딸을 데리고 온 나무꾼이었다. 딸의 모습은 몹시도 예쁘고 몸에선 좋은 향기가 났다.

"사부님! 사부님이 이렇게 수도하고 있다는 얘길 했더니 이 아이가 꼭 따라오겠다고 해서 데리고 왔습니다. 제자로 거두어 주십시오."

나무꾼의 딸은 이철괴에게 절을 올렸다. 몸을 움직일 때마다 향내가 굴속을 채웠다.

"나는 가겠다. 너는 여기서 사부님 잘 모시고 득도하도록 하여라."

그리고 나무꾼은 떠나갔다. 이철괴는 눈을 감을 채 한마디도 말하지 않았다. 얼굴엔 흔들리는 빛도 없이 돌처럼 앉아 있었다.

처녀는 일어나 굴 안의 이곳저곳을 정돈하며 청소했다. 이때까지는 이철괴가 아닌 그냥 이 선생이라고 해야 맞는 표현이다.

왜냐면 한쪽 다리를 다치지도 않았고 당당한 미남 장부였으며 어깨까지 닿을 수 있는 자줏빛 구리 귀걸이도 없었다.

"사부님! 수도하는 분들도 부인을 거느린답니다. 그래야만 의식 걱정 없이 수도에 전념한답니다."

"사부님, 사부님도 부인을 맞이할 생각이 있지요? 그렇지요?"

처녀는 이 선생을 감싸고 왔다 갔다 하면서 온갖 이야기와 교태를 짓고 웃음을 보냈다. 밤이 깊은 뒤 처녀는 이 선생의 품을 파고들며 춥고 무서우며 외롭다고 하소연했다. 처녀의 따뜻하고 매끈한 피부가 이 선생을 훈훈하게 해주었다. 그러나 이 선생은 여전히 돌처럼 움직이지 않았다.

다음 날 아침, 나무꾼이 다시 나타나 딸을 찾았다. 딸이 보이지 않자 겁탈하려다 안 되니까 죽이지 않았느냐고 심하게 다그쳤다. 이 선생은 마지못해 한마디 했다.

"나는 그런 짓을 하지 않았습니다."

나무꾼은 본래의 모습으로 변해 이 선생에게 말했다.

"가히 내 제자가 될 만하도다."

노자는 이철괴가 과연 여색을 멀리할 수 있는가 시험해 보았던 것이다.

노자는 이철괴에게 환약을 한 알 먹게 했다. 이철괴는 그때부터 인간세계의 음식을 먹지 않아도 되었다. 이철괴는 하산하여 인간세계를 다니면서 좋은 일을 계속했다.

어느 날인가 이철괴는 그 유명한 완구 선생(宛丘先生)을 만났다. 완구선생은 본래 제명환(制命丸)을 만들어 먹고 득도한 은(殷)나라의 신선이다. 완구 선생은 이철괴에게 환약 한 알을 주며 먹으라고 했다. 약을 먹은 이철괴는 이후부터 하늘을 날 수 있게 되었다.

이철괴는 노자를 만나 인간의 병을 치료하는 의술을 배웠고, 그 의술로 무수한 인명을 구했다.

이철괴의 신통력은 대단했다. 그는 어디에 보물과 돈이 있는지를 확실하게 알고 있었기에 돈이 필요한 착한 사람에게 나누어 주었다.

이철괴는 제자를 하나 두고 있었다. 이름은 이순(李純)이었다. 본래 지독한 불효자였으나 이철괴가 제자로 삼아 단련시켰기에 선량한 사람으로 변했다. 어느 날 이철괴가 이순에게 말했다.

"화산(華山)에서 태상노군을 뵙기로 약속을 했기에 오늘 떠나야겠다."

"그분을 뵐 날이 언제입니까?"

"내일이다."

"여기선 화산까지 오천 리가 넘는 길인데 어찌 제날짜에 가실 수 있습니까?"

"내 몸은 이곳에 두고 혼령만 다녀온다. 나에게는 이틀이면 족하다만 너에겐 이레가 될 것이다. 다시 말해 이레 후 돌아올 것이다. 만약 이레 후에도 돌아오지 않는다면 신선이 되어 속세를 떠난 것이니 그때 내 육신을 화장하여라."

"말씀대로 따르겠습니다."

이철괴는 방에 들어가 단정히 앉았는데 마치 명상하는 것 같았다. 이순이 들어와 코끝에 손을 대보았으나 아무 숨도 없었다.

사부가 떠난 지 이레째 되는 날, 오늘이 돌아올 날인데 사부는 아직 깨어나지 않았다. 이순은 사부가 신선이 되어 영원히 속세를 떠났을 것이라 생각했다. 바로 그때, 이순의 집에서 사람이 달려와 모친의 병이 위독하며 마지막으로 이순을 보고 죽겠다 하신다며 급히 떠날 것을 재촉했다.

그때 이순의 효심이 크게 발동하여 한시가 급한 듯 사부의 신체를 그대로 화장하고 서둘러 모친을 뵈러 길을 나섰다. 산 아래 골짜기를 다 내려왔을 때 이순은 길가에 굶어 죽은 거지의 시신을 보았다.

두 치도 안 될 만큼 짧은 머리가 마치 솥뚜껑마냥 얼굴에 얹혀 있고 긴 눈썹, 커다랗게 처진 귀에 자줏빛 구리 귀걸이를 한 거지였다. 거기다가 절름발이인 듯 한쪽 다리는 짧았다. 이순은 당연히 그 거지의 시신을 묻어주고 가야만 했다. 그러나 지금은 그럴 시간이 없었다. 빨리 돌아가 모친한테 마지막 효도를 해야 모친이 편히 영면할 수 있다는 생각을 하고 그냥 지나쳤다. 누군가 다른 착한 사람이 묻어주길 바랄 뿐이었다.

한편, 이순이 떠난 지 얼마 되지 않아 이철괴의 혼령은 돌아왔다. 그러나 아무리 찾아봐야 자신의 육신을 찾을 수 없었다. 한참 뒤에야 제자가 자신의 육신을 화장한 것을 알고 이철괴의 혼령은 당황했다. 육신(肉身)이 없으면 혼백(魂魄)은 바람처럼 떠돌아야 하고 아직 신선이 되지 못했기에 육신을 찾아 안착하지 않으면 결국 그림자처럼 살아야 했다.

당황한 이철괴의 혼령은 산 아래에 죽어 있는 거지의 시신을 찾아 들어갔다. 결국, 이렇게 해서 절름발이 거지로 소생한 이철괴, 철괴리, 철괴선생이 존재하게 되었다.

얼마 후, 누군가가 이철괴를 보며 호탕하게 웃어댔다. 이철괴가 돌아보니 바로 완구선생이었다.

"저를 어떻게 알아봤습니까?"

"내 어찌 자네를 모르겠는가?"

그러면서 완구선생은 호로병을 하나 건네주며 말했다.

"이 속에 환약이 들어 있으니 착한 인간을 구제하여라. 그래야만 자네를 따르는 사람이 있지! 자네 그 추한 모습을 보고서야 누가 가까이 오겠는가?"

"이 속에 환약이 얼마나 들어 있습니까?"

"결코 다 먹을 수 없을 만큼!"

"그 밖에 다른 것은 없습니까?"

"또 있지. 자네가 있어야 된다고 생각하는 무엇이든지 그 속에 다 있지."

완구선생은 이철괴의 모습을 살펴보고선 다시 말했다.

"아무래도 자네에게 지팡이가 하나 있어야겠어!"

완구선생은 호로병을 거꾸로 흔들어 쇠를 꺼냈다. 완구선생은 손으로 꾸불꾸불하게 쇠 지팡이를 만들어 주었다.

"자네 이제부터 철괴리라고 불러야겠네. 인간세계와 선계(仙界)를 왕래하면서 사람들을 건네주고 도와주며 이끌어주게. 인간과 선계 양쪽에 공적을 쌓게나. 자! 나는 이제 떠나겠네! 아참! 나는 곧 태상노군한테 복명해야 하네!"

"아니 무슨 보고 말씀입니까?"

"그 호로병은 내가 태상노군한테 받은 걸세. 자네에게 주었다고 복명하지 않을 수 없다네!"

▷ 병을 고쳐 주는 신선

전하는 이야기에 의하면 창덕부(彰德府)(지금의 하남성 안양현)에 고약을 만들어 파는 왕 씨가 있었다. 그는 마음씨가 착했고 빈부를 가리지 않고 종기를 앓는 사람은 누구나 성실히 치료했기에 그 명성도 높았다.

어느 날, 왕 씨는 고약을 가지고 어느 모임에 가다가 도중에 다리에 온통 종기(腫氣)가 난 거지를 보았다. 거지는 왕 씨를 보자 썩어가는 다리를 뻗어 내보이며 치료를 요청했다. 거지에게선 고약한 냄새가 진동했고 상처에서는 썩은 고름이 흘러 내렸다. 왕 씨는 즉시 고약을 꺼내 상처에 붙이면서 내일은 많이 좋아질 것이라고 말했다.

다음 날, 왕 씨는 그 거지를 보고 좀 어떠냐고 물었다. 거지는 오히려 더 심하게 아프다며 상처를 내보였다. 과연 종기 구멍은 더 크게 벌어졌고 고약한 냄새가 코를 찔렀다. 왕 씨는 약성이 좀 더 강한 고약을 붙여 주면서 말했다.

"만약 상처가 더 심하면 내일 우리 집으로 찾아오게!"

그 다음 날, 아침 일찍 거지는 왕 씨 집으로 찾아왔다. 거지는 다짜고짜 욕을 퍼부었다.

"파묻어 죽일 녀석! 창덕부의 모든 고약은 전부 가짜야!"

왕 씨가 상처를 보니 마치 커다란 사발처럼 살이 썩어 벌어졌다.

"이거 정말 미안하네. 다시 좋은 약을 붙여 주겠네!"

왕 씨가 거지를 부축하여 마당에 들어서자마자, 왕 씨 집 커다란 누렁개가 거지의 다리를 꽉 물었다. 왕 씨는 크게 놀라며 거지의 지팡이를 뺏어 개를 힘껏 내리쳤다. 개는 죽었고 거지는 좋아서 입을 벌리며 말했다.

"오늘은 개고기를 먹는 날이군!"

왕 씨는 후원 별채에 들어가 보관하고 있던 최상의 약재로 고약을 다시 조제하여 가지고 나왔다. 그때 거지는 개고기를 구워 먹고 있었는데 그 옆에 개 가죽을 쭉 펴놓고 있었다.

왕 씨가 고약을 발라주자 거지는 그 위에 개 가죽을 덮었다. 잠시 후 거지는 개 가죽을 들춰 보이면서 혼자 말했다.

"상처가 다 나았네!"

왕 씨가 놀라 바라보니 정말로 흔적도 없이 말짱하게 새 살이 나와 있었다. 왕 씨가 놀라면서 개 가죽을 만지는 사이에 그 거지는 순식간에 사라져버렸다.

그 거지는 바로 이철괴였다. 이후로 창덕부의 개 가죽 고약은 유명해졌고 온갖 상처와 종기와 부스럼 병에 특효가 있었다. 이후 개 가죽 고약은 전국 각지로 퍼져 나갔다.

그러나 이철괴가 왕 씨에게 "파묻어 죽일 녀석! 창덕부의 모든 고약은 전부 가짜야!"라고 한 말은 그대로 남아 후세에 전해졌다. 사람들은 큰소리치는 사람에게 또 거짓말을 잘하는 사람에게 '개 가죽 고약을 파는 녀석(賣狗皮膏藥的)'이라고 말하고 '개 가죽 고약(狗皮膏藥)'은 '엉터리 약'이란 뜻으로 사용되고 있다.

▷ 거지 화타

이철괴가 의원(醫員)이었다는 이야기와 관련한 또 다른 이야기가 있다.

그 언젠가 항주(杭州)의 고루(鼓樓) 부근에 무명의 작은 돌다리가 있었다. 그 석교 위에 언제부턴가 종기나 부스럼만을 전문으로 치료한다는 외과 의원이 나타났다.

널찍한 관자놀이, 거친 눈썹, 높은 코에 커다란 입, 까무잡잡한 얼굴에 수염이 가득하지만 자기 다리에는 종기가 곪아 고름이 흐르고 한쪽 다리가 길어 뒤뚱거리는 절름발이였다.

그 절름발이 의생은 등에 호로병을 메고 다니며 낮에는 석교 위에 큰 일산을 펴고 앉아 있다가 밤이면 나무 상자 위에서 그냥 잠이 들었다. 그런 몰골에 절름발이, 그리고 자기 다리에선 종기 고름이 흐르는 의사한테 찾아올 환자가 어디 있겠는가?

그런 어느 날 삼 년간이나 묵은 종기 때문에 고생 고생하던 사람이 일산 밑으로 찾아왔다. 절름발이 의생은 환자에게 개가죽에 싼 고약을 붙여주었다. 삼 년을 고생하던 그 사람은 사흘 만에 완치되었다. 소문은 빨리 퍼졌다.

그 뒤 매일매일 많은 환자가 찾아들었고 모든 병이 빨리도 완쾌되었다. 이렇게 되자 사람들은 그를 '거지 화타선생(華陀先生)'이라 부르며 존경하게 되었고, 온 항주 성내에 모르는 사람이 없었다.

'거지 화타'가 유명해지자 보통 의생들이 입는 타격은 심각했다. 우선 환자가 크게 줄었고 치료비를 내려하지 않고 내더라도 많다고 투덜댔다.

항주 성내의 자칭 고수명의(高手名醫)들과 약포 주인들은 모두 모여 대책을 논의했고 은자 일천 냥이라는 거금을 모았다.

고수명의의 대표는 항주부의 최고 벼슬인 지부(知府)를 찾아가 거지 화타를 내쫓거나 감옥에 처넣어 달라는 부탁을 했다.

뇌물의 약효는 언제나 예상보다 빨리 그리고 강하게 나타나는 법!

항주 지부는 곧 거지 화타를 잡아들여 관청마당에 세웠다. 거지 화타는 관아와 관리들을 무서워하지 않는 듯 당당히 서 있었다. 지부가 목판으로 탁자를 지며 큰소리로 꾸짖었다.

"고약한 녀석! 어찌 본관을 보고서도 무릎을 꿇지 않느냐?"

거지 화타는 오히려 냉소를 보내며 말했다.

"내야 천성이 절름발이요. 무릎의 뼈가 뻣뻣하게 굳어 꿇어앉을 수 없습니다."

그러자 지부는 탁자를 치는 막대기를 더 크게 치며 물었다.

"이름은 뭐냐? 그리고 어디서 왔느냐?"

"본래 이름은 나도 모르고! 항주 사람들이 거지 화타란 이름을 붙여주었습니다. 내 고향은 기억이 없습니다."

"네가 무슨 화타냐? 의생이 본업이면서 어찌 네 다리도 치료를 못하느냐?"

그때 지부는 자신의 등 뒤에 무엇인가 기어 다니는 것 같은 가려움증을 느꼈다. 손을 뻗쳐 긁을 수도 없어 억지로 참았다.

"지부 나리! 총명한 분인 줄 알았더니 생각보다 우둔하군요. 하기야 총명이 한세상을 풍미하던 사람도 때로는 멍청해지는 법입니다. 세상 여러 일 중에 남을 위해 일하며 자신을 돌보지 못하는 것이 어디 한두 가지입니까? 기와지붕을 잇는 사람은 왜 초가집에서 살아야 합니까? 누에를 치는 아낙네는 왜 비단옷을 못 입고 농부들은 농사짓고도 왜 굶어야 합니까? 도적을 잡고 다스리는 관리들은 왜 나라의 물건을 도적질합니까? 법을 바르게 실행해야 할 지부 나리는 왜 법대로 살지 못합니까?"

지부는 거지 화타의 말에 대꾸를 못하고 큰소리만 쳤다.

"여봐라! 퉤! 저놈을 사형수 감옥에 처넣어라!"

지부는 서둘러 내실로 들어갔다. 옷을 벗고 잔등이에 무엇이 그리 가렵고 아픈지 살펴보게 했다. 지부의 잔등이엔 무엇인가 조그만 덩어리가 생겨 점점 커지면서 붉어지더니 나중엔 등창이 난 것처럼 고름이 나오기 시작했다.

주위 사람들이 지부에게 감옥에 갇힌 거지 화타를 불러 상처를 치료케 하라고 여러 번 권했다. 이제 도저히 견딜 수 없게 되자 지부는 거지 화타를 불렀다. 거지 화타는 지부의 상처를 보고 개가죽 고약을 붙여놓았다.

그러나 지부의 상처는 더욱 악화되었다. 지부는 다시 거지 화타를 불러 자세히 보게 했다. 상처를 다시 본 거지 화타가 말했다.

"이 종기의 바깥 구멍은 매우 작고 안에는 크게 곪았으니 점점 안으로 들어가 심장에까지 미칠 것이오. 이런 고약한 종기는 평소 독한 마음을 갖고 악독한 짓을 많이 했기에 생긴 병입니다. 이런 병을 고치는 약은 없습니다. 나도 모르겠습니다."

거지 화타는 손을 뗄 수밖에 없었다. 그러나 지부는 통증을 견딜 수 없어 발악하면서도 거지 화타를 원망했다.

"저놈이! 저놈이 내 상처에 독약을 발랐다. 여봐라! 당장 저놈을 끌어다가…… 죽…… 여…… 라!"

그러나 거지 화타가 죽는 것을 보지 못하고 항주 지부는 먼저 죽어버렸다.

다음 날 거지 화타는 관리들에 둘러싸여 사형장으로 끌려갔다. 마침 돌다리를 지나야 하는데 이 소문을 들은 항주사람들이 석교를 막고 거지 화타를 빼냈다. 거지 화타는 사람들에 떠밀려 난간 위에 올라섰다. 그리고 말했다.

"이웃 사람 여러분, 항주 지부는 나를 사형에 처하라고 분부했습니다. 그러나 나는 결코 죽을 수 없습니다."

그러면서 거지 화타는 몸을 날려 물로 뛰어들었다.

풍덩 소리와 함께 물방울이 튀고 꼬르륵 소리가 나면서 공기 방울이 올라왔다. 동시에 수면 위로 파란 기운이 모이듯 움직이더니 거지 화타의 모습이 다시 생기기 시작했다. 약간 긴 한쪽 다리 때문에 큰 쇠 지팡이를 짚고 등엔 호리병을 메고 짧은 머리, 누더기 옷이 보이더니 서서히 하늘로 올라갔다.

사람들은 거지 화타가 바로 팔선 중 한 사람인 이철괴란 것을 알았다. 그 뒤 이 조그만 석교를 지나는 사람들은 누구나 또 언제나 이철괴가 다시 하강하기를 기다리고 바랐다. 그 뒤 사람들은 그 석교를 망선교(望仙橋)라고 불러 지금까지 그 이름이 전해 온다고 한다.

▷ 약선(藥仙)의 다른 이야기

옛날, 어느 곳엔가, 이대(李代)라는 젊은이가 있었다. 그의 부친은 약초 농사를 짓는 농부였다. 이대는 어려서부터 부친을 따라 약초를 캤고, 약초 이름을 암기하며 약초의 성질을 배웠기에 젊은 나이에도 병자를 치료할 정도의 지식을 쌓았다.

뒷날 그의 부친이 죽자 이대는 성내의 큰 약포에서 일하는 조제사가 되었다. 이대는 약을 달이고 약재를 썰어 갈며, 환약과 가루약이나 연고 등을 만드느라 아침부터 밤늦게까지 늘 바빴다.

어느 날 아침, 약포 문을 열자 수염이 허연 노인네가 찾아들었다. 그 얼굴은 마치 누렁 가랑잎 같았고 손은 마른 덩굴처럼 비틀렸으며 찢어진 옷에 짧은 지팡이를 짚고 선, 틀림없이 병든 거지였다. 그는 문 앞에서 손을 떨면서 말했다.

"주인어른, 적선하십시오. 허벅지에 고약한 종기가 나서 피고름이 흐르고 아파 견딜 수 없으니 치료 좀 해주십시오."

"엉? 뭐라고? 병을 고쳐달라고? 돈 있어?"

주인은 차갑게 따졌다.

"자식도 없이 병든 몸이라 허리춤엔 한 푼도 없는데요!"

"한 푼도 없다고? 그러면 어떻게 치료를 받을 수 있겠는가?"

주인은 냉정하게 거절했다. 그때 이대가 옆에서 말했다.

"주인어른, 자비를 베푸는 셈치고 약을 좀 주시지요."

그 말에 주인은 눈을 크게 뜨고 흉악한 얼굴로 이대를 나무랐다.

"쓸데없는 참견 말아라!"

주인은 검고 큰 개를 풀어놓으며 손으로 거지 노인을 가리켰다. 송아지만한 검은 개는 노인에게 달려들어 물어뜯었다. 노인은 비명도 지르지 못하고 쓰러졌다. 물어뜯긴 허벅지에 선혈이 흘렀다. 노인의 머리는 쿵 소리와 함께 땅에 떨어졌고, 기절한 듯 움직이지도 않았다.

"정말 이럴 수가!"

이대는 뛰어나오면서 개를 걷어찼다. 이대는 노인을 부축하며 물었다.

"노인장 괜찮겠습니까?"

거지 노인은 가늘게 한숨을 쉬면서 눈을 떴다.

"괜찮아, 아픈 다리를 물렸으니 설상가상이구먼!"

"노인장, 어디 삽니까? 데려다 주겠습니다."

"아냐! 난 비렁뱅이야! 집이 없어."

"그러면 우리 집으로 가십시다."

"너무 폐가 될 텐데!"

이대는 약포 안으로 들어가 생기산(生氣散) 몇 봉지와 독을 빼는 고약을 좀 갖고 나왔다. 그러자 약포 주인이 소리쳤다.

"어! 아니 내 물건 갖고 왜 네가 인심을 쓰는 거야?"

"내 품삯에서 빼십시오!"

"정말 일 안 하고 가는 거냐?"

"병든 사람 돌보는 일이 더 급합니다."

"그래? 네 밥그릇 깨지는 줄은 알겠지!"

"인명을 구하는데 밥그릇 깨진들 어쩌겠습니까?"

"후회 약을 먹지는 않겠지?"

"내 말은 내가 책임집니다."

약포 주인은 눈을 허옇게 뒤집으며 가래침을 뱉었다. 이대는 거지 노인을 업고 집으로 돌아왔다. 창포 뿌리를 삶은 물로 우선 허벅지 농혈을 씻어낸 뒤 피부 살이 돋아나는 생기산을 뿌리고 해독제 고약을 붙였다. 그리고 깨끗한 헝겊으로 상처를 감아주었다.

이대는 뜨거운 국물과 죽을 쑤어 대접하며 성심껏 보살폈다. 노인이 이대의 머리를 어루만지며 말했다.

"착한 젊은이로군. 다행히도 자네를 만나 내 생명을 다시 얻었고 상처까지 치료받았네. 자네에게까지 숨길 수야 없지. 사실 나는 대장장이며 떠돌이 의생(醫生)이지. 온 산을 다니며 약초를 얻고 만 리 길을 떠돌며 의술을 베풀었네. 수십 년 동안 내 경험대로 의서 한 권을 엮었는데 자네에게 주고 싶군! 자네는 의업을 계속할 생각이 있는가?"

"예! 저는 공부를 계속해야 합니다."

"의술을 배워 무엇을 하려고?"

"병든 이를 치료하고 고통에서 구해야 합니다."

"옳은 생각 바른 말이로다! 젊은이여, 자네를 내 제자로 삼겠노라."

이대는 매우 기뻤다. 양 무릎을 꿇고 노인에게 스승의 예를 갖추었다. 그 뒤 이대는 노인을 따라 채약과 치병의 여러 방법을 배웠다. 삼년 반이 지나자 이대는 유능한 의생이 되었다.

어느 날, 아침, 노인은 의서 한 권을 이대에게 내주었다. 이대는 무릎을 꿇고 두 손으로 받아 가슴에 품었다. 노인이 말했다.

"이 책은 내가 몇십 년의 심혈을 기울여 쓴 책이다. 뒤쪽에 아직 미완성의 부분은 네가 계속 보완토록 하여라."

"사부님의 가르침을 결코 저버리지 않겠습니다."

"의술은 덕이 없으면 베풀 수 없고, 의도(醫道)는 의술 없이 불가능하다. 무슨 뜻인지 이해하겠느냐?"

"알겠습니다."

"그럼, 네가 한번 말해보아라."

"의생의 마음이 바르지 않으면 재물이나 탐내고 인명을 경시하게 됩니다. 그리고 의생이 의술에 정통하지 못하면 도리어 인명을 해치게 됩니다."

"맞다! 옳은 말이야! 덕(德)과 술(術)을 갖춰야만 진정 참된 의생이 될 수 있다."

"사부님의 금석과도 같은 교훈을 마음 깊이 새기겠습니다."

"그래! 나는 이제 떠나야겠다."

헤어지기 어려운 이별이었다. 노인은 한참을 걸어가다가 공중을 향해 소리쳤다.

"백학(白鶴)은 어디에 있느냐?"

그 말이 떨어지자마자 구름 사이에서 백학 한 마리가 날아 내려왔다. 노인은 허연 수염을 휘날리며 학의 등에 걸터앉았다. 긴 울음소리와 함께 학은 날아올랐고 구름 속으로 한 점이 되어 사라졌다.

그 수염이 허연 노인, 거지 같던 노인, 그는 바로 태상노군(太上老君), 노자(老子)였다.

그 뒤 이대는 온 마을을 돌면서 제철 기술을 가르쳐주고 약초를 캐다가 사람들의 병을 치료했다. 어느 해 여름 고약한 전염병이 돌았다. 적잖은 사람들이 병마에 시달렸다.

그 전날 이대를 고용했던 약포의 주인은 많은 약재를 사들였다. 그는 인간이 본래부터 갖고 있는 착한 심성이 제대로 성장하지 않은 사람이었다. 희희낙락 즐거워하며 마음속으로 외쳤다.

"약값은 뛰고 은자(銀子)는 쌓일 것이니 이보다 더 좋은 기회는 없으리라!"

그러나 이대는 모든 약재를 써서 환약을 만들어 호로병에 넣고 다니면서 환자에게 나누어 주었다.

아! 참으로 묘한 회춘이며 소생이었다. 돌림병은 그럭저럭 소멸되었다. 따라서 약포 주인의 황금빛 몽상도 사라져버렸다. 그는 이대를 눈에 박힌 못처럼 생각했다. 이대를 죽이고 싶었다.

어느 날 밤, 쪽 달도 넘어간 어둠 속에 이대는 호로병을 메고 귀가 중이었다. 약포 주인은 수풀 속 후미진 곳에 몸을 숨기고 있었다. 그와 하수인 불량배들이 쇠몽둥이로 이대를 덮쳤다.

이대는 그대로 쓰러졌다. 다리가 부러지고 머리엔 피가 흘렀고 얼굴은 일그러졌다.

바로 그때 하늘에서 황금빛 번쩍이고 학 울음소리 들리더니 노자가 하강했다. 약포 주인은 무뢰배들과 함께 놀라 달아나다가 나무에 부딪쳐 그 자리서 즉사했다. 노자는 이대를 부축이며 말했다.

"너무 놀랐겠구나! 쯧쯧!"

노자는 이대를 안아 일으켰다. 노자의 영약을 한 모금 마신 이대는 바로 정신을 되찾았다. 부러진 다리를 접골했지만 한 다리가 약간 짧았다. 걷기가 불편했기에 노자는 이대에게 쇠 지팡이[鐵拐]를 만들어 주었다.

그 뒤부터 이대는 쇠 지팡이를 짚고 등에는 약이 든 호로병을 메고 사람들을 찾아다니며 의술을 베풀었다. 그의 의술은 매우 고명했기에 또 누구의 무슨 병이든 고쳐주었기에 사람들은 이대를 약선(藥仙)이라 존경했다. 그러나 사람들은 이대라는 이름보다 철괴리(鐵拐李)라고 부르기를 더 좋아했다.

▷ 착한 사람만 돕는다

철괴리는 마치 천하를 주유하는 협객마냥 강호의 곳곳에 종적을 남겼다. 대개의 경우 절름발이 거지였기에 많은 사람들이 고개를 돌렸기에 때로는 자신을 직접 내세우기도 했다.

"성씨가 무엇입니까?"

"이씨입니다."

"이름은?"

"내 이름을 나도 모르겠습니다."

그는 그러면서도 구부러진 쇠 지팡이 곧 철괴(鐵拐)를 휘두르며 말했다.

"사람들이 이것을 내 이름이라고 합니다."

"그렇다면 이철괴?"

"나를 보고 철괴리라고 불러도 괜찮습니다."

철괴리! 철괴리!

사람들은 누구나 그 이름을 친숙하게 불러댔다.

어느 해 겨울 철괴리는 눈 속에 누워 있었다.

어떤 젊은 사람이 지나다가 철괴리를 보고 놀라 급히 둘러업고 자기 집으로 들어갔다.

"당신은 지금 나를 구해준 겁니까?"

"당신이 얼어 죽는 것을 그냥 두고 볼 수는 없잖습니까?"

"내가? 얼어 죽지는 않습니다."

젊은이는 믿지 못하겠다는 듯이 철괴리를 이리저리 살펴보며 말했다.

"혹 철괴리 아닙니까?"

"맞소. 내가 철괴리요."

그러자 젊은이는 뛸 듯이 기뻐하며 말했다.

"맞아! 틀림없어! 짧은 머리 커다란 귀에 구리 귀걸이, 그리고 절름발이에 쇠 지팡이까지…… 바로 신선이신 철괴리군요. 여보! 빨리 나와요. 철괴리! 내가 철괴리를 업어왔소이다."

마치 무슨 신기한 물건이라도 주워온 듯 떠드는 젊은이를 철괴리는 싫지 않은 얼굴로 웃으면서 바라보고 있었다.

젊은이는 자기 이름이 홍여재(洪如才)라면서 철괴리를 극진히 환대했다. 그리고 철괴리 앞에 무릎을 꿇고 말했다. 모친이 여든 살이 넘었는데 이 겨울에 물고기를 잡숫고 싶다 하니 어찌하겠느냐 하며 신선이니 물고기를 잡을 수 있게 도와 달라는 부탁이었다.

"당신은 정말로 효자입니다. 내가 어찌 감히 효자를 속이겠습니까? 사람들이 나보고 철괴리를 닮았다고 해서 그냥 비슷한 흉내를 내고 다닐 뿐, 사실은 철괴리가 아닙니다."

홍여재는 몹시 실망한 듯 말했다.

"괜찮습니다. 당신이 철괴리가 아니라면 나는 정말로 당신을 구했군요. 철괴리야 눈 속에서도 얼어 죽지 않지만 당신은 얼어 죽을 뻔했습니다."

철괴리는 우물쭈물 그 집을 나섰다.

"아니 밖엔 아직도 눈이 오는데 떠나렵니까?"

"내가 거짓으로 철괴리라 속였으니 무슨 염치로 더 머물겠습니까?"

철괴리는 대문을 나서서 안을 향해 소리쳤다.

"홍 씨! 당신은 정말 이상한 사람입니다."

홍여재가 철괴리를 바라보며 대꾸했다.

"내가 뭣이 이상하단 말이요?"

"부엌 물 항아리에 살아 있는 물고기가 있는데도 없다고 하는군요!"

홍여재는 급히 부엌으로 달려갔다. 부엌의 물 항아리엔 큰 잉어 네 마리가 헤엄치고 있었다. 홍여재는 깜짝 놀라 뛰어나왔다. 그러나 철괴리를 어디서 다시 보겠는가? 하늘에는 온통 눈발만이 가득했었다.

철괴리가 어느 서재에서 구걸을 했다.

서재에는 네 사람이 글을 읽고 있었는데 그중 한 사람만이 남은 밥을 철괴리에게 내주며 측은한 눈길을 보냈다. 철괴리는 단숨에 먹어 치우고서 물었다.

"이번 과거에 응시하십니까?"

"그렇습니다."

"성함이 무엇입니까?"

"칠현공(柒睍公)이요."

"칠 선생, 선생께서 이렇듯 착한 일을 하시니 이번에는 공명(功名)을 성취할 것 같습니다."

"솔직히 말해서 나는 저 세 사람을 따라갈 수 없소. 저는 본래 저들보다 둔재라서 저분들이나 가망이 있고 저는 가능성이 없습니다."

"꼭 그렇지도 않습니다."

"어째서 그렇지 않소?"

"선생께선 거지가 올 때마다 늘 조금씩이라도 베풀었습니다. 그게 바로 과거에 급제할 수 있고 벼슬하면 백성들을 위하는 마음입니다 이번엔 하늘이 도와서 틀림없이 급제할 것이요."

"나는 천성이 둔한 사람이니 하늘이라도 나를 돕지 않을 거요."

"총명한 사람도 미련할 때가 있는 것처럼 평소 미련한 둔재도 총명할 때가 있는 법입니다. 우선 착실하게 준비하시오. 저들이 낙방할 때 칠 선생만이 금방(金榜)에 이름이 빛날 것이요. 또 벼슬을 하게 되면 백성들을 부모나 자식처럼 잘 돌봐줘야 합니다."

"만약 그런 날이 온다면 당연히 지성으로 백성들을 보살필 것이요."

철괴리는 호로병 속에서 하얀 환약 한 알을 꺼내주면서 말했다.

"이 환약이 칠 선생을 도와줄 것입니다. 지금 이 자리에서 삼켜버리시오."

칠현공은 믿어야 할지 또 먹어도 괜찮을지 잠시 망설였다. 그러나 '좋은 일 했는데 나쁜 일이 있겠는가?'라고 생각하며 환약을 삼켰다.

철괴리가 떠나가고 칠현공은 자기 서재로 돌아갔다. 다른 세 사람이 거지한테 무얼 받아먹었느냐면서 자꾸 물었다.

"환약을 한 알 받아먹었지!"

"무슨 병에 먹는 약인데?"

"미련한 병."

칠현공의 동창들은 모두 배꼽을 잡고 웃어댔다. 세상에 여러 가지 병이 있고 수천수만의 처방이 있다지만 미련한 병을 고치는 약이 있다는 말은 누구도 들어보지 못했기에 더 크게 웃었다. 그러나 일 년 뒤에 그들은 웃을 수가 없었다. 무슨 조화가 있었는가? 네 사람이 과거에 응시했지만 오직 칠현공만이 금방에 이름이 걸렸고 다른 셋의 이름은 손산(孫山)의 이름 뒤에 있었다.

다시 말해 다른 세 사람은 모두 낙방했다. 중국 송나라 때, 손산이란 사람은 과거 시험에 맨 마지막으로 급제하고 같이 간 친구들은 모두 낙방했다. 고향에 돌아간 손산은 '그들 이름은 내 이름 뒤에 있었다'고 익살을 떨었다고 한다. 이후 과거에 불합격한 것을 '명락손산(名落孫山)'이라고 한다.

그 당시 칠현공은 몹시 총명하고 비범한 인재였고 지방관으로 백성들에게 선정을 베풀었다. 다른 관리들이 보면 칠현공은 재물을 긁

어모을 줄도 모르는 우둔한 지방관이었다. 칠현공은 자신을 알았기에 사람의 본분에 어긋나는 행동을 하지 않았다. 때문에 백성들에겐 늘 훌륭한 관리로 오래오래 추앙을 받았다.

3. 종리권

이철괴가 팔선 중 첫째라고 말하는
사람도 있지만, 그렇지 않다는 주장에
대해 반론하는 것도 쉬운 일은 아니다.
　팔선 중 제일 먼저 득도한 신선은
종리권(鍾離權)이기에, 원·명 시대에
는 종리권이 팔선의 우두머리라고 주
장하는 사람도 많았다고 한다.

▷ 패장 종리권의 입문

　사실상, 팔선의 전승관계는 매우 혼란스럽다. 사실 누가 누구를 이
끌었고 누구의 도움을 받아 득도했다고 체계 있는 근거를 댈 만한 사
람도 별로 없다. 또 그것을 굳이 따져야 할 만큼 학문적 논쟁의 대상
이 되지 않는 것이 오히려 더 좋을 것이다. 왜냐면 팔선 그 자체가 중
국인들의 창작이며 상상이기 때문이다.

　종리권: 성은 종리(鍾離), 이름은 권(權), 자(字)는 적도(寂道), 호는
화곡자(和谷子), 혹은 왕양자(王陽子) 또는 운방선생(雲房先生)이다.
때로는 한종리(漢鍾離)라고도 부르는데 이는 한(漢)나라의 종리자(鍾
離子)란 뜻이다.
　종리권의 부친 종리장(鍾離章)은 후한의 장군으로 흉노 정벌에 공

을 세워 연대후(燕臺侯)에 봉해졌다. 그리고 그의 형 종리간(鍾離簡)
은 중랑장(中郎將)이었다. 종리권은 무장으로 장군 가문에 태어난 장
문호자(將門虎子)라고 일컬어지지만, 역사상 종리장이나 종리간은 존
재하지 않았었다. 그러나 도교의 선전을 위해서는 그런 사람도 필요
했을 것이다.

종리권의 탄생은 신비했다. 벌건 대낮에 큰 거인이 그 모친의 내실
에 걸어 들어와 말했다.

"나는 옛날 황신씨(黃神氏)입니다. 이 몸을 맡겨 이 집에 태어나고
싶습니다."

곧 신비한 광선이 열화처럼 뻗어 오르고……, 위대한 신선이 태어
나는 순간이었다.

종리권은 태어날 때, 이미 세 살 정도의 아이만큼 자랐으며 각종
복상(福相)을 타고났었다. 정수리는 둥글고 이마는 넓었으며 두툼한
귀에 긴 눈썹과 우묵한 눈에 우뚝 솟은 코 그리고 반듯한 입에 붉은
입술, 떡 벌어진 가슴에 긴 팔을 갖고 있었다.

더욱 기이한 것은 아이가 밤낮으로 울지도 먹지도 않았다.

그러다가 칠 일 만에 '나는 저녁에 자부(紫府)에 놀고 옥경(玉京)에
이름을 올리겠다'라고 말하여 주위 사람들을 놀라게 하였다.

'자부' 나 '옥경'이란 옥황상제의 궁정을 지칭하는 말이다. 종리권
이 옥황대제의 신선 반열(班列)에 등록되었다는 뜻이 아니겠는가? 때
문에 그는 어려서부터 무엇이 중요한 것인가 또 그렇지 않은가를 알
고 있었다. 마치 그의 마음속에 무게를 다는 저울이 있는 것 같았기
에 부친이 권(權)이라 이름을 지어주었다. 권은 저울의 자루나 저울추

를 뜻하니 그 이름에는 '헤아리다'는 의미를 포함하고 있다.

명문 집안에서 출생했기에 일찍 글을 배웠고 어려서부터 문학을 좋아했다. 뒷날 한 황제의 부름을 받고 궁에 들어가 문무대신이 지켜보는 가운데서 황제의 질문에 또박또박 명쾌한 대답을 했고 행동거지가 당당하면서도 예법에 맞아 황제의 칭찬을 받았다고 한다.

종리권은 9척 장신에 멋진 수염과 당당한 풍채의 사나이로 한나라 조정의 간의대부(諫議大夫)가 되었으며 서쪽의 토번(吐蕃) 족이 한 황실에 반기를 들자 출정하였다. 그러나 권신 양기(梁冀)는 그가 큰 공을 세우는 것을 시기하여 노약한 병사 2만 명만을 지휘케 했다.

결국 대패한 종리권은 산골짜기에 지친 몸을 숨겼다가 나중에 서역(西域)의 중 곧 호승(胡僧)을 만난다. 호승은 종리권을 한 마을로 인도하고 말했다

"이곳은 동화선생(東華先生)의 거처입니다. 장군께선 잠시 기다리십시오."

그러고선 어디론가 떠나갔다. 오래잖아, 사슴 가죽 옷을 입고 청려장(靑藜杖)을 짚은 한 노인이 나타나 물었다.

"한의 대장군 종리권이 아니신가? 어찌 이곳까지 오셨는가?"

그날로 종리권은 도를 배우기로 마음을 결정했다. 이 동화선생은 신선 중에서도 최고인 상선(上仙) 왕현보(王玄甫)인데 종리권에게 장생진결(長生眞訣)과 금단비법(金丹秘法)과 청룡검법(靑龍劍法)을 전수해 주었다고 한다.

▷ 종리권의 득도

종리권은 화양진인(華陽眞人) 왕현보를 처음 만났을 때, 화양진인
에게 예를 올리며 말했다.

"종리권이 사부님을 처음 뵙습니다."

"오늘부터는 종리권이 아니라 종리각(鍾離覺)이라고 해라."

"사부께서 이름을 하사해주시니 고맙습니다."

왕현보는 청려장(青藜杖)을 짚고 다녔으며, 사슴 가죽의 겉옷인 백
록구(白鹿裘)를 걸치고 눈빛에 광채가 있었다.

"사부님, 저는 도를 배우고 싶습니다. 사부님께서 거두어주시겠습니까?"

"너의 본디 마음과 큰 뜻을 펴 보이려 했지만 여러 번 실패한 처지
인 줄도 안다. 허나 그런 웅장한 마음과 뜻이야 모두 속세의 것이니,
오늘 이후 이곳에서 수련에만 정진토록 하라!"

종리권은 기뻐 땅에 엎드려 절했다. 이때 화양진인이 내려준 법호
가 바로 정양자(正陽子)였다. 화양진인은 종리권에게 타고난 선골이
기에 세속 인연에서 쉽게 벗어날 수 있다고 말해주었다. 아울러 종리
권에게 장생술(長生術)을 전수해주었다.

종리권은 수년을 두고 단련한 끝에 장생술을 완전 터득했다. 화양
진인은 천신(天神)인 태을의 의술(醫術)인 태을도규(太乙刀圭)와 선
단 제조법의 일종인 화부내단(火符內丹)의 비결도 전수해주었다.

"뒷날 네가 온 천하를 유람하게 될 것인데 그때 꼭 들러야 할 곳이
있다."

"그곳이 어디입니까?"

"자금산(紫金山) 현종동(懸鍾洞)이다."

그러고서는 별다른 말을 하지 않았다.

종리권을 화양진인 아래서 구 년간 수도하면서 태을도규, 화부내단의 비법을 완전히 터득했으며 장생술에 대해서도 일가견을 가지고 있었다. 그러나 그 자신 아직 신선이 되지는 않았다고 생각했다.

어느 날, 화양진인이 종리권에게 말했다.

"이제 떠나거라. 구름처럼 떠돌아라!"

종리권은 스승을 하직하고 산을 내려왔다. 사부도 그에게 어디에 가라는 말을 하지 않았다. 그러나 종리권은 어디로 가야 하는지를 잘 알고 있었다. 자금산 현종동을 찾아가야 한다!

자금산은 안휘성 수춘현(壽春縣)의 동쪽에 있었다. 그는 일부러 노(魯)지방의 추성에 잠시 머물다가 공동산(崆峒山)을 거쳐 자금산 사호봉(四皓峰)에 거처를 정했다. 사호봉 주변은 물론 자금산 전체에 수많은 도사들이 수련하고 있었다.

"왜 이렇게 문도(門徒)들이 많습니까?"

종리권은 이웃 도사에게 물어보았다.

"늘 언제든지 이렇게 많은 도우(道友)들이 있습니다."

"글쎄 그 이유가 무엇입니까?"

"자금산에 현종동이 있다는 말을 들었습니까?"

"알고 있습니다."

"그 현종동 안에 무엇이 있는지 아십니까?"

"글쎄요. 그것은 잘 모르겠습니다."

"황제(黃帝)께서는 금단비결(金丹秘訣)을 터득하시고 신선이 되셨습니다. 그런데 황제께서는 금단비결을 옥으로 만든 함에 넣어 현종동에 감추셨습니다. 지금 모든 사람들이 그 옥함을 찾아 금단비결을 얻으려고 산속에 머물면서 찾고 있는 것입니다. 일단 그 비결만 얻으면 그대로 선단(仙丹)을 만들 수 있습니다. 그다음에 신선에 되어 승천하는 거야 더 말할 필요가 없지요!"

"현종동은 어디에 있습니까?"

"글쎄 지금 그걸 모르고 있기에 이 많은 사람들이 산속에서 기다리고 있는 것입니다."

"그야말로 재수가 좋아야겠군요."

"그것이 어찌 재수겠습니까? 그것은 조화(造化)입니다. 아마 하늘의 뜻이 있어야 하겠지요."

그 며칠 후 종리권은 사호봉을 떠났다. 마침 길에서 얼마 전에 만났던 그 도사를 만났다.

"현종동을 찾는 것을 포기하고 떠나는 것입니까?"

"아닙니다. 선인(仙人)의 도움으로 현종동을 찾아 옥갑을 얻었습니다. 이미 금단비결도 알아냈습니다."

그러나 도사는 전혀 못 믿겠다는 듯이 명청히 서 있었다. 종리권이 금단비결을 얻은 것은 절대로 거짓이 아니었다. 종리권은 곧바로 종남산(終南山) 학정동(鶴頂洞)에 들어가 금단(金丹)에 성공하였고 이어 선단을 복용하고 신선이 되었다고 한다.

이어 종리권은 도교의 오묘한 이치를 깨우쳤고 최후로 옥갑비결(玉匣秘訣)을 터득하여 진선(眞仙)이 되었으며 옥황상제는 그를 '태극좌궁진인'(太極左宮眞人)에 봉했다고 한다.

이후 종리권은 가끔씩 세상에 나타났다가 숨곤 했다. 두 갈래 큰 상투에 커다란 배를 드러내놓고, 종려 부채를 흔드는 불그레한 얼굴과 당당한 체구의 종리권은 뒷날 당(唐)나라 때 다시 출현하여 여동빈을 신선이 되도록 이끌었다고 한다.

4. 장과로

장과로(張果老)와 시영(柴榮)이란 두 신선이 노반(魯班)이 만든 조주(趙州)의 돌다리가 얼마나 튼튼한지 시험해보려고 했다.

장과로는 자기가 타고 다니는 당나귀에 해와 달을 실었고 시영은 수레에 중국의 오악명산(五嶽名山)을 모두 얹었다.

두 신선의 나귀와 수레가 동시에 지나가니 다리가 약간 흔들렸다. 노반은 급히 다리 아래로 내려가 두 손으로 다리를 받치니 다리는 무사했다.

▷ 당 현종과 장과로

우리가 보통 '공자 앞에서 문자 쓴다'는 말을 하지만 중국에서는 '노반 앞에서 도끼를 휘두른다'라고 말을 한다.

노반은 중국에서 제일 솜씨 좋은 목수이며 석수장이다. 말하자면 중국 건축업자의 시조라 할 수 있다.

그 노반이 조주의 돌다리를 만들었다는 전설이 있지만, 기록에 의하면 조주의 돌다리는 수(隋)나라의 유명한 석공 이춘(李春)이란 사람이 건설했다고 한다.

하여튼 조주의 다리 위에는 장과로의 당나귀 발굽 자국과 시영의 수레바퀴의 홈이 남아 있다고 한다. 이런 이야기와 함께 장과로의 명성은 전 중국에 널리 퍼졌다.

그렇다면 장과로란 신선이 실제로 있었는가?

그는 당나라 시절의 도사였고 이름은 장과(張果)였다. 늙을 노(老)자는 후세 사람들이 존칭으로 붙여 주었다고 한다. 혹 어떤 이는 실제보다 더 늙어 보였기에 그렇게 불렀다고 하고 또는 실제로 나이가 많았다고도 한다.

장과로는 당나라 초기 항주(恒州)의 중조산(中條山: 山西省 永濟縣)에 은거하고 있었다. 장과로는 완구선생이나 이철괴 등 여러 신선의 인도로 신선이 되었고 산서성 일대를 왕래하면서 장생불로했다고 한다.

장과로는 출입할 때마다 매번 하얀 나귀를 거꾸로 곧 나귀의 뒤를 보고 앉아 타고 다녔는데 하루에 수만리를 갈 수 있었다고 한다. 그런데 희한하게도 그 당나귀의 다리나 몸을 마치 종이를 몇 겹 접은 것처럼 만들어서 두건 상자 속에 넣고 다닐 수 있었으며 만약 나귀를 탈 때면 거기에 물을 뿌려 살아 있는 나귀로 만들었다고 한다.

당 태종(太宗)과 고종(高宗)이 장과로를 불렀지만 장과로는 가지 않았다. 고종이 죽은 뒤 측천무후(則天武后)가 초빙하니 중조산에서 하산했지만 도중에 거짓으로 죽은 척하고 또 가지 않았다. 뒷날 당 현종(玄宗) 때, 장과로가 황궁에 들어와 알현하자 현종은 아주 이상한 듯 장과로에게 물었다.

"선인(仙人)께선 득도하셨을 텐데 어찌 이가 빠지고 이처럼 쇠약해 졌습니까?"

"저는 이가 빠지고 머리카락도 얼마 없을 때 득도하여 여태껏 그때 모습 그대로입니다. 지금 폐하의 말씀을 듣고 보니 이와 머리칼이 하나도 없는 것이 더 좋을 것 같습니다."

그러고선 약간의 머리칼과 몇 개 안 남은 이를 다 뽑아버렸다. 온 입에서 붉은 피가 흘러나왔다. 현종이 깜짝 놀라 말했다.

"도사께서 너무 심하시오! 가서 쉬도록 하시오!"

장과로는 예를 표하고 물러났다. 돌아서는 순간 그의 모습은 장년의 청년으로 바뀌었다. 현종은 그 모습에 놀라면서도 기뻐하며 술을 하사했다. 술을 몇 잔 마신 뒤 장과로가 사양하며 말했다.

"소신의 주량이 작아 두서너 잔이면 족합니다. 다만 저의 제자 하나가 능히 한 말을 마실 수 있습니다."

현종이 그 제자를 불러오라고 하자 장과로는 주문을 외우듯 중얼거렸다. 그러자 어느새 젊은 도사 하나가 계단 아래 나타났다. 나이는 열여섯이나 일곱쯤 되어 보이는 매우 준수한 모습의 도사였다.

현종이 술을 하사하자 꼭 술 한 말을 마시더니 더 이상 못 마시겠다고 사양하였다.

"더 주지 마십시오. 도가 넘어 폐하 앞에서 우스운 짓이라도 저지를까 걱정이 되옵니다."

그러나 현종은 술을 더 마시라고 명령했다.

젊은 도사가 술을 더 마시자 도사의 정수리에서 술이 솟아올랐다. 머리에 쓰고 있던 관이 벗겨져 땅에 떨어지면서 젊은 도사는 황금 술독으로 변했다. 현종과 후궁들이 모두 놀랐다. 본래 그 황금 술독은 집현원(集賢院)에 있던 것으로 꼭 술 한 말이 들어가는 그릇이었다고 한다.

현종은 자신의 옥진 공주(玉眞公主)를 장과로에게 시집보내려 했으나 장과로는 끝내 사양했다고 한다. 중국에서 '군주(君主)와 어울리는 것은 마치 호랑이와 노는 것 같다(伴君如伴虎)'는 말이 있다. 장과로는 황제의 인정을 받을 만큼 받았다고 생각하여 다시 산속으로 돌아가겠다고 간청했다.

현종은 그를 허락하며 비단 3백 필을 하사하고 시종 두 사람에게 편히 모시라 분부했다. 일행이 항산(恒山) 아래 포오현(蒲吾縣)에 이르렀을 때, 장과로는 갑자기 숨을 거두었다. 제자들이 모여들어 장사를 치렀다. 그러나 뒷날 관을 열어보니 그 안엔 아무것도 없었다고 한다.

도교에서는 도사의 죽음을 시해(尸骸)라고 한다.

시해란 육신을 벗어버리고 신선 된다는 말이다. 또 도교에서는 도사의 죽음을 '신선이 되어 떠나갔다'는 뜻으로 '선거(仙去)'라고도 말한다. 또 벌건 대낮에 날아서 승천한다는 뜻의 '백일비승(白日飛升)'이란 말도 도사의 죽음을 의미하지만, 이 또한 도사들의 허풍이라 아니할 수 없다.

도사들의 이런 말들을 믿으면서 굳이 그런 것을 간절히 염원했던 황제나 술사(術士)들이 어리석을 뿐이었다. 보통사람들이 재미로 지어내고 들려주는 이런 이야기는 보통 사람들의 단순한 희망 - 고통을 받는 현실에 대한 위안 - 이었을 것이다.

장과로와 당 현종 사이에 있었던 여러 가지 이야기들은 사기 행각에 뛰어난 도사와 그 일당이 된 내시들이 도교에 심취한 어리석은 황제를 데리고 논 것이라고 해석할 수 있다.

지금 우리가 보면 이처럼 명확하지만, 그 옛날에 도사와 내시들에게 둘러싸인 성스러우면서도 명철한(?) 천자(聖明天子)만이 언제나 속고 있었다. 그리고 신선들의 행적이라는 것도 민간 속에 전해오는 전설을 종교의 권위와 교세 확장이라는 필요에 의해 도교 측에서 보다 과장하여 기록하고 또 지속적으로 선전한 것에 불과한 것이다.

한 가지 예를 들어보면, 장과로가 나귀를 거꾸로 타고 다녔다는 이야기는 송대의 시인 반랑(潘閬)의 이야기를 장과로에 갖다 붙인 것이라 한다. 나귀를 거꾸로 탄다는 것은 말하자면 '세상을 우습게 본 기이한 짓거리(奇行)'라고 할 수 있다.

도교에서는 반랑을 중조산에 입산시켜 선인으로 둔갑시켰고 이야기를 다시 장과로의 것으로 만들어버린 것이다. 이에 장과로는 더욱 유명해졌고 그런 일에 대한 시가 지어져 인구에 회자하였다. 소설 ≪동유기≫에 수록된 시는 다음과 같다.

> 온 세상 많은 사람 중에
> 그 같은 노인네는 없었지.
> 나귀를 거꾸로 탄 것이 아니고
> 고개를 돌려 세상사를 본 것이라.
> (擧世多少人 無如這老漢
> 不是倒騎驢 萬事回頭看)

여기서 또 한 가지 이야기, 당 현종이 옥진 공주를 장과로에게 시집보내려 하자 장과로는 어고(魚鼓: 대나무 통 한쪽에 얇은 가죽을 씌워 손으로 치는 타악기의 일종)와 간판(簡板: 한 자 남짓한 두 쪽의 나무판으로 된 타악기)을 두드리며 노래했다.

공주를 아내로 맞이하면,

평지에서 벼슬길로 오르는 것.
사람들 누구나 좋아하지만,
나는 두렵기만 하네.
(娶婦得公主 平地升公府
人以爲可喜 我以爲可畏)

　노래를 끝내고 장과로는 큰 소리로 웃었고, 종이 당나귀를 꺼내 물
을 뿜으니 당나귀가 살아났다. 당나귀 등에 거꾸로 올라탄 장과로는
그대로 사라졌다.

　이후 장과로는 사방을 떠돌면서 어고와 간판을 두드리며 도교의
교리나 옛이야기들을 노래로 읊어 사람들을 교화하였다고 한다.

　뒷날 사람들이 이를 본떠 노래 부르면서 몽매한 사람들을 교화하니
이를 도정(道情)이라고 한다. 즉 도정은 도사들이 노래로 만들어 부르
는 도교의 이야기인데 장과로는 도정의 조사(祖師)로 추앙받고 있다.

　본래 도정은 당나라의 도곡(道曲)에 그 기원을 두고 있는데, 도교
의 고사(故事)나 안빈낙도와 유유자적의 뜻을 주로 읊었다. 어고와 간
판으로 반주하고 이야기와 창으로 이어지는 도정은 명·청 시대에도
크게 성행하였는데 주제도 점차 다양해져 민간의 여러 이야기를 소
재로 하였다.

　중국에서는 특별한 물건으로 팔선을 암시하는 소위 암팔선(暗八
仙)이 있었다. 즉 호로(葫蘆)는 이철괴의 것이고, 종리권의 부채, 여자
신선 하선고(何仙姑)의 꽃바구니, 장과로가 치며 노래하는 도정간(道
情簡), 남채화의 연꽃(藍采花), 그리고 여동빈의 불진(拂塵)이나 보검

(寶劍), 한상자(韓湘子)의 피리, 그리고 황족인 조국구의 척판(尺板)이
란 것을 말한다.

▷ 마부가 신선이 된 사연

또 다른 이야기 하나!

본래 장과로는 당(唐)나라 때 살았던 시골의 가난뱅이 마부였다.
나귀에 짐을 싣고 비 맞고 눈 밟으며 동서남북을 오가는 마부였으니
그 생활이 힘들기는 나귀나 마부나 마찬가지였다.

어느 날, 새벽에 길을 나선 장과로는 한낮이 되어 다 무너져가는
헌 사당에 도착했다. 황량한 산모퉁이에 문짝과 벽이 무너진 사당은
한낮인데도 을씨년스러웠다.

장과로는 그전에도 여러 번 거기서 잠시 쉬며 마른 떡으로 허기를
채우곤 했었다. 피곤한 다리를 쉬면서 허리에 찬 전대를 풀어 마른
떡을 뜯어 먹기에는 차라리 안성맞춤인 그런 장소였다. 그러나 오늘
은 사정이 좀 달랐다. 밤길을 가야 하는데 준비해온 저녁이 없기에
점심은 그냥 굶어야만 했다.

잠시 쉬었다가 허리띠를 다시 조르고 일어서려는데 어디 선지 아
주 구수한 냄새가 장과로의 코를 어지럽게 했다. 그렇지 않아도 허기
진 배를 달랠 길 없어 괴로운데 이런 냄새가 어디서 나는 것일까?

분명 아무도 얼씬대지 않는데, 누가 고기라도 삶는단 말인가? 장과
로는 냄새를 따라 사당 뒤쪽으로 걸음을 옮겼다. 사당 건물 뒤편에는
넓은 마당이 있었고 거기엔 잡초만 무성했다. 그러나 마당 한구석엔
누군가가 큰 가마솥을 걸어놓고 무언가를 삶고 있었다. 장과로는 한

두 번 주위를 둘러보고 아무도 없다는 것을 확인했다.

장과로가 가마솥 뚜껑을 열자 아주 진한 향기가 무럭무럭 피어올랐다. 무슨 고기를 삶는가? 하필 이런 외진 곳에서 누가? 신선이나 서왕모가 그 모습을 드러낸다는데? 혹 이곳이 관왕묘는 아닌가? 그렇다면 관운장이 내려왔다는 말인가?

무식한 장과로지만 관운장이나 서왕모 또는 신선이 내려왔다는 이야기는 들은 적이 있었다. 그러나 하필 이렇게 황량한 곳에 그런 분들이 출현할 리 없지! 설사 그런 신령이 눈앞에 보인다 해도 지치고 허기진 장과로가 어떻게 참을 수 있겠는가? 장과로는 가마솥 옆 국자를 집어 국물을 떠 마셨다.

고깃국은 아니었다. 그렇다고 채소를 삶은 것도 아니고 약재를 다린 국물도 아니었다. 다시 국자를 휘저어 보았다. 강아지만큼 커다란 그러면서도 붉은 덩어리가 떠올랐다. 고기라도 좋고 나무토막이라도 괜찮았다. 설령 그것이 돌이 아니라면, 또 먹다가 죽더라도 상관없다는 생각이 들었다.

장과로는 나뭇가지를 꺾어 덩어리를 걸쳐놓고 손으로 뜯어먹었다. 그 희한한 맛을 어찌 말로 다 할 수 있겠는가? 설령 도깨비가 나타난다 해도 도망가지 않겠다고 생각하며 허겁지겁 먹어치웠다. 가끔 국물을 떠먹으며 굶주린 배를 꾹꾹 눌러가면서 얼굴이 붉어질 때까지 씩씩거리며 먹어댔다.

원래 그곳에서 멀지 않은 산골 마을에 학관(學館 서당)이 하나 있었다. 그 훈장은 좀 괴팍한 사람이었다. 혼자 살면서 오직 신선에 관한 책만 골라 읽었다. 양생(養生)에 힘썼고 무병장수를 갈구하며 신선이 되어 승천하는 백일몽을 꿈꾸는 신선병(神仙病)에 걸린 환자였다.

어느 날, 학동 하나가 한낮이 지난 뒤에야 학관에 나타났다. 왜 늦었느냐고 따져 물었더니 이상한 얘기를 했다. 무너진 사당 근처 산모퉁이를 돌아오는데 궁둥짝을 드러낸 조그만 아이가, 키는 아주 작으면서도 뽀얗고 통통한 아이가 같이 놀자고 해서 한나절을 놀고 왔다고 말했다. 그리고 그전에도 그 아이와 몇 번을 같이 놀았는데, 어느집 아이인지 알 수 없다는 말도 했다. 학관 훈장은 그 이야기에 마음속으로 쾌재를 불렀다.

학관 아이가 같이 놀아준 궁둥짝을 내놓고 돌아다니는 통통한 아이야말로 인간 모습으로 변한 하수오(何首烏)가 틀림없다고 생각했다.

하수오는 약초 식물의 한 종류로 우리말로는 '새박뿌리'라고 번역하지만 '지정(地精)'과 같은 말로 '고려 인삼의 별칭'으로도 통한다. 하수오는 싹이 터서 3천 년을 묵으면 사람모양으로 변해 인간처럼 움직이고 말도 하는, 천하의 보물이라는 이야기가 있다.

누구든 하수오 고기를 먹기만 하면 곧 신선이 되어 하늘을 날 수 있다는 그 하수오를 학관 훈장이 어찌 그냥 둘 수 있겠는가? 훈장은 학동을 조용히 불러 붉은 실타래를 주면서 그 아이와 놀다가 아이의 옷자락에 실을 맨 바늘을 꽂으라고 시켰다. 학동은 시키는 대로 했고 훈장은 실을 따라가 하수오를 쉽게 찾아냈다.

훈장은 조심조심 그러나 아주 기쁜 마음으로 하수오를 캐냈다. 두서너 달 지난 어린아이만큼 크고 통통하며 뽀얀 하수오는 진한 향기를 뿜어댔다. 훈장은 이 하수오를 어찌해야 할지 요모조모 궁리했다.

마을에 내려가 고아 먹을 수도 없고 그렇다고 깊은 산속으로 안고 들어가자니 혹 짐승이라도 만날 것 같았다. 결국 생각해낸 것이 장과로가 쉬었던 그 사당이었다.

훈장은 사당을 뒤져 마침 큰 가마솥을 찾아냈다. 잘 씻은 뒤 맑은 물을 붓고 나무를 구해다가 펄펄 끓였다. 그러나 너무 서둘다 보니 국그릇과 수저를 전혀 준비 못 했다. 겨우 가마솥을 찾아낼 때 얻은 나무국자로 퍼먹기가 좀 뭐해서 학관으로 그릇을 가지러 갔다.

그런데 바로 그때 마을 사람 하나가 훈장을 찾아와 아들을 장가보내는데 와서 술 한잔하고 부귀다남(富貴多男)을 축원하는 대련을 써달라는 부탁을 했다.

훈장은 물론 바쁘다고 거절했지만 그는 막무가내로 훈장을 끌고 갔다. 마음 조급한 훈장은 되는 대로 두어 줄 써주고 돌아서려는데 굳이 술을 권하니 뿌리칠 수가 없었다.

그 훈장이 술 한 잔을 앞에 놓고 마음을 졸일 때, 장과로는 하수오를 맛있게 먹고 있었다. 장과로는 배가 불러오면서 온몸에 터질 듯 힘이 솟았다. 후끈후끈한 열이 몸 밖으로 빠져나가는 듯 뜨거운 숨을 몰아쉬자, 이상하게 기분이 상쾌해지고 마음은 홀가분해졌다.

장과로가 하수오 고기를 하나도 남김 없이 다 먹어치웠을 때 밖에 매 둔 나귀가 앞 뒷발로 땅을 차며 울부짖었다. 장과로는 가마솥을 번쩍 들어다가 나귀에게 국물을 마시게 했다. 나귀도 국물을 실컷 들이켰고 장과로는 남은 국물을 사당 담벼락에 뿌려버렸다.

그때 아래쪽에서 학관 훈장이 소리 지르며 뛰어 올라왔다.

"아차! 저 사람이 가마솥의 주인이구먼!"

장과로는 급히 나귀의 고삐를 풀었다. 그리고 나귀 등에 올라탄다는 게 그만 거꾸로 올라앉았다. 하도 급해 다시 내리지도 못하고 '이랴' 소리치며 나귀 엉덩이를 힘껏 내리쳤다. 나귀는 힝 소리와 함께 나는 듯 뛰었다.

순식간에 수십 리를 달려 무너진 사당도 학관 훈장도 보이지 않았다. 그 순간 장과로는 속세의 범부가 아니고 이미 신선이 되었다. 나귀도 하수오의 약효를 받아 하늘을 날았다. 그 이후 장과로는 언제나 나귀를 거꾸로 타고 나타나곤 했다.

전설에 의하면 장과로가 하수오를 건져놓았던 나뭇가지는 땅에 뿌리를 내려 하늘을 찌르는 큰 나무로 자랐다. 사람들은 그 나무를 과로수(果老樹)라고 불렀다. 장과로가 먹고 남은 국물을 뿌렸던 그 담장은 그 뒤에 철벽처럼 단단해졌다. 다른 곳은 무너지면 다시 쌓기를 반복했지만 그 부분만은 결코 무너지지 않았다.

뒷날 사람들은 그 사당을 다시 짓고 과로묘(果老廟)라 부르며 장과로를 추모했다. 그 담벽은 과로비(果老碑)라 하여 후인들이 장과로를 칭송하는 시구를 새겨 지금껏 전해진다고 한다.

▷ 장과로의 결혼

(장과로에 관한 또 하나의 재미있는 이야기인데, 중국인의 결혼에 대한 감정을 엿볼 수 있어 소개한다.)

매파(媒婆) 유씨(劉氏)는 꽃을 가꾸는 장과로를 바라보고 있었다. 장과로는 채소나 꽃을 가꾸어 성내에 팔아 겨우 입에 풀칠을 하는 사람이었다. 유매파는 장과로의 장사를 도와준다는 생각, 즉 장과로의 꽃과 채소를 가끔 사준다는 우월감에서 장과로의 초라한 모습에 동정심을 갖고 있었다.

장과로 - 아무도 그의 나이를 모르는 노인, 약간은 노망기가 있는 듯하고, 꾀죄죄하고 궁색한 늙은이, 일 년 내내 똑같이, 더럽고 너덜너덜한 옷에 채소를 담은 멜대를 메고 흙으로 범벅된 맨발로 다니는 불쌍한 늙은이였다.

"장 씨, 이곳에 사시요?"

"예! 맞습니다. 내 땅입니다."

장과로는 꽃 한 송이를 꺾어 유매파에게 건네며 다시 말을 이었다.

"당신이 내 집을 찾아주시니 고맙습니다."

그러나 유매파는 결코 장과로를 찾아올 사람이 아니라는 것을 강조하듯 말했다.

"장 씨, 난 지금 어떤 집에 가서 아가씨를 만나고 다시 성내에 가는 중이요. 성내에 좋은 혼처가 많지요."

"혹 위씨(韋氏) 댁 아가씨 말입니까?"

"맞소! 위씨 댁 처녀가 퍽 곱게 자랐더군요."

"위씨 댁 아가씨라면 다른 혼처를 찾지 않아도 됩니다."

"그건 왜 그렇소?"

"위씨 댁에 가서 그 따님을 나한테 시집보내라고 중매 좀 해주십시오."

"못된 늙은이! 처녀의 아버지보다도 더 늙은 사람이면서 어찌 그런 말을!"

"유매파! 나는 지금 바른말을 하고 있습니다. 지금 당장 되돌아가서 꼭 내 말 좀 해주십시오."

"난 그런 중매 서지 못하겠소. 만약 내가 가서 그런 말을 한다면 그 집 사람들이 당신 껍질을 벗길 거고, 나는 맞아 죽을 것이요! 못된 늙은이! 그런 말 다시는 하지 마소!"

"매파가 어찌 그런 말을 할 수 있습니까? 남을 위해 혼사를 주선하는 중매쟁이면서 왜 내 말은 못해줍니까? 내가 뭐 못할 말 했는가요? 아니면 뭐가 그리 겁납니까?"

"장 씨! 당신이야 체면도 없이 살 수 있지만 나는 체면으로 삽니다. 생각해보세요. 몸에 돈 한 푼 없고 몇 년을 두고 옷 한 벌을 바꿔 입지도 못 하면서 무슨 장가를 든다고 그럽니까? 더군다나 지금 열여섯 난 대가(大家) 집 딸을 그리다니! 참 기가 차서! 겨울에 얼어 죽을지도 모르는 가난뱅이 늙은이가 해마다 망령이 들어가면서 더욱 멍청해지는군요."

"내 옷은 여름에 서늘하고 겨울에는 따스합니다. 왜 옷을 바꿔야 합니까?"

"이제는 사기꾼이 되었군!"

"내가 뭐가 되든지! 매파에게 꽃을 건네준 내 체면 좀 봐서 한번 가보십시오. 만약 성혼이 된다면 적잖이 사례하겠습니다."

유매파는 아까 받았던 꽃을 장과로의 손에 쑤셔 넣으면서 화를 냈다.

"나 이런 꽃 필요 없소!"

유매파가 막 돌아서자 장과로가 다시 불러 세우며 빙그레 웃었다.

"매파! 내 손에 무엇이 있겠소?"

"그 손안에 무엇이 있든! 내 눈엔 처녀와 총각만 보이지 다른 것은 보고 싶지도 않소."

장과로는 매파에게 다가가 손을 펴 보였다. 거기엔 하얀 은 덩어리가 빛나고 있었다.

"만약 나를 위해 중매 서준다면 이 모두를 주겠소! 이게 한 냥짜리요!"

"난 싫소! 한 냥 아닌 두 냥이라도 싫소. 위씨 댁에 갔다가 얻어맞으면 오히려 더 손해요."

유매파는 뒤를 털며 걸어갔다. 그러나 겨우 스무 발짝도 못가서 되돌아와 장과로에게 말했다.

"장 씨! 장 씨가 매일 성내에 와서 채소를 팔 때 나한테는 좀 싸게 팔았지요. 안 그래요?"

"맞습니다. 조금이라도 싸지 않으면 당신의 잔소리가 끝나지 않을 것입니다."

"장 노인장! 나한테 꽃을 팔 때는 언제나 한두 송이 더 주었지요?"

"맞습니다. 사실은 뺏긴 것이지만!"

장과로는 빙그레 웃으면서 유매파 앞에 주먹 쥔 손을 내보였다.

"이 안에 있는 것 갖고 싶습니까? 아니면 그만두겠습니까?"

유매파는 양손으로 장과로의 손에서 은자를 뺏으면서 말했다.

"장 노인을 위해서라면 어찌 고생을 마다하겠습니까? 위씨 댁에서 매를 맞는다면 이 돈으로 약을 사 먹으면 됩니다."

본래 위태(韋太) 선생이라 불리는 위서(韋恕)는 양주(揚州)에서 이곳 육합현(六合縣)으로 이사와 교외에 약간의 농장을 갖고 농사에 힘쓰며 사는 전직관료였다. 양주란 곳은 양자강과 대운하가 만나는 곳으로 본래 번화한 상업도시였다. 거기에 비해 육합현은 조그만 고을로 퇴직 관료가 노후 생활을 보내기에는 오히려 적합했다.

위태선생의 딸은 방년 십육 세로 용모가 단정하고 예뻤다. 상투적인 문자로 그야말로 침어낙안(侵魚落雁)의 얼굴에 폐월수화(閉月羞花)의 자태였으니 위태선생 부부가 마치 장상명주(掌上明珠)마냥 귀여워하는 딸이었다.

위태의 딸 위랑(韋娘)은 미모만 빼어난 것이 아니었다. 문자를 깨치고 경전을 읽었으며 시구와 문장을 마음대로 지었기에 위태선생의 친우들도 여학사(女學士)라며 칭찬을 아끼지 않았다. 때문에 이미 양주에서도 많은 혼담이 있었다. 그때는 아직 어리다 했지만, 그러나 지금은 좀 서둘러야 할 입장이었다.

위태 선생은 청렴한 사람이었다. 때문에 가용(家用)이 결코 넉넉하지 못했고 노후에 대한 걱정도 있었다. 때문에 위태 부인은 재력도 넉넉한 집안의 공자(公子)를 사위로 맞고 싶었으나 육합현 안에서 딱히 마음에 맞는 혼처가 나타나지 않았다. 그러기에 성내에 사는 유매파를 불러 우선 딸을 보여주고 중매를 부탁했었다.

유매파가 위랑을 처음 보았을 때 세상에 이렇게 아름다운 처녀도 있는가 하면서 놀라지 않을 수 없었다. 아마 육합현에서는 이런 처녀에 딱 맞는 배필이 없을 것이라는 생각도 했다.

위랑의 눈썹과 눈, 키와 몸매와 고운 살결 그리고 어질고 현숙하고 온순한 성품이니 어디를 흠 잡을 수 있겠는가?

그러나 중매쟁이는 역시 중매쟁이였다. 본래 평범한 여자를 하늘의 선녀로 만들고, 보통 남자를 옥수임풍(玉樹臨風)의 맑고 고상한 인격자로 변모시키는 구변을 갖고 있는 게 중매쟁이였다.

돈만 많이 쥐여주면 앉은뱅이도 천하장사라고 자랑하고, 벙어리 아가씨도 천하명창이라고 둘러댔으며, 돈이 있어 보이는 혼사엔 하루에 백 리 길을 두 번씩이라도 왕복할 수 있는 튼튼한 다리가 있었다.

유매파가 위랑을 만나보기 전, 어느 날 위랑이 모친에게 말했다.

"어머님, 전 이상한 꿈을 꾸었어요."

"그래! 꽃가마 타는 꿈을 꾸었니? 너한테 혼담이 들어올 모양이다."

"아녀요. 꽃가마가 아니라 구름을 타고 나르는데 어떤 신선이 날보고 여선(女仙)이 되라고 말했습니다. 그 뒤 늙지도 죽지도 않으며 선계(仙界) 속을 거닐며 노는 꿈이었습니다.”

“그래, 거 좋은 꿈이구나! 틀림없이 좋은 사람에게 시집갈 거다!”

“어머니 저는 또 다른 꿈도 꾸었습니다.”

위랑은 얼굴을 붉히며 기어드는 목소리로 말했다.

“저를 아주 늙고 또 늙은 분에게 시집보내 주세요!”

유매파가 다시 위태 선생 집을 찾아오자 모두 이상하게 생각했다. 혹 물건을 놓고 갔기에 다시 찾으러 온 줄 알았다.

“제가 다시 찾아온 것은 중매가 아니고 다른 사람의 말을 대신 전해 드리려고 왔습니다.”

“무슨 말인가? 어서 말해보게.”

“채소와 꽃을 가꾸는 장과로의 말입니다.”

“우리야 그 늙은이의 꽃과 채소를 사면서 돈을 다 주었네!”

“어르신들께 용서를 빌면서 말씀드리겠습니다.”

유매파는 잠시 눈치를 살피고서야 겨우 말했다.

“제가 본래 여기에 와 이런 말씀을 드리려 한 것은 아닙니다만 그 노인이 하도 성화를 대서 오긴 왔습니다만…… 장과로가 어르신네의 귀한 따님과 결혼하고 싶답니다.”

유매파의 말이 떨어지자 위태 선생은 마치 귀신에게 얻어맞은 듯 멍청히 앉아 있었다. 그 더럽고 꾀죄죄하고 일자무식에 노망난 늙은이가 이렇듯 엉뚱한 욕심을 내다니!

유매파는 눈치를 보며 뒤로 슬금슬금 물러섰다. 위태 선생 부인이 말했다.

“매파! 자네는 그 늙은이를 어디서 만났는가? 그 사람 미치지 않았던가?”

"그 사람 밭에서 봤습니다. 반쯤은 미친 것 같았습니다."

"자네 급히 성내에 가서 현감 어른께 말씀드리게. 급히 그 미치광이를 잡아 우리 고을서 내쫓아 달라고! 그 늙은이 말을 나한테 전했으니 이제 내 말을 현감 나리께 전하게!"

"아! 아닙니다. 제가 어찌 고을 나리 앞에 나섭니까?"

매파는 두 손을 비비며 비실비실 물러났다. 그러나 위태 선생이 매파를 불렀다.

"매파! 자네 돌아가 그 미친 늙은이에게 전하게. 만약 사흘 내로 은자 오백 냥을 갖고 오면 사위 삼겠다고 말하게. 만약 오백 냥을 준비 못하면 나를 놀린 죄로 오백 년간 옥살이를 하도록 만들어 주겠다고 전하게!"

"나리! 그 늙은이한테 은자 오백 냥이 어디에 있겠습니까? 전 재산을 다 털어도 닷 냥도 준비 못 합니다."

"그 늙은이가 내 딸에게 청혼을 했다니, 사리가 안 통한다는 것을 그 늙은이에게 먼저 알려줘야지!"

"나리! 그게 좋겠습니다. 하여튼 그 늙은이에게 사실대로 말하겠습니다."

유매파는 위태 선생 집을 빠져나와 장과로를 찾았다. 장과로는 꽃을 바라보며 쉬고 있었다. 장과로가 유매파에게 천천히 물었다.

"일이 성사되었습니까?"

매파는 손을 펴 보이며 물었다.

"당신 이게 몇 개로 보입니까?"

"다섯이요."

"오백입니다. 무슨 뜻인지 아시겠소?"

장과로는 매파의 다음 말을 기다렸다.

"위태 선생이 삼일 안에 은자 오백 냥을 준비하면 사위를 삼겠답니다. 만약 삼일 내로 준비를 못 하면 성내 나리께 알려 오백 년간 감옥살이를 시키겠답니다. 당신의 미친 소리 한 마디가 늙은 몸을 망치는 거요. 어서 도망갈 궁리나 하시오!"

그러나 장과로는 희색을 띠며 말했다.

"그렇다면 희망이 있지! 자, 그럼 우리 안에 들어가 자세히 말해봅시다."

컴컴한 집안에는 헌 식탁이 하나, 부서진 의자 두 개, 그리고 부엌에는 기름과 소금도 없어 보였고 밥그릇과 수저도 겨우 두 개씩이었다.

"난 새 옷을 입고 있어 이런 의자에 앉지 못하겠소!"

유매파는 아직도 장과로를 무시하듯 서서 말했다.

'이런 집에 어찌 위랑이 시집오겠는가? 욕심도 유분수지!'

"서서 들으시겠소? 위태 선생이 꼭 오백 냥 은자를 준비하라고 말씀했죠? 조금 적으면 안 될까요?"

"단 한 푼이라도 모자라면 안 된답니다."

"사백 냥쯤 바랐으면…… 매파에게 줄 백 냥도 못 주겠는데……!"

"내 참 기막혀서, 내가 왜 여기 들어 왔는지 모르겠구면!"

"유씨에게 정중한 부탁이 있소!"

"무슨 일이요? 아직도 희망이 있습니까?"

"위씨 댁에 돈을 보내고 싶습니다."

"정말 은자가 있습니까?"

"많지는 않습니다. 내 본래 좀 남겨두려 했지만 딱 오백 냥을 보내고 나면 하나도 남지 않습니다."

유매파는 마치 홀린 듯 멍멍했다. 장과로는 부엌 탁자 위에 올라서서 지붕 밑을 더듬더니 새끼줄로 묶은 깨어진 항아리 하나를 꺼내 왔다.

장과로는 항아리 속에서 누런 주머니 다섯 개를 꺼냈다. 주머니 하나에 은 백 냥씩, 눈보다 더 흰, 은덩어리가 번쩍이고 있었다.

유매파는 입을 벌리고 한마디도 못한 채 장과로만 바라보고 서 있었다. 아무리 꽃 팔고 채소 팔기를 십 년, 이십 년을 계속했다지만 그래도 저 많은 은을 모을 수는 없을 것이다.

"혹시 읍내서 도둑질하지 않았습니까?"

"읍내에 누가 도둑을 맞았다는 소문 들었습니까? 꽃 팔고 채소 팔아 어찌 이렇게 큰돈을 모았느냐고 의심하는데, 이 돈은 나의 할아버지가 아버지에게 그리고 아버지부터 나에게 삼대에 걸쳐 모은 전 재산입니다."

유매파는 자기가 묻고 싶은 말을 척척 알아 대답해주는 장과로가 이상했다. 그러나 삼대에 걸쳐 모은 재산이라니 수긍이 갔다.

"오백 냥이 아주 무겁습니다. 내 자루에 담아 갖다 주십시오! 그리고 여기 약간의……."

장과로는 몸을 뒤져 은자 닷 냥을 꺼내 유매파에게 주었다. 아까도 한 냥을 받았으니 모두 여섯 냥! 여태껏 혼사 하나에 다섯 냥을 받아본 적도 없는데!

유매파는 오백 냥을 위태선생 집에 보냈다. 위태 선생 부부는 하도 놀라고 어이없어 제정신이 아니었다. 위태 선생의 아들 위의방(韋義方)은 소매를 걷어 올리며 소리를 질렀다.

"당장 이걸 갖고 가! 내 당장 그놈의 늙은이를 때려죽이겠어!"

위태 선생은 아들을 말렸다. 그리고 부인보고 딸의 뜻을 물어보라고 했다. 한참 뒤 딸의 방에서 나오는 부인의 얼굴이 고통으로 일그러졌다.

"딸애 말이 아버님 말씀대로 허락해야 하며 또 은자 오백 냥의 거금이 뒷날 우리 살림에 보탬이 될 것이라며 그냥 시집가겠답니다. 그 애도 장과로에 대한 얘기는 들어 알고 있답니다."

위태 선생 부처는 그저 땅이 꺼져라 한숨 쉴 뿐 다른 방도가 없었다.

▷ 신선의 적선(積善)

장과로가 꽃보다도 더 어여쁜 아가씨에게 처녀장가를 들었다는 소문은 삽시간에 온 육합현에 퍼졌다. 사람들은 누구나 장과로의 행운을 부러워하며 위랑을 동정했고 위태 선생의 욕심이 딸을 팔아먹었다고 비난했다.

장과로는 온 고을 사람들의 이런저런 이야기에 조금도 마음 쓰지 않았다. 전처럼 농사일을 하고, 멜대에 채소와 꽃을 메고 와서 팔았다. 어떤 때는 먹을 것을, 그리고 가끔은 연지화분(臙脂花粉)을 사가지고 돌아갔다.

어느 날, 장과로는 나귀를 한 마리 사들였다. 가끔씩은 예쁜 신부를 나귀에 태워가지고 성내에 들어오곤 했다. 그가 어디서 무슨 돈이 있어 나귀를 샀는지 아무도 몰랐다.

어느 날 위태 선생은 성내에 들어갔다가 잔뜩 화가 난 채로 돌아왔다. 부인이 무슨 일이냐고 물었다.

"내가 다관(茶館)에 쉬면서 차를 마시려는데 글쎄 젊은 놈이 다가오더니 나와 사위 중 누가 나이 많으냐고 묻지 않겠소. 그래서 그냥 나와 버렸소."

부인도 몹시 기분이 언짢았다.

"다음부터는 다관에 들어가지 마십시오."

"그러나 길을 걷지도 못하겠소."

"그건 왜요?"

"사람들이 내 뒤를 따라오며 딸을 팔았느니, 오백 냥이 큰돈이니 작은 돈이니 하면서 계속 떠들어대니 내 어찌 길을 마음대로 다니겠소?"

위태 부인도 사정이 이렇게 바뀔 줄을 생각이나 했겠나? 그저 부끄러웠다.

"사람들 이야기가 우리 집이나 딸애가 이사를 가든 떨어져 살아야 한대요."

"딸애를 이사 보내자면 그래도 돈을 좀 보내야지요."

위태 선생은 은자 스무 냥을 싸서 아들을 시켜 장과로에게 보냈다. 위의방이 장과로 집에 도착하여 말도 꺼내기 전에 위랑이 말했다.

"오라버니, 우리 이사를 가라는 말을 하러 왔지요?"

"그렇다. 여기 아버님이 보내는 스무 냥이 있으니 비용으로 써라."

"우리도 이사를 가려고 준비하고 있었습니다. 다만 어머님이 상심하실까 봐 말을 못했습니다. 그리고 은자는 필요 없습니다. 내일 떠날 준비가 다 되었습니다."

그때 장과로가 밖에서 들어오면서 위의방에게 말했다.

"우리는 천단산 남쪽으로 이사하니 뒷날 나를 찾을 일이 있으면 그리로 오게나."

"부모님께 말씀 좀 전해주세요. 우리는 잘살 것이니 조금도 걱정하시지 말라고!"

다음 날 장과로와 위랑은 그곳을 떠났다. 짐이라고는 하나도 없이 위랑을 나귀에 태우고 장과로는 고삐를 잡고 길을 떠났다. 위랑은 그저 푸른색 옷에 삿갓을 썼고, 장과로는 여전히 너덜너덜한 회색 옷을 입고 있었다. 그들 모습이 너무 처량해 위씨 부인은 숨어서 눈물만 흘릴 뿐이었다.

장과로와 위랑이 떠난 지 몇 해가 지났건만 그들로부터 아무 소식이 없었다.

"아마 지금쯤 흐트러진 머리에 땟물 흐르는 얼굴로 길바닥에 앉아 구걸하며 살겠지!"

"허 참! 그때 오백 냥을 물렀으면 지금처럼 이런 걱정은 없었을 텐데!"

"혹 그 장가 놈이 내 딸을 창기로 팔아먹었는지도 몰라요. 걱정이 되어 견딜 수 없습니다."

위씨 부인의 딸에 대한 근심 걱정은 나날이 더해갔다. 이에 위태선생은 아들을 보내 딸의 행방을 찾아보기로 했다.

아들 위의방은 곧 길을 떠났고 천단산 남쪽에 도착했다. 천단산은 하남성 제원현 서쪽에 있는 산으로 황제 헌원씨(黃帝 軒轅氏)가 하늘에 제사한 곳으로 알려진 왕옥산(王屋山)의 주산(主山)이다.

위의방이 비록 천단산을 찾아왔다지만 그 넓은 산자락과 그 많은 골짜기 어디에 가서 누이를 찾겠는가? 마음만 조급하고 암담했다. 이런 황량한 산골에서 무얼 해먹고 살 수 있겠는가? 틀림없이 장과로가 젊은 누이를 팔아버렸을 것이라는 추측이 사실처럼 생각될 때, 저쪽에서 누런 소를 타고 아주 여유 있게 다가오는 사람이 있었다. 위의방은 급히 다가가 물었다.

"혹 이 근처에 장과로란 사람이 살고 있습니까?"

"자네는 누구이신가?"

"저는 위씨입니다. 장과로의 처남입니다."

"아하! 육합현의 위의방이구먼! 내 말이 맞소?"

위의방은 깜짝 놀랐다. 자기의 이름을 알아맞히다니! 그 사람은 위의방에게 소에 올라타라고 말했다.

"두 사람이 타면 너무 힘들지 않겠습니까?"

"이 소는 기운이 세지! 괜찮소!"

위의방은 소의 등에 올라앉았다. 몹시 편안한 자리였다. 소는 천천히 산을 올라갔다. 그리고 곧 산등성이를 넘고 다시 시냇물을 건넜다. 얼마 후 위의방의 눈앞에 광활한 들판이 보이면서 고래 등 같은 큰 집들이 줄지어 선 마을이 보였다.

"저기가 전부 장가촌일세. 그중 가운데 제일 큰 저택이 장과로의 집일세."

위의방은 대문 앞에 섰다. 곧 하인이 나와 안으로 안내했다. 내정(內庭)도 크고 넓었으며 깨끗하고 화려했다. 기이한 향기가 퍼져 나왔다. 위의방은 정말로 어리둥절 과연 이런 집에 장과로가 살고 있는지? 몹시 궁금했다. 위의방을 안내하는 푸른 옷을 입은 아가씨들도 모두 빼어난 미인이었다. 곧 두 아가씨가 문을 열면서 말했다.

"어르신네께서 나오십니다."

위의방은 자리에서 일어섰다. 아가씨의 뒤로 머리에 멋진 관을 쓰고 붉은 신발에 비단옷을 입고 의표(儀表)가 단아하고 비범한 젊은이가 들어섰다. 위의방이 자세히 보니 그가 바로 장과로였다.

장과로는 손을 들어 인사하며 말했다.

"대형(大兄)께서 먼 길을 오셨는데 마중도 못해 죄송합니다."

"매부! 어찌 이리 젊은 분으로 변했습니까? 혹 신선이 되신 것 아닙니까?"

"사람이 힘든 일을 하면서 마치 불 속에서 고통을 받듯 몸과 마음이 맑고 깨끗하지 못하니 늙는 것입니다. 여기서야 아무 근심 걱정 없으니 다시 젊어졌을 뿐입니다."

"누이동생은 어디 있습니까?"

"지금 몸 단장 중이요, 곧 내실로 모셔 상견토록 하겠습니다."

내당(內堂)의 모습은 또 달랐다. 침향목으로 기둥을 만들었고 대모(玳瑁)로 장식된 문, 벽옥(碧玉)으로 만든 창, 대리석 계단 등 왕궁보다 더 화려하다는 생각이 들었다.

위랑은 성장을 하고 두 시녀의 부축을 받으며 나와 오라버니께 인사를 올렸다. 부모님의 건강을 묻고 집안 대소사에 대해 소식을 주고받았다. 위랑은 행복한 미소를 잃지 않으면서 오빠의 물음에 차근차근 대답했다. 결코 팔려간 창기도, 고생하는 아낙도 아니었다.

"너도 매부처럼 신선이 되었느냐?"

"글쎄요? 오빠 마음대로 생각하십시오."

위의방은 환대를 받았다. 산해진미와 좋은 술, 선녀와 같은 시녀들의 시중에 그만 넋이 나갈 지경이었다.

"다른 붕우와 약속이 있어 우리 둘이 지금 봉래산엘 다녀와야 합니다. 처남은 이곳에서 하루 저녁 편히 쉬고 계십시오. 우리는 내일 돌아옵니다."

"봉래산은 얼마나 멉니까?"

"글쎄! 약 일만 리쯤 되지요."

"어떻게 그런 곳을? 그리고 어찌 내일 돌아올 수 있을는지요?"

잠시 후, 뜰에 보라색 구름 빛이 깔리더니 봉황 두 마리가 천천히 내려앉았다. 그리고 흰 학 몇 마리가 뒤를 이어 내렸다.

장과로 부처는 봉황새에 올라앉고 푸른 옷 아가씨들은 각각 학의 등에 올라탔다. 장과로 일행은 천천히 날아 허공에 높이 오르더니 동쪽을 향해 사라졌다. 하늘에서는 선악이 울려 퍼지고……!

위의방의 놀라움은 끝이 없었다.

다음 날, 생황(生篁)의 연주가 들리더니 아름다운 색채의 구름과 봉황, 그리고 학들이 차례로 내렸다. 위랑이 위의방에게 말했다.

"오빠께서는 집에 가서서 부모님께 잘 말씀드리고 위로해 주십시오. 저에 대한 걱정은 조금도 하지 마시라고."

이어 장과로도 말했다.

"처남과 인연이 때문에 이곳까지 모셔왔지만 오래 머물 수 없으니 지금 돌아가셔야 합니다."

그때 청의 시녀들이 은자 한 보따리와 다 떨어진 헌 모자를 하나 들고 나왔다.

"여기 은자 이백 냥을 보내드립니다. 가용에 쓰시고, 여기 이 모자는 신표로 드립니다. 뒷날 돈이 필요하다면 양주 북문 안에서 한약을 파는 왕 씨를 찾아 천 냥을 달라고 하면서 이 모자를 보여 주십시오. 절대로 잃어버리면 안 됩니다."

위의방은 집에 돌아와 그간의 모든 정황을 일일이 얘기했다. 아울러 은자 이백 냥과 헌 모자도 내보였다.

"만약 내가 여태까지 너를 신임하지 않았다면 너의 이 말들을 내가 어찌 믿을 수 있겠느냐? 그리고 그들 둘이 신선이 아니라면 어찌 봉황과 학을 타고 나를 수 있겠느냐? 참으로 기이한 일이로다!"

위태 선생은 그저 놀랄 뿐이었다. 그리고 위씨 부인은 기쁨을 감추지 못하며 크게 즐거워했다.

"내 딸애가 팔렸을지 모른다고 괜한 걱정을 했구나. 우리야 신선이 될 수 없겠지만 그래도 내 딸이 나를 인도해주지 않겠느냐? 그 늙은 장 서방이 그리 변할 줄 누가 알았겠어?"

많은 사람들이 위의방의 말을 믿었다. 그러나 아직도 많은 젊은이들은 위씨 집에서 거짓말로 체면을 세우려 한다고 생각했다. 그러나 결국 모두가 믿지 않을 수 없었다.

육합현 일대에 큰 흉년이 들었다. 모든 집들이 기근 속에 허덕였다. 위태 선생은 천단산에서 보내온 이백 냥 중에 아직 백 냥이 남아 있었다. 위태 선생은 그 돈으로 양식을 사서 기근을 넘기려 했다. 그러나 일가친척이 와서 도와 달라는데 그냥 말 수가 없었다. 여러 곳에 골고루 나눠주고 나니 이제는 위태선생이 굶주리게 되었다. 그 돈은 처음부터 위태 선생의 돈이 아닌 선인(仙人)의 것이었기에 모든 사람에게 나눠줘야겠다고 생각하니 마음은 편했다.

위의방은 양주 북문의 한약포 왕 씨를 생각해냈다. 위급할 때 은 천 냥을 얻을 수 있다고 했으니…… 위의방은 헌 모자를 소중히 안고 양주 북문 안을 찾았다.

왕 씨의 약재상은 크지도 않았다. 또 장사가 잘되는 것 같지도 않았다. 어디서 일천 냥 은자가 나올지 걱정스러웠다. 위의방은 헌 모자를 내보이며 일천 냥을 요구했다. 왕 씨는 헌 모자를 이리저리 돌려보더니 반가운 기색을 띠며 소리를 질렀다.

"부인! 여기 좀 나와 보시오. 장과로의 헌 모자가 왔습니다."

안에서 젊고 예쁜 부인이 나오더니 모자를 보고 나서 말했다.

"맞습니다. 전에 내가 장 씨를 위해 이 모자를 기워 주었는데 그때 검은 실이 없어 남색 실로 기웠지요. 장과로 그분이 인간 세상에 있을 때 쓰고 다닌 모자입니다."

"장과로의 모자를 갖고 왔으니 내가 천 냥을 내드리겠습니다."

위의방은 다시 한 번 놀랐다.

"보아하니, 장과로와 매우 친숙한 것 같습니다."

"그저 몇백 년간 서로 왕래했습니다."

"몇백 년이라고요?"

그러자 왕 씨가 다시 웃으며 말했다.

"내가 늙어서 좀 망령이 든 것 같습니다. 어찌 몇백 년을 사귀겠습니까? 겨우 몇십 년 서로 알고 지냅니다."

위의방은 왕 씨가 결코 노망하지 않았다는 것을 알고 있었다. 그도 장과로처럼 틀림없이 기인이사(奇人異士)였다.

위태 선생은 선인(仙人)의 칭호를 얻었다. 이제 누구도 위태 선생을 욕하거나 위랑이 불쌍하다는 말을 하는 사람이 없었다. 또 거짓말로 속인다는 말도 하지 않았다. 마치 흐르는 물과 같이, 왕 씨한테 얻어 온 천 냥 은자는 육합현의 어려운 사람들에게 골고루 혜택을 주었다. 모든 사람들이 위태 선생과 장과로 그리고 양주 북문의 왕 씨를 칭송했다.

위의방은 양주의 왕 씨를 찾아 고맙다는 인사를 하러 갔다. 그러나 약방 왕 씨는 이미 다른 곳으로 이사를 간 뒤였다. 위의방이 실의 속에 서 있는데 저쪽에서 어떤 사람이 멜대를 메고 위의방에게 다가왔다. 위의방이 자세히 보니 그는 다름 아닌 천단산에서 소를 태워준 사람이었다.

위의방은 반가워서 인사를 나누었다.

"위랑을 대신해서 말씀 전해 드립니다. 위랑께서 친정에 들를 수는 없지만 집안의 크고 작은 일들을 모두 알고 있습니다. 지난 번 천 냥 은자로 빈민을 구제했다는 것도 모두 알고 있지요. 집안에 그런 선행이 쌓이니 복을 받아 모두 일백세 넘도록 장수할 것입니다. 그리고 이 광주리 속에 은자 오백 냥씩 천 냥이 있으니 갖다가 생활에 보태라는 아가씨 말씀이 있었습니다."

위의방이 광주리를 들춰보자 안에는 은자가 가득했다. 위의방이 고맙다는 인사라도 해야겠다며 고개를 들었을 때 그 사람은 이미 자취를 감춘 뒤였다.

5. 여동빈

팔선 중에서도 가장 큰 영향을 끼
쳤고 수많은 전설과 일화를 남긴 이
는 역시 여동빈(呂洞賓)이다. 여동빈
은 전진도(全眞道)의 교조라 할 수 있
는 왕중양(王重陽)에게 각종 비법을
전수해준 선인으로 알려지면서 전진
도의 교조(敎祖) 자리에 올랐다.

▷ 여동빈의 신상 명세

도교의 종파 중 금(金)이 북중국을 지배하던 12세기 후반 왕중양
(王重陽)에 의해 창시되어 발전한 전진도에서는 여동빈을 북 오조(北
五祖)의 한 분이라고 높이 추앙하는데 보통 여조(呂祖)라 부른다. 전
진도에서 숭배하는 오조(五祖)는 동화제군 왕현보(東華帝君 王玄甫),
종리권, 여동빈, 유해섬(劉海蟾)과 전진교의 창시자라 할 수 있는 왕
중양을 지칭한다.

전진교에서 숭배를 받는 여동빈은 뛰어난 영험과 신통력을 갖고
있어 모든 사람들의 소원을 다 들어준다고 한다. 누구든 여조에게 간
절히 바라고 진심으로 기도하면 반드시 응해준다(有求必應)는 능력
을 갖고 있기에 그에 대한 중국인들의 신앙이 매우 깊다고 한다.

원나라에서는 여동빈을 순양부우제군(純陽孚佑帝君)으로 봉했다.

여동빈만을 모시는 여조묘(呂祖廟) 또는 여조사(呂祖祠)가 중국 각지에 실재하고, 많은 도관(道觀: 道教의 寺院)에 여조전(呂祖殿) 또는 여조각(呂祖閣)이 있으니 그가 팔선 중 최고의 영예와 찬양을 받고 있다고 말할 수 있다.

여동빈에 대한 전설은 매우 많고도 복잡하나 특히 그의 성명이나 가문에 대하여 여러 이설이 많다.

그의 성은 여(呂) 이름은 암(岩), 자는 동빈이고 호(號)는 순양자(純陽子)로 당나라 포주(蒲州) 영락현(永樂縣) 사람이라는 주장이 가장 보편적이다. 물론 그가 구강(九江) 사람, 또는 장안 사람이라는 설도 있다.

여동빈의 가계(家系) 못지않게 그의 경력에 대해서도 이론이 분분하다. 금나라 원호문(元好問)이 엮은 ≪당시고취(唐詩鼓吹)≫란 책에서는 그가 당 말기 의종(懿宗) 함통(咸通) 연간(859~873)에 급제하여 두어 곳의 현령을 역임했으나 황소의 난(黃巢의 亂: 874~884)을 피해 전 가족을 데리고 종남산(終南山)에 피신했다가 거기서 수행 득도하였으나 그 후의 행적은 모른다고 하였다.

그러나 여동빈에 관한 일반적인 이야기는 어려서부터 신동으로 유가경전을 비롯한 제자백가서에 능통했지만 이십여 세에 과거에 응시하여 불합격하였다. 그 뒤에도 서너 차례 응시하였으나 운이 없었으며, 46세(일설에는 64세) 때에 또다시 응시하러 장안에 갔다가 그곳 주점에서 운방 선생 종리권을 만나 점화(點化) 득도하였다고 한다.

그러나 여동빈의 여러 이야기나 행적은 그가 도교에서 신으로 받들어진 이후, 그를 당나라 황족으로 끌어 올렸으며 그의 증조, 조부, 부친을 모두 당나라에서 혁혁한 관직을 역임한 사람으로 서술하였고 그의 출생 또한 신비하게 각색한 것들이다.

≪역대신선통감≫ 14권에는 그의 모친 왕 부인이 당 태종 때, 병오년 4월 14일 사시(巳時)에 '천상의 음악이 울려 퍼지고, 한 마리 하얀 학과도 같은 기러기가 품에 안기는 꿈을 꾸며 여동빈을 낳았다'고 하였다. 그러니 그가 장성했을 때의 모습이 그 얼마나 신선다웠겠는가?

≪동유기≫ 23회에 묘사된 여동빈의 모습은 다음과 같다.

'태어나면서부터 금형(金形)에 옥질(玉質)이었고 도골(道骨)에 선풍(仙風)이었다. 학 같은 정수리, 거북 같은 등, 호랑이 같은 허리에 용의 뺨, 봉황새 같은 눈은 하늘을 바라보는 듯하고, 양쪽 눈썹은 구레나룻에 닿았고 이마는 넓었으며 전체적으로 원만한 몸이었다. 콧등은 우뚝 솟았고 얼굴색은 창백한 황색이었다. 왼쪽 눈썹 위로 검은 점이 있었고 발바닥에는 거북 같은 무늬가 있었다. ···· 키는 여덟 자 두 치였고 화양건(華陽巾)을 즐겨 쓰고 누렇고 넓은 도복에 검은 실띠를 둘렀으며 그 모습이 전체적으로 산림처사(山林處士)와 같았다.'

아마 위 모습대로 초상화를 그린다면 좀 괴이한 모습일 것이다. 그러나 여동빈의 상이나 그림은 대개 원만한 도사의 모습이나 특히 유명한 것은 그가 쓰고 있는 화양건, 세칭 순양건(純陽巾)이다. 이는 ≪수호전≫에 나오는 군사(軍師) 오용(吳用)이 즐겨 쓴 것으로 모자 위쪽에서 한 치 간격으로 접혀가지고 그 끝이 뒤로 넘어가는 모양이다.

▷ 종리권과의 만남

여동빈은 당나라 덕종(德宗) 때 정원(貞元) 14년(서기 798년)에 포주(浦州)의 영락현(河南省)이란 곳에서 태어났다고 한다. 그의 증조, 조부, 부친 모두가 벼슬을 지냈으니 당시로써는 명문이었다.

여동빈은 세 살 때 글을 배우기 시작해서 여덟 살에 백가서(百家書)에 두루 통했고 입을 열면 문장이 쏟아졌다. 뱃속 가득 학문으로 꽉 찬 그가 과거에는 여러 차례 실패한다. 이는 아마도 신선의 고고한 문장이 속인의 눈에 들어오지 않았기 때문일 것이다.

또 부친의 명을 따라 명문의 규수와 결혼도 했었다. 그의 부친은 여동빈이 과거 급제하여 벼슬길에 나가길 바랐으나 세 번이나 낙방했고, 그 후로는 각지를 방랑하기도 했다.

방랑생활을 하던 어느 날, 그는 술집에 앉아 장탄식을 하며 말했다.

"급제하여 부모님 마음을 위로할 날 언제일런가? 아니면 득도하여 내 마음을 달랠 날은 언제일까?"

그때 옆에 앉아 있던 늙은 도사가 웃으면서 물었다.

"젊은이! 출가할 생각이 있는가?"

그 도사는 푸른 도건(道巾)에 흰옷을 입고 있었으며 긴 수염에 수려한 이목구비, 그리고 손에는 자줏빛 지팡이, 허리엔 큰 표주박을 차고 있었다. 그 도사는 벽에 시 한 수를 썼다.

자나 깨나 술 한 병 끼고
본래 벼슬길엔 뜻을 두지 않았거니!
천지에 가득 찬 허다한 무명 인간들
그 속에 소탈한 대장부로 살고파라!

그 시정(詩情)이 풍채만큼이나 뛰어나 여동빈은 한발 다가가 읍을 하며 물었다.

"사부의 법호(法號)는 무엇입니까?"

"복성(復姓)인 종리(鍾離)에 이름은 권(權), 자(字)는 운방(雲房)이네."

원래 그는 팔선(八仙) 중 한 사람인 종리권이었다. 이것은 여동빈과 종리권의 첫 만남이었다. 여동빈은 종리권에게 가르침을 요청했다.

"시를 읊을 줄 알면 내 시구에 화답해보게나!"

여동빈은 잠시 벽을 응시하다가 붓을 들었다.

> 유가(儒家)에 태어나 태평성대를 살지만,
> 벼슬길은 험하고 야인(野人)생활 기꺼워라.
> 힘들여 세상 명리(名利)를 탐하고 싸우랴?
> 옥황(玉皇)을 섬기며 상청(上淸)에 귀의하리라!

종리권은 마음속으로 '좋은 시로다' 감탄하며 고개를 끄덕였다. 여동빈은 이후 벽에 시 구를 남기는 일을 아주 좋아했으니 그 시작은 종리권과의 만남이었다. 종리권은 여동빈의 속세 인연이 아직 남아 있다면서 뒷날을 기약하고 헤어졌다.

종리권과 헤어진 뒤, 몇 년 안 되어 여동빈은 득도했다. 물론 그 뒤 종리권을 스승으로 삼고 도술을 배운다. 그러나 여동빈은 종리권의 열 가지 시험(雲房十試洞濱)을 거쳐야 했다. (≪東遊記≫ 24회)

▷ 열 가지 시험

어느 날, 외출에서 돌아온 여동빈은 집안 식구들이 모두 시체로 널려 있는 걸 보았다. 여동빈은 놀라지도 슬퍼하지도 않고 담담하게 관을 사다가 입관하고 매장하려 했다. 그 순간 모두 다시 살아났다. 물

론 아무 말도 없는 여동빈이었다. 이는 여동빈에 대한 종리권의 일차 시험이었다. (속세 인연의 단절)

또 어느 날 여동빈이 무엇인가를 팔러 나갔다. 물건값을 다 흥정했는데 사는 사람이 욕을 하면서 반값에 물건을 달라고 했다. 여동빈은 웃으면서 물건을 넘겨주었다. 이것이 두 번째 시험이었다. (작은 이익에 초연할 것)

정월 초하루에 여동빈이 외출하려는데 거지가 한 푼을 달라며 구걸했다. 여동빈은 돈을 주었다. 그러나 거지는 더 많은 것을 요구했다. 여동빈은 갖고 있던 돈을 모두 주었다. 그런데도 거지는 욕설하며 더 많은 것을 요구했다. 여동빈은 얼굴빛을 바꾸지 않고 정중히 사과했다. 이것이 세 번째 시험이었다. (인내심을 떠본 것임)

네 번째 시험은 여동빈이 양을 치는데 굶주린 호랑이가 양 떼를 덮쳐왔다. 여동빈은 맨손으로 호랑이와 맞섰다. 그러자 호랑이가 도망갔다. (자신만의 안전을 꾀하지 말 것)

여동빈이 산속에서 독서를 하는데 예쁜 여인이 나타나 온갖 교태를 부리면서 희롱했다. 게다가 밤에는 동침을 요구했다. 그러나 여동빈은 결코 자세를 바꾸지 않았다. 여인은 사흘 만에 사라졌다. 이것이 다섯 번째 시험이었다. (욕정에 빠짐을 경계)

어느 날 여동빈 집에 도둑이 들어 모든 것을 다 가져갔다. 여동빈은 아무런 내색도 없이 부지런히 농사를 지었다. 그러던 중에 금과 은이 가득 찬 항아리를 발견했으나 급히 그것을 묻어버렸다. 이것이 여섯 번째 시험이었다. (재물에 연연치 말 것)

어느 날, 여동빈은 놋쇠 그릇을 하나 사왔다. 집에 와서 보니 그것은 놋쇠가 아닌 순금이었다. 여동빈은 즉시 주인에게 돌려주었다. 이

것은 일곱 번째 시험이었다. (타인의 손실을 생각할 것)

어느 날, 거리에 미친 도사가 나타나 약을 팔았다. 이 약을 먹으면 즉사하지만 내세에서 득도한다고 하였다. 아무도 약을 사지 않았다. 그러나 여동빈은 그 약을 사 먹었으나 아무렇지도 않았다. 이것이 여덟 번째 시험이었다. (진실과 신념이 얼마나 강한가?)

여동빈이 배를 타고 강을 건널 때, 풍랑이 크게 일며 배가 요동쳤다. 모두가 겁에 질려 소리를 질렀지만 여동빈만은 단정히 앉아 있었다. 마치 생사를 초월한 것 같았다. (생사에 초연)

이제 마지막 시험이 남았다. 어느 날, 여동빈이 혼자 방 안에 앉아 있는데 어디선가 수많은 악귀들이 나타나 여동빈을 두들겨 패며 죽이려 했다. 그러나 여동빈은 조금도 두려워하지 않았다. 또 밤에는 야차(夜叉)들이 떼를 지어 나타나 피가 뚝뚝 떨어지는 고기를 뜯어 먹으며 여동빈을 죽이려 했다.

"너는 전생에 나를 죽였다. 이제 내가 너를 죽일 차례다."

그러나 여동빈은 담담하게 말했다.

"남을 죽였다면 내 목숨을 내놓는 것은 당연하다. 내가 죽겠다."

그러고선 칼을 들어 자결하려 했다. (박해와 위협에 항거)

그때 공중에서 벼락을 치듯 큰 소리가 나면서 모든 야차들은 사라지고 종리권이 손뼉을 치며 웃고 있었다.

종리권은 아주 흡족한 표정으로 여동빈에게 말했다.

"이제 그대에게 황백지술(黃白之術)을 전수해주겠다. 제세구빈에 힘써 삼천 가지 공적과 팔백 가지 원행(圓行)을 쌓으면 다시 와서 그대를 데려가겠노라."

소위 황백지술이란 선단(仙丹)을 조제하는 방법, 즉 연단술(煉丹術)

이다. 하얀 수은을 어미(母)로 주사(朱砂)를 아비(父)로 하고 흑연(黑鉛)을 자식으로 하여 일월로(日月爐)에 함께 넣고 문무화(文武火)로 달구어 일곱 번 돌리고 아홉 번 뒤집어 선단을 조제한다는 그 비법을 종리권으로부터 전수받았다고 한다.

▷ 검선(劍仙), 주선(酒仙), 시선(詩仙)

여동빈은 뒷날 화룡진인(火龍眞人)을 만나 두 자루의 자웅검(雌雄劍)을 얻었는데, 이 자웅검으로 일체의 번뇌와 색욕(色慾)과 탐욕을 끊을 수 있다고 하였다.

그리고 화룡진인은 여동빈에게 둔천검법(遁天劍法)도 전수해주었다. 여동빈은 늘 자웅검을 차고 각지를 여행하며 호랑이나 교룡 등을 죽여 나쁜 해악을 제거하였다. 아울러 온 세상의 불평을 없애버렸다고 한다.

따라서 민간에서는 여동빈을 검선(劍仙)이라고도 부른다. 여동빈은 그가 유학을 숭상하는 가문 출생이었지만 칼을 차고 다니며 약자를 도와주고 가난한 자를 구제하였다. 검선으로서 여동빈에게는 칼을 날려 화룡을 죽였으며 뱀을 칼로 만들었다는 등 여러 가지 전설이 따라붙었다. 또 여동빈이 지었다는 검술과 관련한 시구도 있다.

그리고 여동빈은 주선(酒仙)이었다. 술을 좋아하고 또 잘 마셨다. 학은 그가 타고 다니는 수레였고 술은 그의 양식이었다. 동정호(洞庭湖)가 술이라면 모두 마신 뒤, 옆에 있는 군산(君山)을 베고 단잠을 자겠다는 호탕한 말을 했다고 한다.

그는 술과 노래가 있는 곳이라면 어디든 찾아다녔고 취하면 더욱

홍이 나는 말하자면 주중선인(酒中仙人)이었다. 그리고 그는 보통 물을 술로 바꾸는 비법을 갖고 있었다.

≪동유기≫ 29회에는 그가 호남성 악양(岳陽)일대를 떠돌면서 식용기름을 팔았는데 어떤 노파를 만났다는 이야기가 있다. 그 노파는 기름을 더 달라고도 않았으며 여동빈에게 술과 음식을 대접하였다. 이에 여동빈은 그 노파를 구제하려고 그 집의 우물에 쌀알을 몇 개 던졌다.

그때부터 그 우물물은 술이 되었고 샘솟는 술을 팔아 노파는 큰 부자가 되었다.

일 년이 지난 어느 날, 여동빈은 그 집을 다시 찾았다. 마침 노파는 보이지 않고 그 아들이 여동빈을 맞이했다. 여동빈이 살기가 어떠냐고 묻자 아들이 대답했다.

"그냥 살만합니다. 다만 돼지에게 먹일 술지게미가 안 나와서 아쉽습니다."

이에 여동빈은 탄식하며 말했다.

"사람의 욕심이란 이처럼 끝이 없는 것인가!"

그러고선 쌀알을 건져 갖고 떠나갔다. 그러자 우물은 전처럼 맹물로 되돌아갔다.

뒷날 여동빈이 동정호의 악양루(岳陽樓)에서 세 번이나 취했다는 이야기가 널리 유포되었다. 풍주(澧州: 지금의 湖南省 澧縣)에 선면주(仙眠洲)란 곳이 있는데 여동빈이 악양루에서 취한 뒤, 동정호를 날아 건너가다가 그만 이곳에 내려 풀을 깔고 잠들었다 하여 '신선이 잠든 물가의 땅'이란 뜻으로 선면주라 부른다는 이야기가 전해온다.

여동빈은 시선(詩仙)으로도 이름을 날렸다. ≪전당시(全唐詩)≫에 그의 시 249수와 사(詞) 30수가 실려 있다. 비록 그 진위를 판가름하기는 어렵지만 신선이 되기 전 말하자면 도사였을 적에 그가 회도인(回道人, 回는 몸를 뜻함)이라 자칭하는 시인이었다고 해석할 수 있다. 여동빈의 시는 연단(煉丹)의 비결을 읊거나 수진양성(守眞養性)의 사상을 선양하는 내용으로 도가적 색채가 농후하다. 또 어떤 시구들은 탈세속적인 정감을 노래하였다고 한다.

▷ 욕심을 버려야

장사(長沙)의 거리에 한 도사가 나타났다. 누런 얼굴에 웃음기가 있고, 누런 도복, 짚신, 검은 허리 띠 그리고 등에 칼 한 자루, 손에 먼지떨이, 좀 좋게 말해서 불진(拂塵)을 들고 있었다.

차림새로 봐선 결코 거지가 아닌데도 거리에 앉아 구걸을 하고 있었다. 지나는 사람들은 구걸하는 도사를 불쌍히 여겨 한두 푼씩 조그만 항아리 안에 던졌다. 도사의 항아리는 밥그릇보다도 더 작았다. 적선하는 사람은 많았고 항아리는 적었다. 이치를 따지면 그 항아리엔 벌써 동전이 가득 찼어야 했다.

도사는 종일 앉아 있었다. 동전 하나가 겨우 들어갈 만한 항아리는 계속 비어 있는 듯했다. 맞은편에서 어정거리던 꺽다리 손장퇴가 유심히 보고 있다가 더 참을 수 없다는 듯, 다가와 물었다.

"사부! 그 작은 항아리 속 동전은 다 어디로 갔습니까?"

"아무도 가져간 사람 없으니 항아리 속에 있지."

"어째서 항아리가 차지 않소?"

"자네는 한 푼이라도 넣었는가?"

"사부! 사실 난 돈이 없습니다."

"한 푼이라도 넣는다면 내 말해주지."

손장퇴는 주머니를 뒤져 동전 한 닢을 항아리 속에 넣었다.

"내 자네에게만 말해주지! 돈은 벌써 다른 데로 흘러갔어!"

"사부! 여기서 내내 서서 봤지만 아무도 가져가지 않았는데 어디로 갔단 말입니까?"

"자네는 몰라도 그만일세."

그때 거리에 중년 노인이 걸어왔다. 손장퇴가 얼른 불러 세우며 말했다.

"장 형! 여기 좀 보시오. 기막힌 일이 생겼소!"

"기막힌 일이야 내가 많이 봤어! 손장퇴 자네한테 말해줘도 믿지 않겠지?"

"하기야 장 형만큼 거짓말 잘하는 사람도 없지요. 장 형이 봤다는 그 기막힌 일이란 것을 난 하나도 믿고 싶지 않습니다. 나한테 어디 말 안 해준 게 있습니까?"

"아냐? 내가 금방 들은 이야기야. 우리 이웃에 위(韋) 씨 성을 가진 가난뱅이 효자가 살고 있지. 그 집에 육십 넘은 노인네가 있는데 매 끼마다 '고기가 없네, 생선도 없어!' 하면서 아들을 때리는 거야. 겨우 광주리를 메고 다니며 장사하는 위 서방이 무슨 수로 끼니마다 고기 반찬을 올리겠나? 생각하다 못해 빚을 내서 고기반찬을 올렸지."

"장 형, 그게 뭐 기막힌 얘깁니까?"

"여기까지야 아무것도 아냐. 정말 이상한 것은 지금부터야. 위효자의 빚이 제법 쌓였지. 이제 마누라를 팔아도 못 갚을 정도가 되었어. 그런데 어느 날 아침에 일어나보니 방 안에 누런 자루가, 저기 저 도사 옷 같은, 그런 자루가 있더래. 그 속에 돈이 들어 있는데 꺼내면 꺼낸 만큼 다시 생겨 조금도 줄어들지 않더래. 물론 빚도 다 갚았고, 매일 고기와 생선으로 극진히 노인네를 섬기고 있지. 세상에 이보다 더 이상한 일이 또 있겠나?"

손장퇴는 장 노인의 말을 듣고 마음속으로 더욱 놀랐다. 혹시 저 도사의 항아리가 그런 도술을 부리지 않는가? 손장퇴가 도사를 향해 물으려 하자 그 도사가 먼저 말했다.

"자네 이제는 내 항아리 속 동전이 어디로 가는지 알 수 있겠는가? 이 세상에 효자가 위 서방 한 사람뿐이겠는가? 그 말고도 얼마나 많은 사람이 도움을 받아야 하는지 짐작할 수 있겠나? 아직도 내 항아리에 동전 한 닢 넣는 게 아까운가?"

손장퇴는 한 무릎을 꿇고 예를 표했다.

"사부님은 신선이십니다. 이 세상 사람을 구해줄 도인이십니다."

그러자 장 노인이 놀라며 말했다.

"손장퇴, 자네 출가해 도사가 되려는가? 이 도사를 사부로 모실 건가?"

"이분은 정말 신선입니다. 어서 빨리 머리 숙여 인사하고 돌보아 달라고 부탁하십시오."

장 노인은 얼떨결에 무릎을 꿇고 고개를 숙였다. 손장퇴와 장 노인이 고개를 들었을 때 그 도사의 모습은 벌써 사라지고 없었다.

그 도사는 그 시간에 장사의 동문거리에 나타나 조그만 항아리를 앞에 놓고 구걸하고 있었다. 지나가는 행인들이 계속 한두 푼씩 적선했다. 그러나 여전히 차지 않는 항아리였기에 행인의 주위를 끌었다. 행인들은 도사를 둘러싸고 너도나도 한두 푼씩 동전을 넣었다. 심지어 어떤 사람은 조그만 돌멩이를 집어넣기도 했다.

그때 어떤 화상이 어린 동자승과 함께 나귀가 끄는 짐수레를 타고 나타났다. 짐수레에 가득한 것은 절을 중수하는 데 쓸 시주로 모은 돈이었다. 그 화상의 법명은 원진(元眞)이었다. 원진은 '가득 찰 수 없는 조그만 항아리' 때문에 떠드는 사람들을 제치며 도사 앞에 우뚝 섰다.

'저것은 분명히 요사한 눈속임이야! 한 자루의 돈으로도 저 항아리 백 개는 채울 수 있지.'

원진은 엄숙하게 도사에게 말했다.

"도우(道友)여! 그것은 요사한 눈속임이요. 나는 원진이라 합니다만 어찌 그 항아리를 다 채우지 못하겠소?"

원진은 도사의 속임수를 파헤쳐 어리석은 사람들을 깨우치고 싶었다. 원진은 수레에서 동전 한 자루를 갖다놓고 차례차례 집어넣기 시작했다. 허나 그것은 그야말로 밑 빠진 독이었고 강물에 던지는 조약돌이었다. 도저히 믿을 수 없는 일이었다. 다시 한 자루 더, 그리고 끝내 한 수레의 동전이 작은 항아리 속으로 사라졌다. 자루로 쌓아도 사람 키보다 더 클, 그 많은 동전이 움직이지도 않는 항아리 속으로 다 사라지다니!

"요술이야. 정말 요사한 속임수야!"

화상은 펄펄 뛰며 소리쳤다. 그러나 누런 옷의 도사는 웃으면서 시 한 구절을 읊었다.

귀신도 신선도 아니며
요술도 환상도 아니다.
천지라도 언젠가는 끝이 있고
상전(桑田)도 벽해(碧海)가 된다.

본디 그게 내 재물이 아니거늘
욕심내고 가져본들 무엇하리요?
왜 나를 따라 떠나지 않겠는가?
고래 타고 사막을 치달려 보자!

화상의 귀에 그런 소리가 들리겠는가? 화상은 도사를 움켜쥐고 관가에 가서 옳고 그른 것을 따지자고 억지를 썼다.

"서둘지 마세요. 내 곧 돌려주겠소."

도사는 종이쪽을 작은 항아리 속에 집어넣으면서 '빨리 내 오너라'라고 말했다. 그러나 한동안 아무 기척이 없었다. 화상은 조급하게 재촉했다.

"이 가난한 중에게 사기를 칠 생각을 하지 마시오."

"잠깐만 기다려 주시오. 내가 들어가 찾아봐야겠소!"

도사는 조그만 항아리를 길 가운데 놓고 도포를 휘저으며 항아리를 향해 펄쩍 뛰었다. 그러자 도사는 새끼손가락만큼 작아지더니 그대로 항아리 속으로 들어갔다. 아무 소리나 움직임도 없었다. 모두 어안이 벙벙했다. 화상은 더 참을 수 없었다. 비렁뱅이 도사한테 완전히 당했다고 생각했다. 화상은 자기 수레에서 커다란 몽둥이를 들고 와 항아리를 향해 힘껏 내리쳤다. 항아리는 박살 났다. 도사는 그 자리에 없었다. 다만 아까 집어넣은 누런 종이쪽이 남아 있었다.

진실은 언제나 진실 그대로니,
진실을 보고서도 깨닫지 못하는구나.
웃으면서 다시 만날 것이니,

수레 몰고 동평로로 오시오.

화상은 종이쪽을 한번 훑어보았다. 잘 알지도 못하겠고 화는 화대로 났거늘, 종이쪽을 집어던지고 수레를 탔다. 빈 수레로 돌아가다니! 한 수레 가득 찼던 돈이, 빈 수레가 되다니! 참으로 낭패였다.

한참을 가다 보니 마을이 나타났다. 바로 동평진이었다. 화상은 문득 종이쪽에서 본 동평로란 글자가 생각났다. 화상은 수레에서 내렸다. 앞을 주시하며 빨리 걸었다. 그런데 바로 저 앞에 아까 그 누런 옷의 비렁뱅이 도사가 앉아 있었다. 화상이 다가가자 도사가 말했다.

"내 여기서 기다린 지 오랩니다."

"내 돈이나 돌려주신다면……."

그러자 도사는 손을 저으며 말했다.

"저 수레에 있을 거요."

마침 어린 동자승이 소리쳤다.

"사부님, 대사님, 돈이 여기 그냥 있어요!"

화상은 깜짝 놀라며 물었다.

"제발 도사님의 존함이나……."

"나는 여동빈이라고 합니다. 또 여순양(呂純陽)이라고도 합니다. 내 생각으론 화상과 내가 인연이 있어 이 속진을 벗어날 방법이나 말해 주려 했으나 돈 냄새를 뿌리치지 못하니 우리 인연은 이미 끝났소!"

화상이 아무리 돈 냄새에 젖었지만 그래도 그 유명한 여동빈을 모르랴? 화상은 급히 꿇어앉으며 머리를 조아렸다. 그러나 여동빈의 모습을 다시는 볼 수 없었다.

▷ 통천영검(通天靈劍)

여동빈은 여산(廬山)의 선동(仙洞)인 학정(鶴頂)에서 수련한 뒤 하산하여, 각처를 돌며 여러 가지 신이(神異)한 행적을 남겼다. 때문에 세 살 아이라도 여동빈을 알고 있었다.

여동빈은 마흔일곱 살 때도 실의(失意) 속에서 각지를 유랑했는데, 그 무렵 어느 날 여산(廬山)에 들렀었다. 여산엔 정사원(鄭思遠)이란 선인이 살고 있었는데 정사원은 화룡진인(火龍眞人)이었다. 정사원의 호(號)는 소축융(小祝融)이라고도 불리었다. (축융은 전설상의 화신(火神)이다)

정사원은 환자를 보면 부적을 그려주거나 주문을 외워 병을 치료했다. 즉 정사원은 약재를 얻기 위해 다른 생명이나 사물을 죽이거나 파괴하지 않았다. 때문에 그로부터 배운 바 있는 여동빈 역시 한 생명을 구하기 위해 다른 생명을 죽이는 일을 하지 않았다.

화룡진인 정사원은 여동빈의 골상(骨相)이 맑고 영(靈)이 깃든 것을 알았다. 또 여동빈의 뜻이 속세 밖으로 훨훨 나는 것을 알고 내단 연기(內丹煉己)의 비결을 전수해주었다. 화룡진인은 여동빈의 단련하는 마음이 한결같고 순수한 것을 보고 매우 즐거워하며 여동빈에게 말했다.

"나에게 보물이 하나 있는데 너에게 주겠다."

"보물을 갖고 계신다면 그냥 갖고 계시지 왜 저에게 주십니까?"

"보물은 대대로 전승되어야지. 사람의 생명은 한계가 있고 길어봐야 수십 년이니 죽은 뒤 보물은 누구의 손엔가 옮겨가는 것이지. 우리 도계(道界)도 마찬가지야. 보물이 있다면 당연히 다른 사람에게 전해주어야지!"

"무슨 보물이십니까?"

"통천영검(通天靈劍)! 단련(丹鍊)이 개인적이고 내적(內的)이라면 통천영검은 천둔검법(天遁劍法)을 연마할 수 있지."

"천둔검법이란 무엇입니까?"

"천둔검법의 오묘함은 말로 다 할 수 없어. 천둔검법을 터득했다면 우주 안에 자유자재로 노닐 수 있다고 말하지. 그리고 내가 시 한 수를 일러줄 터이니 늘 마음속으로 외우도록 하여라."

　　만 리 밖 요괴 벨 때 번개 번득이듯,

　　백룡 한 마리 창공에 걸쳤는가?

　　그 옛날 이 칼로 요괴마귀 베었었지,

　　이제 그대 것이니 온갖 번뇌 끊으리.

여동빈이 두 번 따라 외우자 화룡진인이 말했다.

"뒷날 종소리 나는 곳에서 바로 네가 금단(金丹)의 비결을 들을 것이다."

화룡진인이 말한 '종소리 나는 곳'이란 십칠 년 후의 일이었다. 십칠 년 뒤 여동빈이 예순네 살 때 다시 여산에 들렀고 어디선가 종소리가 들리면서 종리권이 나타나 금단의 심오한 뜻을 가르쳤고 선동(仙洞)인 학정에 들어갔었다.

그 뒤 여동빈이 예순여덟 살 때 금단(金丹) 수련이 끝나자 천하를 주유했다.

호북성의 악성(鄂城)이란 곳에 큰 다리가 하나 놓여 있다. 시내를 관통하는 강물에 놓인 다리이기에 사람들의 통행이 언제나 잦았다. 그 다리 위에 한 부인이 구걸하고 있었다. 너무 가련해 보이기에 사람들은 너도나도 한두 푼씩 던져 주었다. 누런 도복을 걸친 도사가 지니다가 구걸하는 부인을 보고 말했다.

"시주(施主)님, 돈이 많군요. 나에게 좀 나눠주십시오."

"도사님, 갖고 싶은 만큼 가져가십시오."

도사는 동냥 그릇에 담긴 동전을 모두 쏟았다. 그 부인은 본체만체 전혀 불쾌한 기색도 없었다. 이틀 뒤, 도사는 다시 와서 돈을 달라고 했다. 부인이 고개를 끄덕이자 도사는 동전을 모두 털어갔다. 며칠 뒤, 날이 막 어두워지려 할 때, 거지 부인이 자리에서 뜨려고 하는데 도사가 다시 와서 돈을 달라고 말했다.

"다는 안 되고 조금은 남겨 놓으세요."

"아니요. 나는 전부 가져가야겠어요."

"안 돼요."

부인은 완강히 거절했다.

"몇 푼은 남겨놓아야 늙은 시어머니 배를 채울 수 있습니다."

"지난번은 두 번이나 전부 가져갔는데 그때는 아무 소리 없었잖소?"

"그때는 도사님이 일찍 왔기에 다 줄 수 있었습니다. 구걸할 시간이 있었지만 지금은 해가 떨어질 때입니다. 나도 돌아가야 하기에 다 줄 수 없습니다."

"시주님, 어렵게 구걸한 몇 푼 되지도 않는 돈을 왜 나에게 다 주었습니까?"

"그야 본디 내 돈이 아니잖습니까? 남이 나에게 베푼 것이니 저도 남에게 베풀어야 합니다. 더군다나 도사님은 선심(善心)으로 많은 사람을 위해 일하시는 분이니 제가 당연히 드려야지요."

"시주님은 매일 여기에 나옵니까?"

"아닙니다. 다음 날 먹을 양식이 없으면 잠깐씩 나와 앉습니다. 구걸해서 큰돈을 모은 사람도 있다지만 저는 그런 생각 없습니다."

"집에는 누가 계십니까?"

"남편은 없습니다. 병으로 죽었지요. 전생에 착한 일을 하지 않아서 그런지 자식도 없습니다. 늙은 시어머니가 나를 기다리고 있습니다."

"정말로 착하고 현명한 며느리군요."

그 부인은 무릎으로 엉금엉금 기어가기 시작했다. 그것을 보고 도사가 놀라 물었다.

"아니! 일어서 걷질 못합니까?"

"도사님, 저는 오래전부터 반신불수였습니다."

"그렇다면 매일 기어서 이 다리까지 왔었습니까?"

"그렇습니다."

"이처럼 착한 며느리가 고생을 하다니! 시주님, 내가 비록 가난한 도사지만 약간의 돈이 있습니다. 아마 시어머니와 함께 십 년이나 이십 년은 먹고살 수 있습니다. 드리겠습니다."

"도사님! 그 돈이 어디 도사님 돈이겠습니까? 받을 수 없습니다."

"이렇듯 착한 분을 누군들 버릴 수 있겠습니까?"

도사는 부인을 향해 불진을 건네며 말했다.

"이걸 잡고 천천히 일어나시오!"

빈부(貧婦)는 여전히 덤덤한 표정으로 불진을 잡았다. 얼굴이 약간의 고통으로 순간 일그러지더니 다시 평온을 찾은 듯, 그리고 천천히 일어섰다. 그 얼굴엔 기적을 체험한 엄숙함이 있었다.

"여기 그대로 서 계시오. 내가 물 한 모금 떠다 드리리다."

도사는 다리 아래로 급히 내려갔다. 도사는 사발에 물을 들고 올라왔다.

"이 그릇의 물을 마시면 모든 병이 다 나을 것이요."

빈부는 꿀꺽꿀꺽 마셨다. 도사는 불진을 건네면서 붙잡으라고 말했다. 그리고 물그릇은 다리 아래로 던져버렸다.

"자 나를 따라 걸어 보십시오."

부인은 도사가 시키는 대로 한 발자국씩 걸었다. 도저히 생각할 수도 없었던 기적이 일어나고 있었다. 부인은 눈물을 줄줄 흘리면서 걸음을 떼 놓았다. 나중엔 불진을 놓고 혼자 걸었다. 도사는 부인을 따라 집안으로 들어섰다. 그러고선 허리에서 누런 자루를 하나 풀어 놓으며 말했다.

"이 자루 속에 있는 돈은 모두 부인 것입니다."

부인은 무릎을 꿇고 감사하다는 인사를 수없이 많이 했다. 그리고 도사의 존호를 물었다. 도포를 잡고 매달리며 이름을 알려 달라는데 어찌할 수 없었다.

"나는 여동빈입니다."

그녀가 다시 고개를 숙여 예를 표할 때, 여동빈은 어깨를 돌려 등 뒤의 칼을 뽑았다. 번쩍이는 섬광이 나면서 여동빈의 종적은 간 데 없었다.

여동빈의 통천영검 그리고 그가 터득한 천둔검법, 때문에 여동빈은 칼을 타고, 하루에 천 리를 갈 수 있었다고 한다.

▷ 도검(道劍)과 법검(法劍)

　여동빈은 수시로 여산을 왕래했고 또 머물렀다. 때문에 여산과 관계되는 이야기가 많이 남아 있다.

　어느 날, 여동빈은 여산의 한 시냇가에서 그의 칼을 물속에 넣었다 꺼냈다 하면서 앉아 있었다. 마침 그곳 적진관(寂眞觀)이라는 도관의 후용회(侯用晦)라는 도사가 여동빈을 몰라보고 물었다.

　"선생은 협객인 모양인데 칼을 어디에 쓰는지 알고나 계시오?"

　"예. 이 세상 바르지 못한 것을 없앨 때 쓴답니다."

　여동빈의 뜻밖의 대답에 놀란 후용회는 기이하다 여기면서 여동빈을 자기 거처로 데리고 와서 술과 음식을 대접했다. 술이 몇 차례 돌아가자 후용회가 말했다.

　"선생의 모습이 매우 고상하시니 결코 속세의 범부는 아닌 것 같습니다. 제가 듣기론 도사 중에 여동빈이란 사람이 있다는데 등에 큰칼을 차고 손에 불진을 들고 다닌다고 합니다. 선생이 그와 매우 흡사한 것 같습니다."

　"원 별 소리 다 하십니다. 술이나 있으면 더 먹읍시다."

　그래도 후용회는 여동빈의 칼을 주시하면서 다시 말했다.

　"확실히 대단한 명검 같습니다."

　"도우(道友)께서 그리 칭찬하시니 이곳에 시를 한 수 남기지 않을 수 없군요. 뒷날 벽을 망쳤다고 허물지 마시기 바랍니다."

　그러면서 여동빈은 시를 읊으면서 통천영검으로 벽에 써나갔다. 후용회는 그런 여동빈을 보고 놀라 물었다.

　"세상에 그런 검법도 있습니까?"

"세상엔 도검과 법검이 있지요. 도검은 칼의 움직임과 쓰임에 일정한 형식이 없습니다. 그러나 법검은 반드시 검술대로 써야 합니다. 세상 사람들이 법검만 보아 왔지만 도검도 틀림없이 있습니다."

"하! 도우의 그 칼은 틀림없는 도검인 것 같습니다."

여동빈은 고개를 끄덕였다. 그러나 후용회는 아직도 못 믿겠다는 표정이었다. 여동빈은 웃으면서 칼을 공중에 던졌다. 그 통천영검은 한 마리 청룡이 되어 하강했고 여동빈은 청룡을 타고 사라졌다.

후용회가 하도 놀라 하늘을 바라보고 섰는데 하늘에 떠가던 구름 두 덩어리가 여(呂)자를 만들었다. 후용회는 더욱 크게 놀라며 여동빈을 몰라본 것을 후회했다. 뒷날 그도 도법을 열심히 닦아 신선이 되었다고 한다.

▷ 마음의 미혹을 없애기

여동빈은 그곳에서 멀리 가지 않고 곧바로 개원사(開元寺)에 나타났다. 머리를 풀어헤친 걸식승이 되어 주지인 법진(法眞)을 만났다. 법진은 이미 이십여 년간 참선의 공을 닦아 자못 계행(戒行)으로 소문이 났었다.

"스님께선 참선으로 도를 깨우칠 수 있다고 생각하십니까?"

"그렇소."

"부처님은 욕심(貪), 성냄(瞋), 음탕(淫) 그리고 살생(殺)을 경계한다고 설법하셨지만, 스님처럼 좌선할 때야 그런 것이 없어질 수도 있겠지요. 그러나 어떤 모습이나 물질을 생각하면 마음이 움직이지 않을 수 없고 더 나아가 직접 본다면 마음을 잡기가 참으로 어려울 것입니다."

"내 생각으로는 그렇지 않은 사람도 많이 있을 겁니다. 다만 참선 수도가 굳건하지 못한 것을 탓해야지요."

"그전에 제가 어떤 절에 들른 적이 있었습니다. 그곳엔 많은 수도 승이 있었죠. 제가 통천영검을 휘둘러 아주 예쁜 부인을 만들었고 부인은 불당에 가서 향을 피우고 예불을 올렸습니다. 절 안의 모든 수도승이 부인의 미모에 넋을 잃고 제 할 일들을 못하고 허둥댔습니다. 그때 가장 수행이 돈독하다는 수도승 한 사람은 천천히 절 밖으로 걸어 나갔습니다. 나도 그 뒤를 천천히 따라갔지요. 그 수도승은 미모의 부인을 기다리고 있었습니다. 돌아가는 부인을 붙잡고 말로 사정하다가 나중에는 팔을 벌리고 껴안으려 했습니다. 내가 통천영검을 거두어들이자 그 수도승이 껴안은 것은 허공이었고 모든 것이 한순간의 환각인 것을 깨달았습니다. 그 수도승은 자기가 파계했던 것을 무척이나 후회했습니다."

"개원사의 승려 중에는 그런 사람 없을 것입니다."

"글쎄요? 한번 시험해봅시다."

여동빈과 법진은 승방 책상에 턱을 괸 채 졸고 있는 승려를 발견했다.

"우리 여기 앉아서 저 승려의 원신(元神)이 빠져나와 무슨 변화가 일어날지 살펴봅시다."

법진은 고개를 끄덕였다. 여동빈이 그를 주시하다가 말했다.

"아, 뱀이 되는군요. 저 승려는 뒷날 죽어 뱀이 될 것입니다. 그러나 그는 도를 깨우칠 것 같습니다. 좀 더 두고 봅시다."

여동빈의 말이 끝나자 잠자는 승려의 이마로부터 약 세 치쯤 되는 작은 뱀 한 마리가 기어 내려왔다. 뱀은 책상다리를 타고 내려갔다.

뱀은 방바닥에 떨어진 콧물을 조금 맛보고 다시 변기에 기어 올라가 오줌 맛을 조금 보았다. 그리고 밖으로 나가 조그만 물도랑을 건너 꽃밭 옆을 천천히 지나갔다. 마치 꽃을 감상하듯……

그 뒤 뱀은 조금 큰 냇물을 건너려 하다가 물살이 센 것을 보고 다시 돌아왔다. 그때 여동빈이 조그만 칼을 뱀 옆에 꽂았다. 뱀은 크게 놀라 빨리 기어들어왔다. 뱀은 책상다리 다른 쪽을 타고 올라와 승려의 이마까지 올라와 자취를 감추었다.

그 순간 잠에서 깨어난 승려는 주지 스님과 여동빈을 보고 서둘러 예를 표했다. 법진이 그 승려에게 물었다.

"그래 무엇인가 감응이 있었는가?"

"아주 나쁜 악몽을 꾸었습니다."

그 승려는 멋쩍은 듯 말했다.

"저는 절 왼쪽 문을 나가 재를 올리는 집에 가서 진수성찬을 실컷 먹었습니다. 또 주점에 들러 맛있는 술을 실컷 마셨습니다. 그리고 큰 강을 건너니 미녀 수십 명이 저를 바라보고 있었습니다. 저는 그들을 보면서 사악한 생각을 했습니다. 그러나 정신을 차려 더 나아가니 망망대해였습니다. 더 나갈 수 없어 돌아오던 중 칼을 든 흉악한 도적떼를 만나 급히 좁은 길을 달려 돌아온 꿈이었습니다. 참으로 이상한 것은 꿈속에서도 좋은 음식, 술과 미녀가 있었고 제가 그것을 탐했습니다."

법진은 그 승려의 꿈 이야기를 듣고 그 뱀의 행적과 완전히 일치한다는 것을 알았다. 콧물은 산해진미였고 오줌은 미주(美酒)였으며 물도랑은 큰 강이요, 꽃밭은 미녀들이었고 시냇물을 망망대해였으며 칼한 자루는 흉악한 도적떼였다. 여동빈이 주지 법진에게 말했다.

"저 스님의 천성이 독하고 분노가 많으니 정업(淨業)을 성취하기

어려워 뱀이 되었으니 뒷날 뱀으로 환생할 것입니다. 허나 주지 스님
은 참선 공적이 많으니 나를 따라 청우곡(靑牛谷)에 들어가 다시 수도
한다면 뒷날 득도할 것이니 내가 인도하겠습니다."

여동빈은 법진을 청우곡으로 데리고 가 금단의 비결을 전해주었다
고 한다.

▷ 여동빈과 황학루

호북성(湖北省) 무창(武昌)의 옛 이름은 강하(江夏)였다.

그 어느 땐가 강하군에 신유비(辛猷조)란 사람이 주점을 개업했다.
술과 요리가 모두 좋았기에 손님이 언제나 들끓었다. 신유비는 사람
이 매우 관대하면서도 마음 씀씀이가 당당하고 구차스럽지 않았다.
손님이 외상값을 갚지 않아도, 술꾼이 떠들고 싸워도 조금도 개의치
않았다.

어느 날, 신유비의 주점에 회순양(回順陽)이란 손님이 나타났다. 옷
은 비록 남루했지만 인물은 훤하고 눈빛이 인자한 노인이었다. 회순
양은 자리에 앉자 주인을 불렀다.

"술이 좋다고 소문났던데?"

"예! 예! 괜찮은 편입니다."

"그러면 우선 술 한 병과 요리 한 가지를 갖다 주게!"

신유비가 술과 요리를 올리자 회순양은 천천히 음미하더니 감탄하
듯 말했다.

"과연! 맛과 향이 모두 좋아! 내가 몇 잔 마실 만하겠어!"

회순양의 주량은 끝이 없었다. 물론 계속 새 요리를 주문하면서 한

나절을 먹고 마셨다. 그러나 조금도 취한 것 같지도 또 배부른 것 같지 않았다. 회순양은 자리에 일어서며 주인을 큰 소리로 불러 말했다.

"주인장! 오늘 술값 모두 외상이네."

그날 이후 회순양은 이틀이나 사흘이 멀다 하고 자주 찾아와 실컷 먹고 마셨다. 물론 그때마다 외상이었고 그것도 바쁜 주인을 큰소리로 불러 앞에 세워 놓고 외상이라고 말했다. 그러나 신유비는 조금도 언짢은 기색이 없었다. 신유비는 한 번도 외상값을 갚아달라는 말조차 건네지 않았다. 그럭저럭 여섯 달이 지났다. 회순양이 나타나 물었다.

"주인장, 내 외상이 얼마나 되나?"

"모두 한 삼천 냥쯤 됩니다."

"그런데 나는 돈이 없어!"

"괜찮습니다."

"오늘도 외상술 좀 먹어야겠네."

"예! 예! 걱정하지 마십시오."

신유비는 평소와 다름없이 술과 안주를 올렸다. 회순양은 술을 먹고 일어서며 누런 귤껍질을 가지고 술집 담장에 학 한 마리를 그려놓고 주인에게 말했다.

"이 학이 내 대신 빚을 갚아줄 걸세! 다음부터 손님이 손뼉을 치며 노래 부르면 이 학이 나와서 춤을 출 것이고 장사가 잘될 것일세."

신유비는 전혀 믿지 않았다. 회순양이 떠난 뒤 신유비는 회순양이 남긴 이야기를 손님에게 이야기했다. 술 손님들이 한번 시험해보자며 손뼉 치며 노래를 부르자, 과연 담장에 그린 학이 안으로 들어와 춤을 추었다. 노래가 끝나자 다시 담장으로 돌아갔고 누구든 노래하면 다시 나와 춤을 추었다. 소문은 빨리 멀리도 퍼졌다. 많은 사람들이 신유비의 주점으로 모여들었고 춤추는 학은 강하현의 명물이 되었으며 신유비는 큰돈을 벌었다.

십 년이 지난 어느 날, 바로 그 회순양이 신유비 주점에 나타났다. 신유비는 급히 달려가 무릎을 꿇으며 말했다.

"회(回) 자의 작은 입 구(口) 자를 위로 놓으면 여(呂) 자입니다. 순양(順陽)은 순양(純陽)이니 여순양, 사부님은 여동빈이십니다."

그러자 여동빈은 낭패인 듯 표정을 굳히면서 말했다.

"허! 내 본색이 알려졌으니 잠시도 쉴 수 없구먼!"

여동빈이 하늘에 대고 손을 휘두르자 황학(黃鶴)이 한 마리 날아왔다. 여동빈은 황학을 타고 멀리 사라졌다. 그 뒤 신유비는 여동빈이 날아간 그 자리에 큰 정자를 지으니 이것이 그 유명한 무창의 황학루(黃鶴樓)라고 한다.

뒷날, 그곳을 지나던 당나라의 시인 최호(崔顥 704(?)~754)가 <황학루(黃鶴樓)>란 유명한 시를 남겨 여동빈과 황학을 그리는 마음을 노래했다. 그 뒤에, 이백(李白)이 황학루에 올라 멋진 풍광을 시로 읊으려다가 최호의 시를 읽고서는 감탄하여 더 이상 시를 짓지 못하고 내려왔다는 이야기가 전해오는데 시의 원문은 아래와 같다.

옛 선인은 황학을 타고 날아갔고,

이곳엔 그저 황학루만 남았네.

한번 떠난 황학은 돌아오지 않고,

흰 구름만 천 년간 유유히 떠 있다.

맑은 강물엔 한양의 나무가 뚜렷이 비치고,

앵무주엔 방초만 무성하다.

날은 저무는데 고향은 어디인가?

물안개 피는 강에 나그네는 서럽다.

昔人已乘黄鶴去, 此地空餘黄鶴樓.
黄鶴一去不復返, 白雲千載空悠悠.
晴天歷歷漢陽樹, 春草萋萋鸚鵡洲.
日暮郷關何處是, 煙波江上使人愁.

▷ 기녀 후연을 인도하다

송(宋)나라 진종(眞宗) 함평(咸平 998~1003) 연간에 후연(侯娟)이라
는 기녀(妓女)가 연주(兗州)에 출현했다. 그녀의 미모는 물론 시·서·화
에도 두루 능통했으며 대단한 의협심이 있었기에 많은 사람들이 '협
기(俠妓) 후연'이라고 부르기를 좋아했다.

후연이 비록 화류계(花柳界)에 있다지만 당대의 대관(大官)과 거상
(巨商) 문인(文人) 명사들이 줄을 이었다. 때로는 실의에 빠진, 못나고
가난한 선비가 찾아오더라도 후연은 진심으로 모두를 대했기에 그녀
의 명성은 더욱 넓게 퍼져 나갔다. 온갖 직업의 누구든 차별하지 않
았으며, 올 사람 막지 않았고, 온 사람을 쫓지 않았다.

누구든 후연과 술 마시며 노래하고 시를 읊었다. 따라서 후연은 적
잖은 수입을 거두었지만 어려운 처지에 있는 많은 사람을 도와주었
기 때문에 실제로 가진 것이 별로 없었다. 그런데도 누구든 도와달라
고 입만 열면, 눈썹 하나 찡그리지 않고 눈꽃처럼 희고 흰 은자(銀子)
를 내어 어려운 처지에서 벗어나게 해주었다.

연주의 한 여인숙에 가난한 투숙객이 들었다. 한 달이 넘도록 돈 한 푼도 내지 않으며 억지로 버텨나가고 있었다. 여인숙 주인이 방을 비워달라며 한 달간의 숙식비를 받지 않는대도 나가지 않았다. 투숙객은 억지를 부리듯 주인에게 말했다.

"이곳 후연이란 아가씨가 평소에 좋은 일을 많이 한다는데 그녀가 내 사정을 듣고 도와주기 전에는 안 나가겠소. 틀림없이 나를 부를 것이요."

여인숙 주인을 통해 이런 이야기를 들은 후연은 한 달치 숙식비와 그리고 얼마간의 노자를 보내주었다. 그러나 그 사람은 그 돈을 몽땅 술을 먹어버리고 여전히 여인숙에서 빈둥거렸다.

이런 사실을 안 후연은 그 사람을 자기 집으로 데려다가 좋은 말로 타일러 순리대로 떠나게 하겠다고 생각했다. 가난하고 늙은 추한 모습으로 그 사람이 후연의 방에 들어왔다.

"노인장에게 술 한 잔 대접하려고 이렇게 모셨습니다."

"술 생각이 간절하던 참인데……, 오늘은 좋은 술로 취도록 마시겠습니다."

후연은 좋은 요리를 가득 차려 내놓으며 술을 권했다.

"고맙습니다, 아가씨. 우선 내가 석 잔을 먼저 마셔 뱃속에 든 벌레들을 죽여 버려야죠."

그 노인은 연속 석 잔을 따라 마셨다. 굶은 사람마냥 허겁지겁 안주도 집어먹었다. 후연은 약간 불쾌했다.

"아가씨!"

그는 입안에 안주를 가득 넣은 채 후연을 불렀다.

"아가씨가 평소 사귀는 명사들이 굉장히 많지요?"

"그렇습니다."

"그런데 딱 한 종류의 사람들과는 사귀지 못했죠?"

"저는 온갖 부류의 사람과 두루 사귀었다고 생각했는데, 글쎄 어떤 사람을 말합니까?"

"바로 나 같은 사람입니다."

"현재 사귀고 있잖습니까? 내가 사귄 모든 사람들이 내 뜻을 잘 따라줍니다. 노인장도 내 말 좀 들어줘야 합니다."

"여인숙에서 내 발로 걸어나가란 말이죠? 얻어맞지 말구!"

"맞습니다. 바로 그 말입니다. 그런데 내 마음은 어찌 알았습니까?"

"그러려니 짐작했을 뿐이오."

"그런데 노인장 성씨는 무엇입니까?"

"회(回)씨입니다. 입 구(口) 자 두 개죠."

"회씨요? 좀 이상한 성이군요. 여하튼 회 노인이라 부르겠습니다. 회 노인, 그만 돌아가시지요."

"가고 싶지 않소이다."

"왜요?"

"나와 아가씨는 아직 인연이 있으니 인연이 끝나기 전에는 떠나지 않겠소이다."

후연은 얼굴색을 바꾸었다. 자신이 비록 금지옥엽 귀한 몸도 아니고 또 아무리 풍류 세계에 몸을 담고 있다지만, 여태까지 의협심 하나만으로 버텨온 기개가 있는데 아무려면 이런 늙은이와 사랑을 해야 할 인연이 있단 말인가? 후연은 회 노인이 말한 인연을 '혼인을 해야 할 연분'으로 생각했다.

후연은 처음부터 이런 노인에게 약간의 돈이나 줘 보냈어야 옳았다고 생각했다.

"회 노인! 노인장께선 여인숙에서 빈둥대선 안 됩니다. 얻어맞고 짐 보따리가 문밖으로 던져질 겁니다."

"그렇지 않습니다. 여인숙 주인이 날 내쫓지 못할 거요. 내야 처음부터 짐이 없었고 또 내가 숙식비 밀린 것도 없는데 어찌 날 때려 내쫓겠습니까?"

"아니? 어디서 돈을 내서 숙식비를 해결하겠습니까?"

"그야 아가씨가 좀 내주셔야죠. 아가씨야말로 의협심의 여장부가 아닙니까?"

후연은 웃지 않을 수 없었다. 결코 이 노인을 말로 이길 수는 없었다. 아예 처음부터 이런 노인을 부르지 않았어야 했는데! 후연은 빨리 내보내고 싶었다. 술병이 비었을 때 술을 더 시키지 않았다.

"나는 술을 좀 더 마셔야겠소!"

"얼마나 더 마시겠습니까?"

"한 열 병쯤!"

"술이 없습니다."

"사람을 보내 사와야지!"

"돈이 있어야 술을 사오지요."

"하하! 소문난 의협, 굳센 의지의 아가씨도 돈이 떨어질 때가 있구먼! 내가 좀 도와줘야겠는데!"

"어떻게 도와주겠습니까?"

"그야 돈을 좀 주겠다는 뜻이지."

"노인장이 무슨 돈이 있어 나한테 주겠다고 큰소리를 치십니까?"

노인은 말없이 외팔 소매를 걷어 올렸다. 후연은 깜짝 놀랐다. 놀라는 후연을 흘깃 보면서 노인은 이어 오른팔 소매를 걷었다. 후연이 벌어진 입을 다물지 못하고 멍청히 앉아 있자 노인은 옷소매를 내렸다. 노인의 팔뚝에는 금팔찌가 가득했다. 아마 순금 두세 근은 족히 넘을 만한 엄청난 팔찌였다. 노인은 팔찌 하나를 내놓으며 술을 더 사오라고 했다. 다시 하나를 풀어주면서 지난번에 빚진 것이라고 말했다.

"나리!"

후연이 칭호를 바꾸었다. 더욱 공손히 술잔을 받들었다.

"어디서 그런 황금을 얻으셨습니까?"

"황금 굴이 있지. 언제나 갖고 싶은 만큼 가질 수 있어!"

"그 많은 황금이 있으면서 왜 가난뱅이 궁상을 떨며 숙비를 외상으로 했습니까?"

"두 가지 뜻이 있지. 우선 한 가지는 자네가 과연 의협심의 여인인지 시험해보고 싶었지."

"저를 협녀(俠女)로 보십니까?"

"그전에는 의협심의 여장부였지. 오늘은 왔다 갔다 하더니 지금 나에게 다시 술을 주니 그런 것 같구먼!"

"나리께선 농담도 잘하십니다. 다음 한 가지 이유는 무엇입니까?"

"내가 가난뱅이로 보여야 다른 사람이 내 돈을 탐내지 않지!"

"정말 그러시군요. 그런데 나리께서 저를 찾아오신 인연은 무엇입니까?"

"혼인하는 인연이 아니야. 조금 전에 아가씨는 나를 초청한 짓을 후회했지?"

"제가 언제 후회한다고 말했습니까?"

"말은 안 했지! 허나 자네 마음속에선 그렇게 말했어!"

"제 마음속에 일을 어찌 그리 잘 아십니까?"

노인은 허허 웃으며 대답하지 않았다. 큰 사발에 술을 가득가득 따라 단숨에 열두 병을 모두 비웠다. 그리고 탁자에 엎드려 녹아 떨어졌다. 후연은 노인을 침상으로 옮겼다.

'참으로 이상한 노인이다'라고 생각하며 후연은 오래전에 들은 이야기를 생각했다.

연주에 나타난 이상한 차림새의 도사가 다 죽어가는 걸인의 입에 진한 가래침을 뱉어 넣어주니 금방 살아났다. 평상시 좋은 일을 많이 한 사람 집에 불이 났는데 그 도사가 팔소매를 한번 휘저으니 뇌성벽력과 함께 엄청난 폭우가 쏟아져 순식간에 불을 껐으나 다른 곳엔 비가 한 방울도 내리지 않았다는 것. 그 도사의 성명은 여동빈인데 사람들이 여선(呂仙)이라 부르면서 존경한다는 이야기도 생각했다.

그런데 여기 이 노인은 성은 회(回)씨이고 술주정뱅이나 좀 기이하다는 것. 저 팔찌 하나만 있어도 평생은 그럭저럭 살 수 있는데……!

그때 노인은 우! 하면서 소리를 냈다.

"무슨 일이 있습니까?"

"내 옆에 아가씨가 있었으면 좋겠어."

"나리! 곧 불러 모시도록 하겠습니다."

후연은 스스로 옷을 벗고 침상에 올라갔다. 그러나 갑자기 노인이 팔을 뻗쳐 후연을 밀어냈다. 그러고선 금방 깊은 잠에 빠졌다. 후연은 더욱 놀랐다. 왜 나를 거절했는가? 나를 천하다 여겼는가? 내가 금 팔지에 마음이 있다고 생각했는가?

후연은 온갖 상념에 뒤척이다가 그냥 잠이 들었다. 다음 날 후연이 눈을 떴을 때, 노인은 이미 떠난 뒤였다. 노인이 후연을 밀어낸 팔뚝엔 붉은색으로 여(呂) 자가 은은히 새겨 있었다.

아! 후연은 참으로 후회했다. 여태까지 회씨 성을 들어보지도 못했는데 입이 두 개라는 말을 곧이곧대로 회씨라 생각했었으니! 왜 그렇게 멍청했을까? 잠자리 들어서도 여(呂) 자를 생각 못하다니! 후연은 여동빈이 자신을 인도하러 출현했음을 깨달았다. 후연은 깊이 깨달은 바 있었다.

며칠 후, 후연은 얼굴에 묻은 분가루를 모두 씻어냈다. 소박한 차림새로 작은 보따리 하나 들고 종남산(終南山)을 찾아 길을 나섰다. 여동빈이 득도한 곳, 그리고 자주 나타나는 종남산을 찾아가는 만 리 여정이 조금도 고통스럽지 않았다.

후연은 도중에 여자 신선인 하선고(何仙姑)를 만났다. 하선고 역시 여동빈의 인도로 신선이 되었지 않은가! 후연은 하선고를 따라 종남산으로 들어갔다.

▷ 백모란을 희롱하다

여동빈이 신씨의 주루에서 술을 즐긴 뒤, 다시 낙양에 나타나 미인과 아름다운 사연을 만들어냈다. 어느 날, 유람 중 낙양에 들른 여동빈은 길을 걷다가 눈에 확 들어오는 미인을 보았다.

나이 열여섯에 날렵하고 빼어난 몸매에 요조숙녀의 귀티와 함께 눈에는 수심이 어린 듯 추파를 머금었고 초승달처럼 가늘고 긴 눈썹, 환한 얼굴에 희고 고운 손이 눈부신, 정말 보기 드문 미인이었다. 낙양의 많은 한량들이 그녀의 아름다움을 이야기했고, 그녀를 한번 만나본 사람은 미모와 재능에 넋을 잃었다. 그녀의 미모는 이백의 청평조 시 구절 그대로였다.

　　옷은 구름이요, 얼굴을 꽃인데,
　　난간을 스치는 봄바람에 향기가 진하다.
　　만약 곤륜산(崑崙山)의 선녀가 아니라면,
　　아마 요대(瑤臺 신선의 거처)의 달 아래서 만났으리.

　이를 보면 당나라 제일의 풍류 시인 이백은 미인을 선녀라 인식했던 것이다. 여동빈도 마음속으로 중얼거리듯 말했다.

　"광한선자라 불리는 월궁의 선녀 항아(姮娥)나 물속에 비친 달을 바라보는 수월관음(水月觀音)의 그림을 보았지만 이처럼 사람의 마음을 뒤흔드는 미인은 처음이로다. 나라를 기울게 한다는 경국지색이니 물고기도 부끄러워 숨고 기러기도 내려앉는다는 침어낙안의 미녀가 있다고 했는데 과연 문자 그대로구나."

　여동빈은 자신도 모르게 마음이 크게 흔들렸다. 여동빈은 옆 사람에게 미인의 이름을 물었다.

　"가무를 잘하기로 이름난 백모란(白牡丹)입니다."

　이에 여동빈이 생각했다.

　"양가집 규수라면 더 말할 필요도 없지만 화류계의 여인이라면 내가 한번 찾아가서 풍류를 즐기는 것도 괜찮을 것이다. 그리고 백모란의 자태가 저렇듯 표표히 속세의 티끌을 떠나온 듯하고 얼마간 신선의 바탕이 갖추어져 있고 또 곱고도 고운 그 얼굴에 천지의 빼어난 기운이 가득하니 그를 좀 취하는 것이 나의 수도에 도움이 될 것이야."

　이에 여동빈은 귀공자티가 나는 젊은 수재(秀才)로 모습을 바꾸었다. 그리고 그의 칼을 동자로, 돌을 한 덩어리 은으로 모양을 바꾸었다. 젊은 수재로 모습을 바꾼 여동빈은 모란에게 많은 은자를 내주고 찾아온 뜻을 전했다.

백모란은 붉은 입술에 낭랑한 목소리로 반갑게 인사하며 여동빈을 맞이했다. 백모란은 고운 자태로 예의범절에 맞게 행동하며 수재의 준수한 용모를 칭찬했다.

여동빈의 마음은 이미 크게 기울었고, 백모란 또한 수재의 용모와 의젓한 풍채에 마음이 크게 흔들려 자연스럽고 천성적인 교태가 나타났다. 정을 가득 머금고 웃음을 지으며, 눈을 살짝 내리뜨고, 수줍어하면서도 적극적으로 여동빈을 환대했다.

여동빈은 어제 처음 본 모습보다도 열 배는 더 곱고 사랑스럽다고 생각했다. 백모란이 여동빈의 성함을 물었을 때 여동빈은 다만 회(回)도인이라고 대답했다. 점차 자리가 부드러워지면서 여동빈은 백모란의 교태에 흠뻑 취했고 백모란의 마음도 같이 달아올랐다. 좋은 술과 정갈한 안주가 나왔고, 정이 가득한 술잔을 서로 주고받았다.

술이 반쯤 취하자 백모란은 정에 겨워 술을 권하며 멋진 사랑 노래를 불렀다. 그리고 가락에 맞춰 춤을 추니 그 자태는 과연 천상선녀였다. 여동빈은 백모란의 춤이 손바닥 위에서 춤을 추었다는 옛날 한나라의 조비연(趙飛燕)보다 더 경쾌하고, 모든 동작 하나하나가 출중하며 사람의 마음을 움직인다고 감탄했다.

여동빈은 그 자리가 신선과 속인의 만남이라는 것을 까맣게 잊고 있었다. 술의 신선 곧 주선(酒仙)이라는 별호답게 여동빈은 술을 계속 마셨다. 그러나 그는 신선이었다. 때문에 결코 취하진 않았다.

두 연인은 잠자리에 들었다. 모란은 온갖 교태로 동빈에게 정을 주었고 동빈도 세상 모든 즐거움을 하루 저녁에 즐기듯 즐겁게 놀았다. 물속을 헤엄치는 물고기보다 더 유연하게, 그리고 꽃에 앉은 벌과 나비보다 더 사뿐사뿐 즐겁게 놀았다.

구름이 지나면서 비가 내리듯, 운우의 정에 흠뻑 취했을 때, 마치 광풍노도가 몰려와 태산을 뒤흔들고, 다음 순간 구름이 걷히면서 보름달이 천지를 밝히며 다시 빛나는 듯 상쾌하면서도, 하늘에 떠오르는 절정의 환희가 있었다.

그리고 한없이 가라앉는 듯, 푸근하면서도 끝을 모르는 쾌락이 몰려왔다. 두 사람의 즐거움은 끝이 없었다. 모란이 그만두고자 하면 동빈이 원했고, 동빈이 쉬고자 하면 모란이 허락하지 않았다. 그것은 인간이 생각할 수 있는 최고의 순수한 즐거움의 연속이었다.

본래 동빈은 그의 자(字) 그대로 순수한 양기 곧 순양(純陽)이었다. 동빈이 어찌 선계의 순양을 쏟아낼 수 있겠는가? 그러나 모란 역시 한창 음기가 왕성할 때였으니 모란으로서 어찌 아쉬움을 남긴 채 그냥 끝낼 수 있겠는가?

두 사람은 동녘이 밝아올 때까지 사랑놀이를 계속했지만 모란은 동빈을 고개 숙이게 할 수 없었다. 두 사람은 정을 흠뻑 들인 채로 서로 피곤하여 쉴 수밖에 없었다.

그 이후 모란과 동빈은 몇 날 밤을 만나 즐겼지만 끝내 순양을 주고받을 수 없었다. 모란은 참으로 이상하다고 생각했다. 도대체 이런 사람이 있을 수 있는가? 이인(異人) 중의 이인이라 여기며 마지막으로 최고의 기량과 최선의 노력으로 여동빈을 맞이하기로 작정했다.

그 밤에, 항복을 받기 전에는 결코 들려 보내지 않기로 작심한 모란은 마치 나는 제비인 듯, 춤추는 봉황처럼, 온갖 교태로 춘정(春情)

을 다 쏟았으나, 정말로 끝내 동빈의 항복을 받을 수 없었다. 백모란은 이제 지쳤다.

우선 고개를 숙이게 만들 수 없는 특이한 남자란 생각이 들자 더욱 지치면서 그간의 공격이 부끄럽다고 생각했다.

"정말로 대단한 분입니다. 제 온몸의 뼈마디가 부서졌고 마음마저 지쳤습니다."

여동빈은 백모란의 사랑을 몸으로 느끼면서도 그간 인간 속세의 정에 굶주렸다가 모든 것을 한꺼번에 다 채웠다고 생각했다. 그러나 이런 사실을 혹시 다른 동료 신선이 알게 될까 걱정하였다.

도교에서는 남녀의 교합을 음양의 화합으로 인식한다. 만약 음양이 화합하지 않는다면 육체적·생리적 질병을 유발하고 수명장수에 오히려 장애가 된다고 생각했다. 그러나 반대로 색욕에 빠져 절제하지 않으면 원기(元氣)를 손상케 하여 인간의 수명을 크게 단축한다고 믿었다.

본래 인간의 원기는 배꼽 아래 단전(丹田)에서 생산되는데, 원기는 炁(기)라 써서 일반적인 기(氣)와 구분한다. 이 원기가 움직여 우리 몸에서 원정(元精)을 만드는데, 이 원정은 인간 육체 내 침이나 소화액 등 모든 액체 중에서 으뜸이라고 하였다.

이 원정이 있기에 인체가 생장 발육한다. 따라서 원기는 인간 생존의 가장 근본이라고 볼 수 있다. 따라서 도사들은 방사(房事)를 통한 욕망의 절제와 양생과 보양이 가능하다고 믿고 방중술(房中術)을 중시하였다.

방중술은 어디까지나 수련의 한 수단이나 방법으로, 절제 속에서 즐거움을 얻고 마음의 만족과 화평 속에 '음으로 양을 보완한다'는 즉 이음보양(以陰補陽)하기 위해 지켜야 할 방중의 금기사항이나 질병예방에 관한 내용 또는 바르고 건강한 자세와 체위에 관한 기술적인 문제를 주로 다루었다.

그러기에 방중술은 음란의 방법을 가르치기 위한 것도 또 동물적 쾌락을 위한 술법은 절대로 아니었다. 때문에 방사에서 지켜야 할 여러 가지 금기사항 중에서 가장 보편적으로 알려진 세 가지의 금기 곧 '방중삼기(房中三忌)'가 있다.

방중삼기의 첫째는 아주 춥거나 더운 날, 비바람이 심한 이상 기후 또는 일식이나 월식 등 자연계의 강렬한 변화가 있는 날은 방사를 꺼린다는 것이 천기(天忌)이다.

두 번째, 크게 취했거나 격렬한 희로애락에 휩싸였을 때, 또는 장기간의 우수나 비애, 두려움이나 공포를 겪었거나 여인의 월경 기간을 피하는 인기(人忌)가 있다.

세 번째로 사당 안이나 우물가 또는 부뚜막이나 묘지 옆 등 좋은 장소가 아닌 곳에서는 교접하지 않는다는 지기(地忌)가 있다.

이날 여동빈은 그동안 마음에 익혀둔 방중술로 백모란의 왕성한 음기를 마음껏 받아들여 양기를 보양하면서 자신의 순양을 내주지는 않았다. 또한 여동빈은 화합의 즐거움을 마음껏 누리고 가뿐하고 즐거운 마음으로 백모란을 떠날 수 있었다.

동빈은 돌아갈 길이 바쁘다며 모란과 헤어졌다. 그렇지만 여동빈도 울며 잡고, 흐느끼며 늘어지는 모란을 두고 떠나기가 쉽지 않았다. 그러나 뒷날을 약속하고 길을 떠나지 않을 수 없었다.

이야기를 바꾸어, 이철괴는 어느 날 인간세계에 내려와 양자강과 회수 사이의 명승지와 동해 바닷가 여러 곳을 두루 유람하다가 우연히 하선고를 만났다. 표표히 옷자락을 날리며 오는 하선고를 반갑게 맞이한 이철괴는 동행하면서 물었다.

"지금 어디서 오시는 길인가?"

그러자 하선고가 말했다.

"당광정이란 여인이 있는데 이질로 남편을 여의고 혼자 수도하고 있었는데 제가 가서 그를 인도하고 오는 길입니다."

그 말에 이철괴는 하선고에게 농담을 걸었다.

"그대나 남편이 없으면 되었지, 다른 사람도 모두 혼자 살기를 바라시는가?"

그러자 하선고도 지지 않겠다는 듯이 말을 받았다.

"세상 모든 사람들이 다 아내를 거느리는데 선장(仙長)께선 어이 아내도 없이 혼자 떠도십니까?"

그러자 철괴가 졌다는 듯이 웃으며 말했다.

"내가 잘못했소. 그리고 보니 우리 서로 짝을 지으면 어떻겠는고?"

두 신선이 기분 좋아 서로 농담을 주고받을 때, 마침 남채화가 장과로의 나귀를 타고 나타나면서 소리 질렀다.

"이 모두가 어인 일인가? 도우들이 한쪽에선 기방에서 잠을 자고 다른 한편에서는 서로 진한 농담을 주고받으며 얼굴을 붉히니 이 모두가 우리 선계의 깨끗한 규율을 크게 어지럽히는 것입니다. 내 즉시 승천하여 상제에게 실상을 아뢰고 단단히 징계토록 해야겠습니다."

그러자 이철괴는 남채화를 반기며 물었다.

"그래, 우리 젊은 도우께서는 어디서 오시는 길인가?"

"내가 지나다 보니 주인이 꾸벅꾸벅 졸고 있어 장과로 신선의 나귀를 잠깐 빌려 타고 우주 팔방의 끝을 두루 구경하고 오는 길입니다. 아마 장과로 선장께서는 지금쯤 나귀를 찾고 있을 것입니다."

남채화는 매우 기분이 좋은 듯 유쾌하게 웃었다. 그러자 이철괴가 정색을 지으며 말했다.

"좋소! 좋아! 우리 걱정을 도우께서 해결해주시는군! 다른 도우의 나귀를 훔쳐 타고 왔으니, 그 장물이 이처럼 확실한데 상제에게 우리의 허물을 아뢰겠다고? 우리들이 먼저 도우의 행실을 아뢰어야겠소!"

그러면서 이철괴는 남채화에게 다가가 나귀를 끌어당기는 시늉을 했다. 셋이 모두 한바탕 웃고 나자 이철괴가 생각이 났다는 듯이 남채화에게 물었다.

"그런데 기녀 집에서 누가 자고 있소?"

그러자 남채화가 이상하다는 표정으로 말했다.

"아직 모르고 계셨습니까? 여동빈이 낙양에서 백모란과 정분을 나누었지요. 둘이 모두 정이 흠뻑 들었는데 지금은 잠시 헤어졌고 날을 잡아 다시 만나기로 했답니다."

그러자 이철괴가 말했다.

"종리권은 그 친구의 바탕이 아주 질박하고 성실하다며 매번 칭찬을 했는데, 잠깐 틈을 내어 그런 좋은 인연을 만들었다니 우리 모두 그를 찾아가 한번 놀려줘야겠군!"

하선고도 좋다며 동의했다. 그러자 남채화가 말했다.

"두 분께서는 먼저 가보십시오. 저는 이 나귀를 주인에게 돌려주어야 합니다."

이에 이철괴와 하선고가 동행하게 되었다. 이철괴는 남편으로, 하선고는 그 아내로 모습을 바꿔 낙양에 있는 백모란의 집에 나타났다.

한편 백모란은 회 도인을 보낸 후 계속 곰곰이 생각해 보았지만 도저히 이해할 수 없었다.

'아무리 기인(奇人)이라 하지만 어찌 그리 견딜 수 있겠는가?'

혼자 이리저리 깊은 생각에 잠겨 있는데, 가난한 부부가 찾아와 구걸하며 모란을 만나자고 한다는 전갈이 들어왔다. 백모란은 이상타 생각하며 그들을 불러 보았다. 백모란이 먼저 물었다.

"무슨 일로 나를 보자 하셨습니까?"

그러자 가난한 아낙네로 모습을 바꾼 하선고가 말했다.

"당신의 심화 병을 고쳐 주겠습니다."

모란이 비록 어린 나이지만 본래 영특한 데가 있고 세상 사람들 틈에 부딪기며 살다 보니 자연히 사람을 보는 안목이 있었다.

모란은 그들 부부가 결코 구걸이나 하는 보통 사람이 아니라는 것을 알았다. 그들의 언사가 침착 조용하고 특별한 신기(神氣)가 느껴지며 당당한 모습을 본 백모란은 즉시 안으로 그들을 맞이하면서 음식을 대접했다. 부부가 더 많은 것을 달라면 더 주었고 노리개를 부러워하면 패물을 내주었다. 그들 부부는 모란의 진심을 알았는지 모란에게 물었다.

"아가씨는 회 도인을 만난 적이 있지요?"

모란은 예상했던 물음이기에 그렇다고 대답하며 약간 고개를 숙이며 물었다

"두 분께서 제 마음의 병을 고쳐 주신다 하셨으니, 제 걱정이 무엇

인지 아시고 오셨습니까?"

"아가씨는 그분이 끝까지 참고 견딘 비결을 알고 있습니까?"

"바로 그것을 모르기에 걱정하고 있습니다."

그러자 이철괴가 담담히 말했다.

"그분은 선인(仙人)입니다. 내가 그 해결방법을 일러주겠습니다. 다음에 그분이 찾아와, 서로 감정이 아주 무르익었을 때를 기다렸다가 두 손으로 그의 양쪽 갈비뼈 사이를 힘껏 누르십시오. 그러면 깜짝 놀라면서 사정할 것입니다. 이는 천둥소리에 놀라는 틈을 타서 소를 뺏는 비방입니다. 절대로 그 기회를 놓치지 마십시오. 그러면 아가씨는 그분의 정기를 받아 죽지 않을 것입니다."

모란이 고개를 끄덕이며 다른 말을 물어보려 하자 어느새 두 사람은 그 모습을 감추었다. 모란은 기뻐하며 말했다.

"저들 두 분도 틀림없는 신선일 거야. 그 말이 이치에 맞으니 믿지 않을 수 없지!"

그다음 어느 날, 여동빈은 약속대로 모란을 다시 찾아왔다. 모란은 크게 기뻐하면서 술과 안주를 준비해 같이 마시며 즐겼다. 거기에는 시와 노래가 있었다. 준수한 수재와 경국지색인 미녀의 놀이는 아주 흥겨웠다.

밤이 들어 훈훈한 봄바람 속에 운우의 정을 나눌 때, 백모란은 온 정성을 다해 동빈을 맞이했다. 그러다가 동빈이 한참 고조되어 방심한 사이, 모란은 양손 손가락으로 여동빈의 양쪽 갈비뼈 사이를 힘껏 눌렀다. 여동빈은 미처 손 쓸 겨를도 없이, 깜짝 놀라 순양의 정액을 모란에게 쏟을 수밖에 없었다. 여동빈이 크게 놀라 당황하며 어쩔 줄 모를 때, 모란은 순양의 정기를 마음껏 받아들였다. 여동빈은 서둘러 일어나 옷을 입은 뒤, 모란에게 물었다.

"누가 너에게 비법을 알려 주었는가?"

모란은 며칠 전 가난한 부부가 찾아왔다는 이야기를 했다.

"나는 순양이요. 그 두 선인이 어찌 이런 쓸데없는 말을 했을까?"

모란은 여동빈에게 예를 갖추며 자세히 말씀해달라고 간청했다. 여동빈은 할 수 없다는 듯이 말했다.

"그 두 사람은 바로 이철괴와 하선고요."

백모란은 여동빈에게 더 머물면서 가르침을 달라고 간절히 부탁했다.

"그대는 아직 속세의 인연이 남아 있어 내가 인도할 수 없소."

그러면서 여동빈은 모란에게 영단을 한 알 건네주며 말했다.

"이것을 복용하면 뒷날 속세를 벗어날 수 있을 것이요."

말을 마친 여동빈은 밖에 있는 동자를 불렀다. 방에 들어온 동자는 그대로 칼이 되어 칼집에 들어갔다. 그리고 뜰에 내리 서면서 하늘에서 하강하는 구름 위에 올라섰다. 여동빈은 캄캄한 하늘로 유유히 사라졌다. 뒷날 백모란도 선거(仙去) 즉 신선이 되어 속세를 벗어났다.

▷ 그 밖의 전설들

여동빈은 요즈음 말로 하면 개성이 뚜렷한 신선이라고 평가할 수 있다. 어찌 보면 가장 인간적이며 원초적인 본능이라 할 수 있는 여색(女色)에도 밝은, 색선(色仙)이라는 영광스러운(?) 칭호도 누리고 있다.

≪동유기≫ 32회에서 여동빈은 그의 스승격인 종리권에게 말한다.

"욕망이란 누구나 다 갖고 있는 거 아닙니까? 더군다나 꽃이나 옥 같은 미인을 보면 참기 어렵습니다. 제가 비록 환골탈태하였다지만 이런 절세가인을 만나면 자제하지 못하고 미혹에 빠지지 않을 수 없습니다."

본래 예로부터, 식(食)과 색(色)은 본성이라 했다. 그렇다면 신선이라 하여 미인과 무관하다고 볼 수는 없을 것이다. 그리고 여동빈은 남녀의 교접을 그저 꽃을 탐하거나 희롱하는 것이 아닌 음기를 받아들여 양기를 보충한다는 채음보양(採陰補陽)하는 수양(修養)의 방법으로 생각했다고 한다.

이처럼 남녀 교합으로 부족한 것을 보양한다는 채보(採補)의 이론은 여색에 탐닉하는 것을 합리화할 수 있는, 비록 도교의 정통 교리는 아니지만, 널리 인정되고 있는 좌도방문(左道傍門)이라 할 수 있다.

그리고 여동빈은 백모란과의 사랑놀이를 소위 도인(度人: 다른 사람을 道의 경지로 이끈다는 뜻)의 방법으로 생각하였다. 즉 백모란은 정(精)을 얻었고 그 때문에 장생불사할 수 있었다. 결국 백모란도 뒷날 선거(仙去)했다고 한다.

물론 이런 도인법(度人法)은 실제로 미녀만 제도하지 모야차(母夜叉) 같은 못생긴 추녀를 구제하지 않는다는 불공평한 점이 있다. 뒷날 추악한 도인들이 이런 이론으로 부녀자들을 희롱했고, 음탕한 여인들도 이를 통해 자신의 음행을 합리화시키려 했다.

가끔은 '신들린 사람(神漢)' 또는 대선(大仙)이라 자칭하면서 여인을 신선의 길로 인도한다며 부녀자를 겁간하는 사례가 지금도 중국 농촌 지역에서 가끔씩 일어난다니 그 해독이 얼마나 큰지 짐작할 수 있다.

여동빈은 검선, 주선, 시선, 색선의 칭호를 한몸에 받고 있는 인간미가 넘치는 대선(大仙)으로 많은 사람들이 그를 좋아하고 있다. 또한 도교 내에서 그 지위도 자못 높아 순양조사(純陽祖師) 또는 여조(呂祖)

라 불리면서 역대 제왕들의 호감을 사 순양제군(純陽帝君)에 피봉되기도 했었다. 또한 민간에서 그의 영향력은 다른 일곱 명의 신선을 훨씬 뛰어넘는 수준이다.

여동빈은 일찍이 크나큰 서원(誓願)을 세웠다. 즉 '천하의 중생들을 모두 제도하여 천상의 세계에 오르도록 하겠다'는 원대한 바람이었다. 이는 모든 중생을 고난에서 구원하겠다는 대자대비한 관세음보살의 서원과도 같다.

보통 사람들의 고난, 가난과 질병, 그리고 어리석음에서 나오는 끝없는 욕망을 구원하겠다는 이 원대한 서원이 있기에 도교의 여러 종파에서는 여동빈을 여조로 받들고 여조전, 여조각, 여조묘 등이 전국 각지에 흩어져 있다고 볼 수 있다.

지금도 많은 중국인들이 여조전에 향을 피울 정도로 그는 인기가 있는 신선이며 신이다. 그는 인간의 고통을 없애주고 즐거움을 주며 언제 어디서 누구든 간절히 기도하면 나타나서 무슨 소원이든 다 들어준다고 한다. 그래서 많은 중국인들이 그에게 모든 것을 맡기고 의지하며 살아간다니 그가 중국의 인기 스타라는 사실은 인정해야 할 것 같다.

이런 일반 백성들의 염원과 여동빈의 인기를 도교 측에서 그냥 방치할 수는 없는 일이다.

여조묘(呂祖廟) 내에서 점을 쳐주고 틀림없다면서 큰돈을 받아내거나, 약 처방을 써주고 이는 바로 당신의 병을 위한 '여동빈의 특별한 처방(呂祖藥方)'이라며 돈을 뜯어낸다고 한다. 또 그런 곳에서 성회(聖灰)라며 내주는 만병통치약은 대개의 경우 향을 태운 재라고 한다.

6. 하선고

팔선 중 유일한 여선 하선고(何仙姑)는 광주(廣州) 근처의 증성현(增城縣) 출신으로 알려져 있지만, 호남성 영릉현(零陵縣)에서도 하선고가 그곳 출생이라고 한다. 그러나 하선고의 출생지가 달라진다 하여 신선 하선고의 본질이 달라지지는 않을 것이다.

선고(仙姑)란 선녀, 또는 여자 도사인 도고(道姑)를 뜻한다. 그리고 선고란 무당이나 무녀의 뜻도 있는데 선화 속의 하선고의 행적을 보면 무당에 가깝다.

▷ 출생과 성장

하선고의 조상은 대대로 한곳에 살며 착한 일을 많이 했다. 특히 하선고의 모친 종씨(鍾氏)는 보시(布施)를 좋아했고 청정한 생활을 꾸려나갔다. 종씨는 아들딸을 두지 못했기에 자식 갖기를 간절히 바라고 있었다.

어느 날 밤, 종씨는 꿈을 꾸었다. 끝도 없이 넓고 잔잔한 물가에 서 있었는데 어디선가 연꽃, 마치 큰 쟁반과 같은 하얀 연꽃이 떠오르더니, 하얀 옷을 입은 여자 신선이 파도를 밟고 다가왔다. 종씨는 조금도 두렵지 않았다.

"나는 소상신녀(瀟湘神女)다. 그대 집에 좀 머물고 싶다."

"저의 집 살림이 넉넉하지 못합니다. 선녀께서 머무신다면 그 대접이 소홀할까 걱정입니다."

"나는 인간 세계에 잠시 노닐고 싶다. 그대 집안은 선행을 많이 쌓았지 않은가?"

"만약 선인께서 허물치 않으신다면 저로서는 큰 기쁨이겠습니다."

그 말을 듣자 소상의 신녀는 갑자기 한 줄기 연기로 변하더니 바람을 타고 종씨 부인의 품을 파고들었다. 종씨는 꿈에서 깨어난 뒤 아무렇지도 않았다. 그냥 보통 꿈이려니 생각했지만 그 뒤에 곧 임신했다는 것을 알았다.

부인은 당 헌종 원화(元和) 3년 동짓달 초하룻날에 여자아이를 낳았다. 바로 하선고였다.

하선고가 태어나는 날, 그 집안엔 아름다운 향기가 가득 찼었다고 한다. 종씨가 아이에게 젖을 물렸지만 아이는 먹지 않았다. 태어나서 젖꼭지를 물지 않으니 종씨는 크게 걱정했다.

어느 날 밤, 꿈에 신인(神人)이 나타나 물었다.

"그 아이가 젖을 빨지 않지?"

"그렇습니다."

"그대의 젖이 맵기 때문이다. 고기, 생선, 마늘, 소금 등 모두가 아이에게는 맞지 않아 빨지 않는 것이니 걱정하지 마라."

"굶어 죽을 것 같습니다."

"안 먹는다고 죽지는 않는다. 연밥을 가루로 만들어서 먹이도록 하라."

"아! 그 전날 그 아이를 갖게 될 때 신녀가 연꽃을 타고 왔었습니다. 그렇군요! 고맙습니다!"

종씨는 꿈을 깬 뒤, 즉시 연밥을 따다 가루로 만들어 물에 타 먹였다. 아이는 꿀꺽꿀꺽 잘도 먹었다. 칠팔 세가 되자 여자아이는 제법 곱상한 티가 났다. 늘 소식(素食)을 했고 몸가짐과 말씨가 현숙하고도 단정했다. 그녀는 여도사들만이 거처하는 남악관(南嶽觀)에 자주 놀러갔다. 여도사가 하선고에게 문자를 일러주었다.

총명한 소녀였기에 쉽게 배웠고, 배운 것은 절대로 잊지 않았다. 곧 하선고는 경서를 읽기 시작했다. 독서하는 틈틈이 그림을 배웠고 각종 신상을 특히 잘 그렸다.

▷ 황정경을 읽고 깨우치다

남악관의 여도사는 도관에 모신 주생진군(註生眞君)이 번뇌하고 있는 것처럼 생각되었다. 왜냐면 주생진군 면상의 일부분이 파손되고 몸체 군데군데가 떨어져 나갔으며 칠도 벗겨졌기 때문이었다. 도교에서 진군(眞君)은 득도한 선인이나 걸출한 도인이 죽은 뒤에 부르는 칭호이다. 여도사가 누구에게 주생진군의 보수작업을 맡겨야 할지 걱정하고 있는데 마침 도제(徒弟) 하나가 말했다.

"하씨 댁 처녀에게 맡기십시오."

여도사 역시 하고랑(何姑娘: 고랑은 처녀, 아가씨의 뜻)을 생각하고 있었다.

하고랑은 그전에 도관 내의 여러 신상(神像)을 그린 적이 있었는데 그 모습이 엄숙하고 장엄하였기에 많은 칭찬을 받았었다. 더군다나 하고랑은 평소에도 소식(素食)을 하고 여러 신을 잘 받들었기에 더욱더 적임자라 생각되었다.

"하고랑이 들어오면 나를 좀 보자 해라."

바로 그때 도관 문으로 하고랑이 들어서는 것이 보였다. 도제와 여도사는 하고랑이 들어오는 것을 보고 웃었다.

하고랑은 여도사에게 인사하고 물었다.

"무슨 좋은 일이라도 있습니까? 아니면 내가 뭐 잘못이라도……?"

"귀신을 심부름 보낸 것도 아닌데 어찌 그리 빨리 오는가? 하기야 호랑이도 제 말을 하면 온다니까!"

"무슨 일이라도 있습니까?"

"작은 일은 아니지! 하고랑 아니면 할 수 없는 큰일이 있지."

여도사는 하고랑에게 주생진군의 보수작업에 대한 자세한 설명을 했다.

"그런 일은 걱정하지 마십시오. 제가 부지런히 해보겠습니다."

하고랑은 즉시 일을 시작했다. 우선 주생진군의 상을 깨끗하게 청소했다. 그런데 주생진군 상의 뒤쪽에 조그만 상자가 있었다.

"사부님! 주생진군의 뒤쪽에 조그만 상자가 있습니다."

"그래, 나도 알고 있다. 그 상을 처음 만들 때부터 있었단다."

"안에 무엇인가 들어 있습니다."

"글쎄다. 무슨 물건이지 열어보렴."

"책입니다만 그냥 놔두겠습니다."

"아니다. 무슨 책이든 여러 사람이 읽어야만 그게 책이다."

여도사는 제단 위로 올라와 그 상자를 열어보고 책 두 권을 꺼냈다.

"너는 나보다 글자를 많이 알지. 무슨 책인지 읽어보렴."

"사부! 이것은 ≪황정경(黃庭經)≫입니다. 매우 심오한 책이라서 저도 잘 모르겠습니다."

"하고랑은 주생진군상을 수리하고 칠해주는데 돈은 안 받는다고 했지?"

"예, 제가 어찌 돈을 받겠습니까?"

"그렇다면 주생진군께서 감격하여 너에게 주는 선물이라고 생각하고 그 책을 가져가거라."

"사부, 정말로 주시겠습니까?"

"그래! 네 책이다. 여기 두어봐야 읽을 만한 사람도 없고 또 쥐가 먼저 보고 다 썰어버리면 무슨 소용이 있겠니?"

하고랑은 너무 기뻤다. ≪황정경≫이란 책이 도가(道家)의 심오한 경전이란 말은 들었지만 아주 귀한 책이라서 본 적도 없었는데 그런 책을 얻었으니 그 기쁨이 더욱 컸다.

본래 ≪황정경≫의 황(黃)은 '중앙의 색'을 의미하고 정(庭)은 '사방의 가운데'란 뜻인데 도교의 수련 경전으로 내・외편이 있다. 전해오는 이야기에 의하면 서성 왕희지는 거위를 무척이나 좋아했다. 영화(永和) 12년(356년) 왕희지는 산음(山陰)의 도사가 멋진 거위를 기른다는 이야기를 듣고 도사를 찾아가 이 황정경을 필사해주고 거위를 안고 갔다고 한다. (山陰道士如相見 應寫黃庭換白鵝)

하고랑은 책의 표지를 넘겨 거기에 쓰여 있는 문장 한 구절을 읽었다.

누구든(何人) 인연이 있으면 누구든 복 받으리라. 만약 이
경전을 얻으면 요지에서 쾌락하리라.

하고랑은 그 글귀를 여도사에게 보여주었다. 여도사는 해석을 달리했다.

"하씨 성을 가진 사람이 인연이 있고 하씨에게 복이 있다. 하인(何人)이란 바로 너야! 너를 두고 한 말이다. 이는 주생진군께서 하사하는 큰 선물이야!"

하고랑은 황정경을 소중하게 품고 집으로 돌아왔다. 낮에는 도관에게 주생진상을 보수하고 칠하는 일을 했고 밤에는 황정경을 열심히 읽었다.

"하고랑, 그 황정경에서 터득한 것 좀 얘기해주렴. 나는 멍청히도 삼십여 년이나 헛살았지! 겨우 글자를 조금 깨쳤을 뿐! 성인의 말씀을 읽지도 못하니!"

여도사의 탄식이었다.

▷ 《황정경》을 깨우치다

하선고는 남악관에서 구한 황정경을 정독했지만 완전히 깨우치지는 못했다. 그녀는 주생진군상 보수작업을 열흘에 걸쳐 끝냈다. 모두가 주생진군상의 달라진 모습에 칭찬을 아끼지 않았다. 어느 날, 하선고가 집에서 황정경을 읽고 있는데 손님 한 사람이 찾아와 말했다.

"아마도 반년은 착실히 황정경을 읽어야 하겠지요?"

"제가 황정경을 읽는 줄을 어찌 아셨습니까?"

"내가 남악관을 찾아간 것은 아니요. 다만 하선고가 주생진군의 모습을 제대로 만들어주었기에 주생진군이 기뻐하며 황정경을 보내주었다고 말했소."

"주생진군께서 그렇게 기뻐합니까? 그리고 어떻게 주생진군과 얘기를 나누었습니까? 주생진군은 명부(冥府)의 신인(神人)으로 세상 사람들의 수명을 관장하는 분이신데 어찌 속인과 대화할 수 있습니까?"

"하선고가 주생진군의 상을 보수하기 전에 상자는 그곳에 있었지만 황정경은 분명히 없었습니다. 주생진군께서 어찌 하선고를 모른다고 생각합니까? 내가 주생진군과 대화할 수 없다면 주생진군은 어찌 속인들의 운명을 다 알겠습니까?"

물론 하선고도 주생진군의 신통력을 의심하진 않았다. 다만 그 손님에 대한 의문이 있었던 것이다. 그 손님은 하선고와 늙은 하인에게 설교하는 말을 계속했다.

"인간의 수명은 모두가 다릅니다. 우리의 조상이나 부모 그리고 본인의 선행이 있다면 그 선행만큼 수명이 연장됩니다. 조상이나 부모가 덕을 쌓지 않았다면 그 수명은 단축됩니다. 나쁜 짓을 하면 하는 만큼, 남을 구해주면 구하는 만큼 증감이 되는데 그 일을 주생진군이 장악하고 있습니다."

하선고는 객인의 얼굴을 자세히 살펴보았다. 삼십여 세 될까 말까한 나이에 표정은 진지했고 의복은 간소했으며 두 눈에서는 광채가 났다.

"제가 어떻게 불러야 좋겠습니까?"

"사람들은 나를 청동대사(靑童大師)라고 합니다. 하선고는 그냥 대사라고 불러주시오."

"대사께선 《황정경》에 정통하십니까?"

"그렇소. 나는 명을 받아 황정경을 가르쳐주러 온 사람이오."

"그렇습니까? 누구의 명입니까?"

"나는 가끔 귀신에 대한 이야기를 합니다. 놀라지는 마시오."

"괜찮습니다. 대사께서 무슨 말씀을 하시든 그대로 믿겠습니다."

"좋은 일이요. 사실 나는 동화제군(東華帝君)의 명을 받아 여기에 왔소. ≪황정경≫ 외 금심(琴心) 삼첩(三疊) 액인영액지법(液咽靈液之法)을 가르치는 것 말고도 하선고가 복용할 환약을 주러 온 것이요."

"혹시 자지환(紫芝丸)이 아닙니까?"

이 말에는 청동대사가 놀라며 물었다.

"하선고, 내가 자지환을 갖고 온 줄을 어찌 알았소?"

"며칠 전, 제가 주생진군의 상을 수리할 때 몹시 피곤하여 잠시 졸았던 적이 있었습니다. 그때 꿈속엔 누군가가 나타나 '앞으로는 그렇게 피곤하지는 않을 것이다'며 자지환을 복용하라고 말했습니다."

객인은 고개를 끄덕이며 약 호로병에서 보라색 환약을 꺼내주며 복용하라고 말했다. 하선고는 즉시 환약을 복용했다. 하선고는 그 뒤로 피곤할 줄 모르고 청동대사를 따라 황정경을 외우고 수련을 계속했다. 오래잖아 하선고의 몸에선 광채가 나고 온갖 사악을 떨쳐 버렸으며 먹고 마시지 않아도 배고프거나 목마르지 않게 되었다. 하선고는 가끔 신선한 채소나 과일을 조금씩 먹을 뿐이었다.

삼 년의 세월이 지났다. 하선고는 황정경의 오묘한 원리를 모두 터득했다. 이에 청동대사 말했다.

"이제 동화제군에게 복명하러 가야 합니다."

"대사님, 저도 따라가 동화제군을 뵈면 안 되겠습니까?"

"안될 것은 없소. 그러나 지금은 아니요. 잠시 인간세계에 더 있어야 합니다. 아직 속세의 인연이 남아 있으니 언젠가는 우연히 다시 만날 수 있을 거요."

다음 날, 객실에선 청동대사의 모습을 찾아볼 수 없었다. 청동대사가 다시 나타날지, 자신을 언제 속진을 털어버릴 수 있을지 하선고는 불안했다. 그러나 그녀의 청정한 생활은 변함없이 계속되었다. 뒷날 하선고는 그녀가 살고 있던 영릉에서 수천 리 떨어진 절강성 주산군도(州山群島)의 보타산(普陀山)에 가서 선도(仙桃)를 따먹었다고 한다.

▷ 하선고의 수련

하선고는 팔선 중 유일한 여자 신선이다. 열다섯 살 되던 어느 날, 하선고의 꿈속에 한 선인이 나타나 말했다.

"운모(雲母) 가루를 먹으면 몸이 가벼워지고 죽지 않는다."

꿈을 깬 하선고는 이상한 꿈이라면서 혼자 생각했다.

"신인께서 어찌 하찮은 나를 속이려고 그런 말씀을 하였겠는가?"

이후로 하선고는 매일 조금씩 운모가루를 먹었다. 과연 선인의 말대로 하선고의 몸은 매우 날렵했고 피로를 몰랐다.

운모는 팔석(八石)의 하나로 광택이 나는 납작하고 편편한 결정체이다. 팔석이란 도사가 연단(煉丹)할 때 사용하는 주사(朱砂) 등 여덟 가지 광물을 총칭한다. 팔석의 하나인 운모(雲母)에 붉은색이 많이 들어 있으면 운주(雲朱), 푸른색이 많으면 운영(雲英)이라 부르지만, 운모라면 보통 흑색이다. 이 운모는 선약 중 상품에 속하고 오래 복용하면 장생불로할 수 있다고 한다.

이 광물은 산속 구름이 피어나는 곳에서 캘 수 있으며, 운모는 사람들이 말소리를 내면 사라져 버린다는 이야기가 전해온다. 이 돌에서 구름이 피어난다 하여 운모란 이름을 얻었다.

옛날 갈홍의 ≪포박자(抱朴子)≫란 책에는 운모를 십 년간 복용하면 구름 기운이 생겨 몸이 가벼워진다고 하였다. 또 ≪열선전≫에 의하면 요 임금 때의 은자였던 방회(方回)란 사람은 운모를 양식처럼 복용했다고 한다.

하선고의 모친은 그녀를 출가시키려 했으나 하선고는 한사코 싫다면서 절대로 시집가지 않겠다고 서약했다. 결국 그녀의 모친도 그 결심을 꺾을 수 없었다.

어느 날, 하선고는 산골짜기를 혼자 거닐다가 이철괴와 남채화를 만났다. 두 신선은 하선고에게 선계와 관련이 있는 여러 가지 비결을 전수해주었다. 그 이후 하선고는 늘 산속에 혼자 머물곤 하였는데 그녀는 산속을 마치 날아다니듯 했으며 아침에 나가면 산속의 여러 과일이나 열매를 가득 따 가지고 저녁때 돌아와 어머니께 드렸다.

모친이 산속에서 매일 무엇을 했느냐고 물으면 하선고는 명산의 선경을 찾아가 여자 신선한테 선도를 배운다고만 대답했다. 하선고는 어른이 되었고 그녀의 언행은 남들과 크게 달랐다.

하선고는 여단법(女丹法)을 스스로 알아내어 그대로 실천했다. 여단법은 태음연형법(太陰煉形法)이라고도 부른다. 본래 여자는 생리나 심리 또는 신체의 여러 면이 남자와 크게 다르기 때문에 수련의 방법도 달라야 한다.

여자의 모든 기는 유방에서 생겨난다. 여인의 수련은 유방에 기를 모아 조용히 마음을 안정시키고 정신을 모으면서 시작한다. 그리고 두 손을 교차하여 양쪽 유방을 360번 가볍게 안마한다. 그리고 단전 부분까지 숨을 깊게 24번 들이마신다. 그러면서 조용히 관조하며 진기(眞氣)를 모은다.

이렇게 하여 진기가 충족되면 유방이 축소되며 경수(經水: 월경)가 저절로 끊어진다. 특히 부인의 경우 월경을 단절하는 것이 매우 중요한데 이를 참적룡(斬赤龍)이라고 하는데 붉은 용(赤龍)을 죽인다는 의

미이다.

▷ 하선고의 승천

서기 690년, 당나라의 측천무후(則天武后)는 칭제(稱帝)하며 국호까지 주(周)라 바꾸었다. 사방에서 태평을 칭송하는 글이 쇄도했고 온갖 진기한 예물이 궁중에 보내졌다. 당시의 아부하는 세태를 그대로 보여주는 현상이었다.

어느 대신이 보타산의 선도를 따다 무후에게 바쳤다. 그러나 선도는 이미 상했기에 먹을 수 없었다. 무후는 몹시 애석해하며 물었다.

"선도를 먹으면 신선이 될 수 있다는데?"

"그렇습니다. 폐하께선 장생불로 할 수 있습니다."

"누가 그 선도를 따올 수 있는가? 부패하지 않게 빨리 갖고 와야 하는데!"

"하선고가 그 일을 할 수 있습니다."

"하선고가 어디 사는가?"

"영주(永州) 영릉에 삽니다."

"그녀는 어떻게 신선이 되었는가?"

"본래 하고랑이라고 불리었습니다. 영릉에서 보타산까지 수천 리 길을 단 삼 일 만에 왕복했습니다. 선도를 따 먹었고 또 몇 개를 따다 식솔들에게 나누어 주었답니다. 그 뒤로 사람들은 그녀를 하선고라 부릅니다."

"좋소! 하선고를 데려오시오."

즉시 열두 명의 사자가 출발했다. 그 열두 명 모두가 황문(黃門) 곧 내시들이었다. 그들의 우두머리는 무복후(武福厚)였다. 무복후는 무후의 집안사람이었다. 여황제가 그 측근에 심복으로 거느리고 있었기에 그 권력은 절대적이었고 그는 안하무인격으로 방자한 행동을 멋대로 했다.

무복후는 영주에 도착했다. 그는 황문 여섯 명을 영릉으로 보내 하선고를 데려오라고 했다. 무복후는 영주자사에게 신방을 준비하라고 명령했다.

"하선고를 데려오면 이곳에 신방을 차렸다가 장안으로 데리고 가겠소."

"공공(公公: 환관의 호칭) 대인, 혹 도중에 하선고를 놓칠 수도 있잖습니까?"

"그래서 신방을 꾸미는 거요. 신방을 겪은 다음에야 어디로 가겠는가?"

"대인, 제가 알기로는 공공은……."

"아! 알았소. 공공은 신방을 못 차린다 그 말이겠지. 나는 공공이 아니요. 그냥 공공인 체하는 거지."

이틀 뒤, 하선고는 영주에 도착했다. 모든 공공들은 하선고를 극진히 모셨다. 무복후는 하선고를 한번 보자마자 그만 넋을 잃고 말았다. 저런 미녀는 장안에서도 결코 만나볼 수 없다고 생각했다.

"선고! 황상께서도 선명(仙名)을 익히 알고 계십니다. 특별히 황상의 지친(至親)인 나를 시켜 모셔오라 하시며 열두 명을 보내셨으니 선고의 체면을 크게 세워준 것이요."

마복후는 큰소리로 떠들었다.

"장안까지 무사히 갈 수 있도록 대인께서 보살펴 주시기 바랍니다."

"그런 걱정하지 마시오. 우리 모두 편안히 모시겠소."

"이곳 영주자사가 선고를 위해 좋은 자리를 준비했답니다. 오늘 저녁 즐겨 봅시다."

"대인, 저는 인간 속세의 화식(火食)을 끊은 지 이미 오랩니다. 그저 내방에 향이나 피워주면 그만입니다. 다른 준비는 필요 없습니다."

"걱정하지 마세요. 내 직접 향을 들고 선고의 방에 가겠습니다."

밤이 되었다. 무복후는 선고의 방에 들어가 방문을 잠갔다. 방안에는 불도 켜 있지 않았다.

"하선고! 하선고!"

그러나 아무런 인기척도 없었다. 무복후는 침상을 더듬었다.

그때 갑자기 한줄기 하얀빛이 창문에 걸렸다. 선악(仙樂) 소리가 들려오며 하늘이 밝아졌다. 하늘에서 커다란 무지개다리가 내려와 창문에 걸쳤다.

하선고는 천천히 걸어 올라갔다. 영주 사람들 모두가 하선고의 승천을 지켜보았다. 그 뒤 아무도 하선고를 보았다는 사람은 없었다.

당이 망하고 오대(五代)를 지나 송(宋)이 섰다.

송나라 신종(神宗) 때 광주(廣州) 소석교(小石橋)에서 하선고가 나타났었다는 기록이 있을 뿐 그녀의 행적은 잘 알려지지 않았다. 그러나 하선고에 대한 사실 증명이 필요하겠는가? 하선고가 중국인들에게 사랑받는 여신선이기에 그녀에 관한 수많은 이야기가 만들어지고 유포되는 것일 뿐, 다음의 이야기도 그냥 읽어보면 재미있지 않겠는가?

▷ 천태산의 약초

절강성(浙江省) 천태현(天台縣) 서문 밖 십 리쯤, 산수가 빼어난 마을에 초승달처럼 아름다운 낙마교(落馬橋)라는 무지개다리가 있다.

옛날 그 언젠가 그 마을에 자식도 없는 홀아비가 살고 있었다. 그는 매우 부지런한 약초를 캐는 농부였다. 어느 날 그는 마을 사람들로부터 깊은 산 어느 동굴엔가 여자 신선이 가끔 내려온다는 이야기를 들었다. 농부는 그 여자 신선이 바로 하선고일지도 모른다는 생각을 했다. 하선고는 약선(藥仙)이니 자기에게 여러 가지 약초를 일러줄 것이라는 생각도 들었다. 사실 그가 천태산을 누비며 몇십 년간 약초를 캤지만 그가 알고 있는 약초는 별로 많지 않았다.

그는 하선고를 만나겠다며 약 망태와 호미를 챙겨 들고 천태산으로 들어갔다. 시냇물을 따라 산골짜기를 더듬어 얼마를 갔는지 처음 와보는 골짜기 같았다. 그는 골짜기를 버리고 절벽을 타며 어렵고 어렵게 나아가 결국 큰 동굴 하나를 찾았다. 동굴은 매우 크고 넓었다. 농부가 조금 더 들어가니 동굴 안이 밝아졌다.

그곳엔 남자 한 사람과 잘생긴 여인이 바둑을 두고 있었다. 농부는 그 여인이 바로 하선고가 틀림없다고 생각했다. 그들은 바둑에 너무 열중했기에 농부가 온 줄도 모르고 있었다.

농부는 잠시 바둑을 구경했다. 사실 그도 평소에 바둑을 좋아했고 실제로 잘 두었으며 고수라는 명성도 있었다. 그러나 그가 본 바둑은 정말 멋진 대국이었다. 해가 질 무렵 두 사람은 바둑을 걷었다. 농부는 여인에게 인사를 하고 '하선고가 아니십니까?' 라고 물었다.

여인은 고개를 끄덕였다. 농부는 하선고에게 찾아온 까닭을 말하고 가르쳐 달라는 정중한 부탁을 했다. 하선고는 농부를 데리고 밖으로 나왔다.

"이 천태산에는 수천 종의 약초가 있지요. 이 약초를 잘 알고 캐다가 많은 사람들의 병을 고쳐주는 것도 좋은 일입니다."

하선고는 친절히 여러 약초를 일러주며 말했다. 이상하게도 전에 못 보던 약초가 많이 있었다. 또 약초 향기가 서로 다른 것도 구별할 수 있었다. 농부는 하선고를 따라 많은 약초를 캐고 이름과 효능을 외웠다. 이제는 어두운 밤이었다.

하선고와 농부는 동굴로 돌아왔다.

"오늘 저녁은 이곳에서 주무시도록 하시오. 나는 내일 아침 다시 오겠습니다."

하선고와 다른 신선은 구름을 불러 타고 어디론가 사라졌다.

다음 날 아침, 농부는 일어나 동굴 밖을 보았다. 어제 올 때는 잘 몰랐는데 동굴 밖은 그대로 수천 길 절벽이었다. 농부는 어떻게 돌아가야 할지 조바심이 났다. 그때 어디선가 풍악 소리가 들리더니 하선고가 구름을 타고 나타났다.

"돌아갈 걱정은 하지 마십시오. 내가 보내드리겠습니다. 우선 안에 들어가 식사를 해야지요."

농부는 하선고를 따라 굴 안으로 들어갔다. 굴 안에는 언제 준비했는지 산해진미가 가득한 식탁이 놓여 있었다. 농부는 한두 번 사양하고서 음식을 먹었다. 모두가 기막힌 맛이었다. 세상에 이런 맛있는 음식이 또 있을까?

농부는 이 모두가 신선세계의 음식이라 생각하며 마음껏 먹었다. 식사가 끝나자 하선고는 등굴 밖을 다니며 검랑초(劍狼草)만을 꺾어

왔다. 하선고는 검랑초를 엮어 말을 만들었다. 한 뼘쯤 되는 말을 다 만들자 그것을 손바닥에 올려놓고 주문을 외웠다.

"검랑마야! 검랑마야! 바람 먹고 이슬 마시고 빨리 크거라! 약 캐는 손님을 태우고, 편히 편안히 모셔드려라."

하선고의 주문이 끝나자 검랑마가 살아 움직였다. 말은 동굴 밖으로 뛰어나갔다. 동굴밖에 바람이 불고 이슬이 비 오듯 내렸다. 그러자 검랑마는 큰 말로 변했다. 말은 고개를 쳐들고 힘차게 울었다. 하선고는 농부에게 말을 타라고 했다.

농부는 약 바구니와 호미를 들고 말 위에 앉았다. 히잉 소리와 함께 검랑마는 힘차게 허공을 차고 올랐다. 천태산 골짜기가 한눈에 들어왔다.

농부는 말갈기를 잡고 산 아래를 굽어봤다. 아름다운 마을이 눈에 들어왔고 말은 어느새 초승달 모양 무지개다리에 내렸다. 농부가 안장에서 내리자 말은 금방 다시 날아올랐다.

농부는 마을 안으로 들어섰다. 그런데 모두가 낯선 사람뿐이었다. 집과 나무도 몰라보게 달랐다. 농부는 겨우 자기 집을 찾았다. 그러나 마당엔 잡초만 무성했고 집은 다 무너져가고 있었다. 농부는 집을 잘못 찾아오지 않았는가 여러 번 둘러보았다. 그러나 틀림없는 자기 집이었다. 마당가에 자기가 쓰던 돌절구도 그대로 있었다. 그가 마당에 난 풀을 뽑고 있을 때 마을 사람들이 와서 말했다.

"이 집은 벌써 삼 대째 빈집인데 어째서 풀을 뽑습니까?"

농부는 그 말에 크게 놀랐다. 자기가 집을 떠난 지 벌써 수십 년이 지났단 말인가? 농부는 그때서야 엊저녁 일이 생각났다. 하선고가 바둑을 걷을 때 자기 손에 들고 다니던 호미자루가 삭아 떨어졌고 짚신은 한 줌 재가 되어 있었다.

선계에서의 하룻밤이 인간세계의 백 년이라더니!

농부는 마을 사람들에게 자초지종을 이야기했다. 마을 사람 모두 놀라지 않는 사람이 없었다. 그 뒤 농부는 하선고가 일러준 그대로 천태산을 오가며 많은 약초를 캤다. 물론 그 약초들의 신비한 효능이 많은 생명을 구했다. 농부는 마을 젊은이들에게도 약초의 이름과 효능을 모두 일러주었다. 때문에 지금도 수천 종의 진귀한 약초들이 천태산에서 나온다고 한다.

▷ **황산의 기화이초**

팔선들이 모두 황산(黃山)에 놀러 왔다.

마치 소풍 나온 학동들마냥 즐거워하며 경치를 감상한 뒤, 표표히 구름을 타고 황산을 떠났다. 맨 뒤에 뒤처져 가던 하선고는 볼 일이 있다면서 일행과 헤어져 다시 황산으로 되돌아갔다. 그녀가 황산의 경치를 다 감상 못한 것은 아니었다. 또 황산에 나는 진귀한 약초를 캐려고 되돌아온 것도 아니었다.

그날 하선고는 황산 자락에서 이상한 노인을 보았다. 어깨에 긴 대나무를 멘 노인이었다. 그 대나무엔 온갖 새들이 앉았다 날았다 하면서 지저귀고 노인은 휘파람을 불며 새들과 놀고 있었다. 하선고는 기이한 산에 이상한 노인이 묘한 놀이를 한다 생각하며 노인 앞에 모습을 드러냈다.

"나는 동서남북을 두루 다녀봤지만 노인마냥 새를 기르는 사람은 처음 봤습니다."

그러자 노인도 지지 않고 응수했다.

"나도 사방을 골고루 구경했지만 바구니에 기화이초(奇花異草)를 담고 다니는 사람을 아직 보지 못했습니다."

하선고는 노인을 아래위로 훑어봤다. 노인 역시 하선고를 찬찬히 쳐다봤다. 하선고는 마음속으로 생각했다.

"참 이상한 노인이다. 보통 속인의 눈으로 내 바구니 속에 들어 있는 온갖 약초를 어찌 보았을까? 밑도 가도 없는 내 바구니에 지상의 천만 가지 화초를 담아 물도 이슬도 없이 키우는 줄을 어찌 알았을까?"

이에 하선고는 다시 노인에게 물었다.

"노인 어른? 그 대나무로 일백 종류의 새를 불러낼 수 있습니까?"

하선고는 황산에 있는 새 종류가 일백을 넘지 않으리라 생각하고 던진 말이었다. 노인의 기 좀 꺾어주겠다고 일부러 한 말이었으나 노인은 아무렇지도 않게 응수했다.

"아가씨! 그 바구니에 일천 가지 화초를 담을 수 있습니까?"

그러자 하선고는 큰 소리로 웃으며 말했다.

"범인이 어찌 신선의 신묘한 도술을 알겠습니까? 내 바구니 안에는 하늘과 땅을 담을 수도 있답니다."

노인은 조금도 당황하지 않고 한마디도 지지 않겠다는 듯이 대답했다.

"황산의 묘함을 범인이 어찌 알리오. 묘함을 알았다면 남을 귀찮게 하지 않을 텐데! 아마도 그대 바구니 속에 황산의 화초가 모두 다 있지는 않을 거요?"

노인은 되는 대로 풀을 한 줌 뜯어 하선고에게 주면서 물었다.

"이 풀이 무엇인지 아시요? 그 바구니 속에 들어 있소?"

"웃기는 말씀! 그거야 세모초(細茅草) 아닙니까? 흙 있는 곳에는 어디든 있기에 내 바구니 속에 담지 않았습니다."

"다시 한번 자세히 보고 말하시오."

"볼 필요도 없습니다만, 에~? 이건 세모초의 손자, 손자의 손자……."

"하하! 하하하!"

노인은 큰 소리로 웃었다. 하선고는 당황했다. 분명 세모초는 아니었다. 하선고가 이렇듯 난처하긴 처음이었다. 그러나 하선고도 총명한 신선이었다. 곧바로 어투를 바꿔 말했다.

"노인께서도 너무 뽐내지 마십시오. 황산에 일백 종류의 새가 있습니까? 한번 보여 주십시오."

"그야 아주 쉽지! 본래 명산에 온갖 새들이 다 보인다는 속담도 있지. 그대가 말하는 새가 없다면 어찌 황산을 명산이라 하겠는가? 나를 따라 산 위에 올라가 온갖 새들을 불러 봅시다."

노인은 앞서서 성큼성큼 산을 올랐다. 하선고는 뒤따르며 혼자 중얼댔다.

"아무리 재주부리는 노인이지만 산꼭대기에서는 딴소리하겠지."

두 사람은 연화봉에 올랐다.

"우선 공작새를 보여 주세요."

"물론! 자, 보시요?"

노인은 연화봉 맞은편을 손으로 가리켰다. 저편에서 미풍이 불어오며 흰 구름이 일어나는 듯싶더니 어느새 한 쌍의 공작이 날아와 노인의 대나무에 앉았다.

"백조"

"백조도 있지. 자! 저기를 봐요?"

노인은 손으로 청량대(淸凉臺)를 가르쳤다. 청량대의 구불구불한 산길 위쪽에 마치 백조처럼 생긴 바위가 보였다. 그 백조 바위의 목 부분이 점점 길어지더니 곧 날개를 펴고 날아왔다.

하선고는 산 주위를 다시 둘러보았다. 앵무새처럼 생긴 앵무석도 있고 구룡봉 아래엔 부엉이처럼 생긴 괴석, 또 까치가 나뭇가지에 앉은 것 같은 괴석도 있었다. 그 모든 새들이 마치 노인이 불러주기를 기다리고 있는 듯했다. 하선고는 더 할 말이 없었다. 노인은 의기양양한 듯 말했다.

"아가씨! 내 대나무 막대에 얼마나 많은 새가 있는지 다시 보도록 합시다. 아마 등뼈에 콧물이 흐를 거야!"

노인은 대나무를 한번 휘둘렀다. 그러자 연한 노란색에 마치 비단을 잘게 썰어놓은 듯하면서도, 방울을 굴리는 듯 아름다운 소리를 내는 새 한 마리가 내려앉았다. 하선고는 재미있었다. 그러나 새 이름을 알지 못해 쳐다보기만 했다.

"이 새는 산락조(山樂鳥)야. 팔음조(八音鳥)라고도 부르지. 자! 그럼 하나 더!"

곧 붉은 부리에 아름다운 날개를 가진 몸집이 작은 새 한 쌍이 나타났다. 깜찍하고 귀여운 새였다. 하선고가 갑자기 생각난 듯 말했다.

"아! 이 새는 산원앙입니다."

"아냐! 그건 상사조(相思鳥)야. 이곳 황산에 사는 진기한 새야."

하선고는 끓는 물속의 새우처럼 얼굴이 빨개졌다. 노인은 다시 대나무를 휘둘렀다. 마치 눈처럼 희고 산닭(山鷄)같은 새가 날아왔다.

"이건 백한조(白鷴鳥) 곧 흰 꿩이지. 시인 이백(李白)이 좋아했지. 이백은 시 한 수를 지어주고 흰 꿩을 받아갔다는 얘기도 있지."

하선고는 고개를 끄덕였다. 노인은 하선고가 심복(心服)하는 표정을 짓자 좀 부드럽게 말했다.

"어때? 본래 태산은 쌓은 것이 아니지. 태산을 쌓아 올렸다고 뽐내는 사람이 있을까?"

"잠깐! 이제야 알겠습니다. 온 새들이 산에 모여든다는 뜻을! 그런데 아까 그 풀하고 내 바구니 속에 있는 것하고 무엇이 다릅니까? 좀 가르쳐 주십시오."

노인은 웃으면서 하선고에게 말했다.

"나를 자세히 보게나!"

하선고는 노인의 얼굴을 자세히 살펴보았다. 흰머리지만 동안(童顔)에 수염 하나도 없고 수염 터조차 없었다. 물론 주름 하나 없었다.

하선고는 갑자기 아! 하고 탄성을 냈다. 눈앞에 선 노인은 황산에서 선단(仙丹)을 만들어 신선이 되었다는 황제 헌원씨(黃帝 軒轅氏)였다. 하선고가 들고 있는 그 풀은 세모초가 아닌 용수초(龍鬚草)였다. 그 옛날 황제 헌원씨가 신선이 되어 승천할 때 여러 신하들이 따라 가려고 황제의 수염에 매달렸기에 수염이 모두 뽑혔다. 그때 황제의 수염이 땅에 떨어져 용수초가 되었다는 이야기를 생각해냈다.

하선고는 급히 황제에게 예를 갖추며 말했다.

"저의 천박함을 용서해 주십시오. 감히 선위(仙威)를 모독하였으니 큰 죄를 지었습니다."

"아냐! 괜찮아! 허허허!"

하선고는 자기의 비구니를 뒤집어 그 안에 들어 있던 기화이초를 황산에 뿌렸다. 그래서 황산에 다른 산보다도 여러 꽃과 약초가 더 많아졌다고 한다.

본래 하선고가 득도하여 신선이 된 이후 자부심이 더욱 강해져서 하는 일을 데면데면 거칠게 처리하기에 황제는 하선고에게 교훈을 주려고 모습을 나타냈던 것이었다. 황제는 만면에 웃음을 띠며 말했다.

　"선매(仙妹)여! 내 말을 마음속에 잘 새겨두기 바라오. 온갖 새들이 명산에 모여들고 그 이름난 산이기에 기화이초가 자라는 것이요. 황산은 내가 수련하고 득도한 곳이요. 선매의 바구니 속에 든 기화이초도 내 막대 끝에 모이는 새들도 모두 이곳에 두고 갑시다."

　이때부터 황산에는 더 많은 새들과 다양한 기화이초가 자라게 되었다고 한다.

7. 남채화

남채화(藍采和)는 늘 다 헤진 남색 옷에 세 치쯤 되는 나무 허리띠를 매고 다니는데, 한쪽 발은 신을 신었지만 다른 한쪽은 맨발이었다. 여름엔 솜옷을 입고, 겨울엔 홑옷을 입고 눈 위에 누워 있는데 숨 쉴 때마다 뜨거운 김이 나오는 것 같았다.

藍采和(明)

늘 성내를 돌며 걸식하는데 세 자쯤 되는 큰 박판(拍板, 딱따기)을 들고 다니다가 취하면 그것을 치며 노래했다. 재치와 해학이 넘치며 미친 사람 같으나 광인은 분명 아니었다.

▷ 유랑 가인(歌人)

옛날 선계에 살던 맨발의 신선, 적각대선(赤脚大仙)이 지상에 내려오니 이가 곧 남채화(藍采和)이다. 그가 비록 인간세상인 범계(凡界)에 머물며 살았지만 인간이라면 누구나 다 갖고 있는 성씨도 확실치 않았다. 그렇지만 그는 늘 자유로웠고 얽매인 데가 없었고 한 세상을 즐겁게 보낸 특이한 신선이었다.

남채화에게는 세 가지 보물이 있었다.

대개의 경우 그는 허름한 옷 한 벌뿐이었다. 그것은 그의 검약(儉約)이었다. 검소했기에 자신의 뜻을 넓게 펼 수 있었다. 그는 늘 다 헤진 남색 옷에 검은 물을 들인 세 치쯤 되는 넓은 허리띠를 매고 다녔다. 한쪽 발엔 신발을 신었지만 다른 쪽은 언제나 맨발이었다. 여름엔 솜옷을 입고 다녔는데 뜨거운 한낮 햇볕 아래서 땀도 흘리지 않았다. 겨울엔 홑옷에 눈을 맞고 다녔으나 귀나 입, 콧구멍에서 마치 뜨거운 김이 나는 것 같았다.

둘째로 언제나 누구에게나 자애(慈愛)를 베풀었고 그 때문에 용감할 수 있었다. 남채화는 돈을 얻으면 새끼줄에 꿰어 끌고 다녔다. 돈이 자주 빠져나가도 전혀 개의치 않았고, 가끔은 가난한 사람에게 나누어주었다. 남채화가 흘린 돈을 주워 혼자 가지면 나중에는 그 사람의 본래 돈까지 없어졌다. 남채화는 가끔 그 돈으로 술을 사 마시기도 하며 온 세상을 두루 돌아다녔다.

셋째로 그는 여러 사람들 앞에 자신을 내세우지 않았다. 그것은 겸양(謙讓)이었다. 그는 어린아이에게도 길을 양보했다. 검약과 자애와 겸양, 이 세 가지 보배가 있었기에 남채화는 도에 통할 수 있었다. 남채화는 매일 시장을 돌며 구걸했고, 손에는 길이가 세 자쯤 되는 큰 나무 판인 박판을 들고, 취하면 가끔 발로 박자를 맞추며 부르는 노래인 답가(踏歌)를 불렀다.

물론 그의 그런 모습은 노인과 어린아이들의 좋은 구경거리가 되었다. 그는 미친 사람 같았으나 결코 광인은 아니었다. 그의 노래는 입에서 나오는 대로 흥얼거리는 것 같았으나 그 노래엔 신선의 뜻이 들어 있어 사람들이 잘 이해하지 못했다.

혹 어떤 사람이 어렸을 때 본 남채화나 백발노인이 되어서 만난 남채화는 그 얼굴과 옷, 노래하는 모습이 조금도 다르지 않았다고 한다. 남채화는 뒷날 이철괴를 만나 도에 대해 서로 의견을 나누었다.

그 이후 어느 날, 그가 술집에서 술을 마실 때, 공중에서 생황과 통소 소리가 들리면서, 홀연히 내려온 백학을 타고 승천했다. 그리고 곧 하늘에서 남채화의 헌 옷과 신발 한 짝 그리고 허리띠가 떨어졌다.

사람들이 그의 옷을 집어 들어보니, 그것은 헌 옷이 아닌 모두가 푸른 옥이었다. 남채화가 승천하면서 그의 노랫가락 또한 없어졌지만 그 이후로도 그는 가끔 인간 세상에 모습을 나타내곤 했다. 그가 부른 많은 답가 중에서 여섯 수를 옮겨 본다.

일.

지금 사람들 구름 타고 싶다지만
구름길이야 본래 자취가 없다네.
높고도 험한 산,
골짝 골짝마다 진룡(眞龍) 있어라.
녹음방초 앞뒤에 우거졌고,
날마다, 구름이야 동서에서 피어난다.
구름 있는 곳 알고 싶다지만,
구름길이야 허공에 있다네.

이.

나는 세상 사람을 본다네,
태어났다가 다시 죽어가는 것을.
어제 아침 이팔청춘으로

젊은 기운 옷소매에 넘쳤지만
오늘 칠십이 지났는가?
힘없이 피폐하고 초췌할 뿐!
마치 봄날 꽃처럼
아침에 피었다가 저녁에 진다.

삼.

흰 학은 무엇이 되려는가?
천 리를 단숨에 날아
봉래산에 가고 싶으나
그럴만한 양식이 없어라.
이르기 전에 깃털 모두 떨어지고
모든 이 마음에서 참담히 멀어져
본래 옛 둥지로 돌아가지만
처자식도 알아보지 못하는구나.

사.

산호 채찍으로 말을 몰아
넓고 곧은길을 달린다.
지금은 미소년이라 뽐내면서
늙고 병들 리 없다지만
흰머리는 저절로 생기나니

홍안(紅顔)을 어이 지키겠는가?
뒷산 언덕 바라보며, 거기가
봉래산이라 하는 이 누구인가?

오.

지금 나에게 바지가 한 벌 있는데
명주도 비단도 아니오.
무슨 색이냐고 물으시지만
붉은색도 보라색도 아니오.
여름날 홑 잠방이 만들고
겨울철에 이불이 됩니다.
여름 겨울 내내 쓸 수 있으니
오래도록 늘 이와 같아야지.

육.

높디높은 정상에서 사방을
둘러보아도 그 끝이 없다.
아무도 없이 혼자 있는데
조각달은 우물에 떠 있다.
샘물 속에 무슨 달이 있으랴,
달은 본래 하늘에 있는 것.
나 여기서 노래 부르니

노래야 본디 선심(仙心)이어라.

▷ 남채화의 심지

신선이 되기 전, 남채화에게 몇 가지 심지(心地) 또는 심안(心眼)이 있었다고 한다. 남채화에겐 황금과도 바꿀 수 없는 착한 심안이 있고, 산과 부딪쳐 산을 무너뜨릴 만큼 굳센 심안 그리고 신령과도 통할 수 있는 심안이 있었으나, 개도 먹지 않는 나쁜 심안은 없었다고 한다.

남채화가 메고 다닌 꽃바구니는 어디에 썼는가? 꽃을 담는데? 아니다! 거기엔 온갖 질병을 치료할 수 있는 약초가 들어 있었다. 그는 열 살 남짓한 그 무렵부터 산을 오르내리고 개울을 건너뛰고 바위를 타며 아버지를 따라 약초를 캤었다. 남채화의 심안에 대하여 세 가지 이야기를 해야 한다.

우선 남채화의 착한 마음씨를 얘기해보면 그는 여덟 살 때부터 도둑질을 배웠다. 남채화의 도둑질은 집안에서 밖으로 훔쳐 나가는 도둑질이었다. 숨을 죽이고 손발을 조심조심 움직여, 아무도 몰래 부엌이나 광에 들어가, 마른 양식을 저장하는 항아리를 열고, 떡이나 과자 등을 훔쳐 밖으로 갖고 나가, 작대기 하나에 의지하고 다니는 거지들의 손에 쥐여주어야만 마음이 편해 하루를 지낼 수 있는 착한 마음을 가진 남채화였다.

그다음 산이라도 무너트릴 수 있다는 남채화의 굳센 마음씨는 무엇인가?

그가 여남은 살 때 부친으로부터 들은 이야기가 있다. 약초를 캐러 다니다 보면 달도 없는 어둔 산길을 혼자 걸어야 할 때가 있다. 그런

때 산짐승을 만나면 어찌해야 하는가? 몸을 지킬 만한 힘과 기(氣)를 스스로 기르지 않으면 안 된다.

그날 이후 남채화는 기를 길러 호신술을 연마했다. 그는 매일 새벽 일찍 일어나 마을 북쪽 끝에 있는 우물에서 하루에 삼천 번씩 주먹을 단련했다고 한다. 비가 오나 눈이 쌓이나, 바람이 불고 천둥이 쳐도 삼 년을 하루같이 단련을 계속했다.

남채화가 우물물을 향해 주먹을 휘두르면 여덟 길이나 되는 우물물이 튀면서 팡하는 소리를 냈다고 한다. 이후 그가 산에 약초를 캐러 다닐 때에 밤 짐승을 만나 주먹을 휘두르면 장풍이 일며 큰 나무가 흔들리고 늑대나 삵, 호랑이 등이 피해 도망갔다고 한다.

이제 마지막으로 남채화의 신통(神通)한 심안에 대한 이야기가 남았다. 남채화가 열여덟이 되던 해, 그간 산속의 약초와 과일을 먹고 바위틈 맑은 물을 마셨고 소나무 뿌리에 얽혀 생기는 신비의 한약재인 복령(茯笭)과 신비한 효과를 가진 영지(靈芝)를 먹고 자란 남채화는 어느새 건장한 젊은이가 되었다. 그의 부모는 이미 모두 별세하였고 혈혈단신 남채화는 약초를 캐고 약을 지어주며 각지를 여행하였다.

어느 날, 손에 약 바구니를 들고 연꽃 핀 연못가를 지나다가 길가에 쓰러져 있는 늙은 거지를 보았다. 남채화는 급히 달려가 거지 노인을 살펴보았다. 더럽고 짧은 옷 한 벌, 다리엔 종기가 짓물러 터져 고름이 흐르고 한쪽 다리는 다른 쪽보다 긴 절름발이었다.

남채화의 착한 마음씨가 움직여 노인을 부축해 일으켜 안고 물을 먹여 주었다. 다리의 종기를 살펴 고약을 바르고 잠시 기다렸다. 한 시간을 기다리지 않아 상처가 아물 정도의 종기였고 그 정도의 효과를 가진 고약이었다. 그러나 이게 웬일인가?

종기는 농혈이 터져 흐르고 상처는 오히려 더 크게 벌어지는 게 아닌가? 남채화가 당황하여 어쩔 줄 모르는데 거지 노인은 눈을 게슴츠레 뜨고 남채화에게 말했다.

"자네가 내 종기를 그리 쉽게 고치려 했는가? 우선 그 바구니로 저 연못물을 퍼다가 내 다리를 깨끗이 씻긴 다음 고약을 바르면 금방 나을 걸세."

남채화는 반신반의하면서 약 바구니를 들고 연못가로 갔다. 연못에 대바구니를 담그고 물을 떠올렸으나 물이 담길 리 없었다.

물을 어떻게 담아 갈 수 있나 걱정하고 있을 때 저편에서 음양판(陰陽板)을 든 도사 한 사람이 천천히 걸어왔다. 남채화를 달려가 예를 표한 뒤 방법을 물었다. 도사는 남채화를 물끄러미 바라보더니 기가 찬 듯 말했다.

"젊은이 머리는 저 느티나무 옹이만큼이나 단단하구나! 연못 바닥에 가득한 게 진흙인데 진흙을 바구니 틈새에 바르고 물을 떠 가도록 하여라."

남채화는 기뻐하며 연못에 들어가 진흙을 퍼냈다. 진흙을 바르고 물을 담았으나 물이 흙탕물이어서 쓸모가 없었다. 늙은 거지도 화를 냈다.

"그 흙탕물 빨리 쏟아버리고 맑은 물을 떠 오지 못하겠는가!"

남채화는 어쩔 수 없이 다시 연못가로 갔다. 우선 바구니를 깨끗하게 씻었다. 뒤통수를 만지작거리며 생각했지만 묘안이 떠오르지 않았다. 그때 공교롭게도 예쁘고도 잘 차린 젊은 부인이 다가왔다. 남채화는 급히 나가 자초지종을 이야기했다.

"그야 아주 쉬운 일입니다. 연잎을 따서 바구니 안쪽에 촘촘히 붙이세요. 그리고 물을 담아보세요."

남채화는 빙긋이 웃으며 인사했다. 그리 간단한 것을 왜 몰랐을까?

남채화는 맑은 물을 한 바구니 떠다가 거지 노인의 다리를 깨끗하게 씻겨주었다. 그리고서 약을 붙이자마자 상처는 금방 아물었다. 상처 자리엔 곧 새 살이 돋았다. 거지 노인은 파안대소하면서 몸을 뒤척여 까맣고 반진 반질 윤이 나는 호로병을 꺼내 남채화의 손에 쥐어주며 말했다.

"왜 그리 멍청히 서 있나? 빨리 마셔! 찬물 속에 들어갔다 나온 자네 몸을 좀 덥게 해야지!"

남채화는 더 머뭇거릴 수 없었다. 호로병을 입에 대고 몇 모금 꿀꺽꿀꺽 마셨다. 갑자기 몸이 가벼워지고 정신이 상쾌해졌다. 금방이라도 하늘에 오를 듯 둥실둥실 움직였다.

그때 거지 노인이 말했다.

"도장(道長)! 이제 신선이 되었어! 자! 우선 우리 모두 봉래산에 가서 잠시 놀아보세!"

거지 노인은 이철괴의 본 모습으로 되돌아왔다. 음양판을 들고 있던 도사는 조국구(曹國舅)였고 잘 차려입은 부인은 하선고(何仙姑)였다. 남채화는 바구니를 높이 집어던졌다. 허공에 솟구친 바구니는 내려오면서 오색구름을 만들었다. 남채화는 오색구름을 타고 바구니를 끼고 이철괴를 쫓아갔다.

▷ 착한 사람 돕기

당(唐)나라, 장안(長安) 부근 한 농촌 마을에 경만정(耿萬程)이란 퇴임 관리가 살고 있었다. 경만정의 가족과 하인은 모두 온화하고 착한 성품을 가졌기에 곤경에 처한 이웃은 물론 지나는 거지들에게도 돕고 베풀어 아름다운 명성이 자자했다.

어느 겨울 아침, 경만정이 대문을 활짝 열자 눈 속에 누워 있는 거지를 보았다. 경만정은 깜짝 놀라며 다가갔다.

눈 속에 얼어 죽은 거지! 살리긴 틀렸고 우선 시신이나 수습했다가 땅이라도 녹으면 묻어줘야겠다고 생각했다. 햇빛이 눈부시게 하얀 눈 위에 쏟아지는데, 자세히 보니 거지는 겨우 홑옷 하나를 걸쳤을 뿐이었다.

경만정은 자신이 더 추워지는 것을 느끼며 뒤따라온 하인에게 말했다.

"헛간 한구석이라도 깨끗이 치우고 시신을 들여가도록 해라."

"아니, 나리, 이 얼어 죽은 시신을 집안으로 들입니까?"

"거지도 사람이거늘, 시신이라고 여기 놔둘 수야 없지 않느냐? 개들이 지나면서 물어뜯는다면 얼마나 안쓰럽고 흉하겠느냐?"

그러는 동안에 어디서 말소리가 들렸다.

"그럴 필요 없습니다. 여기가 괜찮습니다. 집안이야 너무 덥겠지요!"

경만정이 깜짝 놀라 둘러보니 바로 눈 속의 거지가 부스스 일어나면서 지껄인 소리였다. 원래 그 거지는 죽은 게 아니라 그냥 누워 있었던 것이었다. 여름 홑옷 하나로 눈 속에 누워 자다니 그럼 쇠로 만든 몸이었는가?

"아니 살았어요? 눈 속에서 잠을 잤단 말인가요?"

하인조차도 믿을 수 없다는 듯이 거지를 만져보며 말했다. 경만정도 신기한 듯 거지를 일으켜 세우며 물었다.

"일어설 수 있겠느냐?"

"당연히 일어서야지요. 난 달리기라도 할 수 있습니다."

거지는 아무렇지도 않은 듯 일어서면서 인사까지 했다.

"나리, 놀라시게 해서 죄송합니다."

거지는 거지답게 헌 누더기에 널찍한 검은 허리띠를 매고 있었고 한쪽 발엔 신발이 있었지만 다른 쪽은 맨발이었다.

"자네가 나를 아는가?"

"예. 이곳 경가장(耿家莊)의 나리 댁이 제일 인정 많은 줄을 누가 모르겠습니까? 사람들이 경가장을 안다면 그 또한 나리의 명성 때문이 아니겠습니까?"

거지의 조리 있고 또렷또렷한 대답에 경만정은 이 사람이 결코 그냥 거지가 아니라는 것을 직감하며 어투를 바꿔 물었다.

"성씨가 어떻게 됩니까?"

"나리! 집안으로 초청해 굶주린 배를 채워주는 게 먼저겠습니까? 아니면 내 이름자를 먼저 물어야 하겠습니까?"

"당연히 요기부터 시켜야지요. 들어갑시다."

경만정은 그를 맞아 안으로 들게 했다. 그도 걸어가면서 말했다.

"저도 물론 성명을 말씀드려야 합니다. 나리께서 성도 이름도 모르는 사람을 맞이하신다면 그 또한 체면이 없는 일이지요. 내 이름은 남채화입니다."

"보아하니 아직 서른 안쪽인 것 같습니다."

"글쎄요. 내가 말해도 믿지 못할 겁니다."

"아니 그럼 삼십이 넘었단 말이요."

"오십 지난 게 몇 년 되었습니다."

경만정은 남채화의 말에 소리를 내어 웃었다.

"남 형, 나이를 너무 늘렸군요. 내 보기엔 삼십도 안 넘었을 텐데

오십이 지났다니요?"

두 사람이 좌정한 뒤 경만정이 다시 물었다.

"남 형! 옷이 너무 얇은 것 같습니다. 괜찮다면 솜옷을 한 벌 드리겠습니다."

"솜옷이요? 아니 필요가 없습니다. 나는 겨울에 솜옷을 입지 않습니다."

"그럼 언제 솜옷이 필요합니까?"

"여름엔 꼭 솜옷을 입습니다."

경만정은 웃음을 참지 못했다.

"허허! 정말 대단하십니다. 여름엔 솜옷. 겨울엔 얇은 홑옷이라니!"

남채화는 풍성한 조반을 들고 나서 고마운 듯 경만정에게 말했다.

"나리께서 손님 대접을 잘한다는 말을 듣고 꼭 한번 와보고 싶었습니다. 과연 들은 그대로, 거짓이 아니군요. 나리께서 실의에 빠진 그 누구든 도와주고 보살펴 주신 데 대해 진심으로 사의를 표합니다."

그 말에 경만정은 크게 느낀 바 있는 듯 엄숙하게 말했다.

"남 형, 이 세상에 역경에 처한 사람이 어디 한둘이겠습니까? 내가 그들을 다 도울 수야 없겠지요. 그러나 주변 사람에게 제 성의를 다했다면 지난번 같이 도둑이 들지는 않았을 겁니다. 지난번에 어떤 도둑이 저의 조상대대로 내려오던 청동 향로와 제기들을 훔쳐갔습니다. 그것들이 값이야 별거 아니지만 제가 부덕한 소치가 아니겠습니까? 아직도 제 선행이 많이 모자란다는 뜻이겠지요."

"세상을 떠돌며 실의 속에 살아도 착한 사람은 착하고 나쁜 사람은 나쁘다고 합니다. 허나 이제 걱정하지 마십시오. 나리가 간절한 원(願)을 세우고 실천한다면 향로와 제기들은 틀림없이 돌아올 겁니다."

"제가 무슨 소원을 가져야 합니까?"

"내년 봄부터 큰 가뭄과 기근이 들 것입니다. 많은 사람이 굶주리고 병으로 고생할 것이니 나리는 지금부터 절약하며 양식을 비축했다가 굶는 사람들을 구제한다면 어찌 향로만 되돌아오겠습니까?"

"굶는 사람들을 구제하는 일이야 당연히 해야 할 일입니다. 향로가 돌아오든 안 돌아오든 제가 할 일이지요. 그런데 신선이 아니라면 어찌 새봄에 흉년이 닥친다는 것을 아십니까?"

"나는 그냥 남채화일 뿐 신선을 아닙니다. 부디 착한 공덕을 쌓으십시오."

다음 날 아침, 경만정이 대문을 열었을 때, 대문 앞엔 향로와 제기들이 놓여 있었다. 다음 해 봄, 과연 비가 한 방울도 안 내리는 지독한 가뭄이 닥쳤다. 온 마을 우물이 말랐지만 경만정 집 우물은 마르지 않았다. 경만정은 우물물을 나누어 썼고 한 톨의 양식도 아끼고 비축했다.

칠팔월에 마을 사람들은 경만정네 집에서 쑤어주는 죽으로 연명했다. 경만정은 집안의 가재도구를 처분하며 먼 곳에서 양식을 사들였다. 덕분에 마을 사람들 중에 굶어 죽는 사람은 없었다.

경만정은 모든 것을 남채화의 선행이라고 마을 사람들에게 말했다.

▷ 착한 효자 도와주기

남채화는 한쪽엔 신발을 신고 다른 발은 맨발이었다. 한여름, 땡볕 아래 뜨거운 철판이나 돌 위에서도 솜옷을 입은 채, 아무렇지도 않은 듯 누워 있었다.

도대체 그는 춥고 더운 것을 모르는 사람 같았다. 남채화는 큰 박판(拍板: 딱딱이 또는 박자판)을 들고 다니며 구걸하고 때로는 박판을 치며 노래했다.

답답가(踏踏歌)를 부른다.
남채화가 부른다.
이 세상 그 얼마만한가?
젊음이야 봄철 나무처럼 싱싱하지만
세월은 북(梭)처럼 빠르다오.
옛사람은 어디 갔기에 다시 못 오고
지금 사람 줄줄이 몰려오는구나!
아침에 봉황 타고 푸른 숲에 놀았지만
저녁에는 뽕밭이 창해로 변했구나.
긴 그림자 밝은 달은 허공에 걸렸고
황금누각이 산보다 더 높으랴?

그는 노래를 부르며 박판으로 장단을 맞추었다. 남채화의 노래를 듣고선 모두가 무엇을 생각하듯 엄숙했었다. 차림새도 이상했지만 하는 짓은 더욱 괴이했다. 그가 구걸하면서 한두 푼이라도 돈이 생기면 새끼줄에 꿰어 끌고 다녔다. 새끼줄이 달아서 돈이 빠지면 뒤쫓던 아이들이 주우면서 좋아했다. 어떤 이는 남채화의 주머니에 돈을 넣어 주었지만 그의 주머니엔 밑이 없었다. 남채화가 흘린 돈을 주워 부모에게 먹을 것을 사드린 효자가 많았다. 아마도 일부러 그들 앞에서 돈을 떨어트리는 남채화였을 것이다.

장안성 궁벽한 골목에 육규(陸奎)란 가난한 사람이 살았다. 그의 늙은 아버지는 약간 노망기도 있어 늘 고기타령을 했다. 육규는 노친을 위해 닭을 키웠으나 닭고기는 마다하고 돼지나 소고기만을 바랐다. 고기반찬이 없으면 아들을 때리기까지 했다.

그날도 육규는 거리에 나왔지만 돈을 마련할 방법이 없었다. 육규는 자신의 무능함을 탓하며 길바닥에 앉아 통곡했다. 육규 앞에 어떤 사람이 보자기에 싼 것을 떨어트린 채 그냥 지나갔다. 육규가 주워보니 큰돈이었다. 육규는 마음속으로 기뻤다. 틀림없이 하늘이 내려준 복이라 생각했다. 그 순간 육규는 마음을 달리했다. 만약 저 사람이 나처럼 부모를 위하여 꼭 써야 할 돈이라면, 그 돈을 내가 주워 가질 수 있겠는가?

육규는 앞서 가는 사람을 급히 불러 세웠다. 그리고 돈 보자기를 내밀었다. 그 사람은 고개를 끄덕이더니 육규에게 물었다.

"그게 내 것이지만, 자네는 왜 이 돈으로 고기를 사다가 늙은 부친께 드리지 않는가?"

"처음엔 이 돈을 쥐고 달아나고 싶었습니다만 이 돈이 당신에게 소중하게 쓰일 돈이라면 결국 나 하나 살자고 당신을 죽이는 건데, 그럴 수는 없었습니다. 내 마음이 편치 않을 겁니다."

"당신은 정말 착한 사람이군요."

"난 착한 사람도 그렇다고 나쁜 사람도 아닙니다. 그저 하루하루 벌어먹고 사는 가난한 짐꾼입니다."

"이제는 좀 생활이 나아질 것입니다. 당신이 이 작은 돈을 갖지 않았기에 더 큰 복을 받았습니다."

"가난한 나한테 작은 돈 큰돈이 어디 있고 무슨 복이 나를 찾아오겠습니까?"

"나는 사부님 명을 받고 당신 앞을 지나면서 돈 보자기를 흘렸습니다. 당신이 사는 것도 또 울고 있는 사유도 사부님은 다 알고 있었습니다. 당신이 돈 보자기를 주워가지면 그뿐이지만, 나를 불러 돈을 돌려주면 더 큰 재물을 주고 오라고 했습니다."

"당신의 사부가 어찌하여 나에게 돈을 주라 했는가요?"

"물론 당신이 착했기 때문이요. 사실은 그분은 나의 사부가 아닙니다. 그냥 도사와 같은 사람인데 나에게 심부름을 부탁했습니다. 그분은 당신의 사정을 다 알고 있습니다."

"나도 삭발하고 입산수도를 하고 싶습니다. 그분을 사부로 모시고 싶습니다."

"허나 그분은 제자를 두지 않습니다. 다만 여러 사람들과 같이 지내며 착한 효자를 찾아 도와주는 사람입니다. 당신에게 큰 행운이라는 것은 사실상 그분이 주는 돈입니다."

그 사람은 육규에게 은자 열 냥을 내주었다. 육규가 평생을 모아도 만지기 어려운 목돈이었다. 육규는 어안이 벙벙했다. 육규를 땅에 엎드려 절하며 다시 물었다.

"그분의 성함이라도 일러주십시오."

"그분은 남채화입니다."

육규가 고개를 들었을 때, 그 사람 모습은 온데간데도 없었다. 다만 육규의 손에 은자 열 냥이라는 엄청난 돈 보따리가 들려 있었다.

"남채화…… 남채화."

육규는 몇 번씩 읊조리면서 수없이 절을 했다.

▷ 종리권과의 만남

남채화는 강호(江湖)를 떠돌며 이런저런 많은 사람들을 구하고 도
와주었다. 남채화에게는 집이 따로 없었다. 온 천하가 그의 집이었다.

언젠가 그가 산길을 걷다가 초가 한 채를 찾았다. 한나절 넘게 걸
었더니 몸도 지쳤거니와 몹시도 배가 고팠다. 저기에선 무언가 먹을
것이 있겠지 하는 기대가 있었으나 사정은 딴 판이었다. 잡초만 우거
진 빈집이었다. 거기다가 또 한 사람의 굶어 죽어가는 사람이 누워
있었다.

"뭐 먹을 게 없느냐고? 나도 굶어 이 꼴인데, 재수 없으려니 굶어
죽을 놈이 제 발로 찾아오네."

그러나 남채화도 몹시 굶주렸다.

"휴! 이제 더 걸어갈 힘도 없는데 나도 여기서 굶어 죽겠구나!"

그때 그 사람이 남채화를 보며 말했다.

"자네 정말 배가 고픈가? 여기 먹을 게 좀 있긴 있는데!"

"어디 무엇입니까?"

"여기 내 팔뚝을 뜯어 먹게나!"

그 사람은 남채화를 향해 소매를 걷었다. 마치 자기 팔뚝을 무 잘
라주듯 내줄 모양이었다.

"그 삐쩍 마른 팔뚝에 무슨 살점이 있습니까? 나도 좋은 사람은 아닙
니다. 그렇다고 죽어가는 사람 팔뚝을 잘라 뜯어먹을 정도는 아닙니다."

남채화는 여러 말 늘어놓기도 지겨워 그곳을 떠났다. 남채화가 한
오 리쯤 걸었을 때, 맞은편에서 광주리를 매단 멜대를 메고 오는 사
람이 있었다. 광주리엔 고구마가 가득했다. 남채화는 몹시 기뻤다.

"고구마 좀 주십시오. 배고파 죽을 지경입니다."

"골라 가지시요."

남채화는 가장 큰 걸로 두 개를 골라 양손에 나눠 쥐었다. 이것만 먹으면 저녁까지 때울 수 있을 것 같았다. 남채화는 갑자기 초가집에 누워 있던 사람 생각이 났다. 남채화는 고구마를 준 사람을 향해 달려가며 큰 소리로 불러 세웠다.

"저 아래 초가집에 사람 하나가 굶어 죽어갑니다. 그 사람에게도 고구마 좀 나눠주고 가시요."

"그건 안 됩니다. 나도 이거 팔아야 먹고 삽니다. 다른 사람 다 주고 나는 어떻게 살겠습니까?"

"조금 전에는 나에게 큰 것으로 두 개나 주었잖습니까?"

"만약 주지 않으면 내가 얻어맞을 것 같아서 준 것이지 당신을 동정해서 주진 않았소!"

고구마 장수는 급히 고개를 돌려 쏜살같이 달아났다. 남채화는 우두커니 서서 생각해봤다. 젊은 나에게는 주고, 굶어 죽어 가는 사람에게 못 주겠다는 그 마음도 이해할 만했다.

남채화는 고구마를 하나 먹으면서 초가집을 향했다.

예상했던 그대로 고구마 장수는 그냥 지나쳤고 그 사람은 죽어가는 소리를 내며 누워 있었다.

"여보시오! 여기 이거 하나 드시오."

그 사람은 고구마를 받아 어적어적 씹어 먹더니 배를 두드리며 일어났다.

"음! 이제야 살 것 같구면!"

남채화는 그 사람을 자세히 보았다. 결코 범속한 인물은 아니었다.

큰 키에 넓은 이마, 두툼한 귀, 길고 짙은 눈썹, 움푹한 눈엔 광채가
어렸고 뺨은 술에 익은 듯 불그레했고 양팔은 무척 길어 보였다. 그
리고 누웠던 옆자리엔 파초선(芭蕉扇)이 하나 놓여 있었다.

"나에게 고구마를 주었으니 나도 당신에게 먹을 것을 주어야지."

"먹을 만한 게 있습니까?"

"그렇지! 이건 고기도 고구마도 아닐세! 선단(仙丹)이네!"

"선단이요? 선단이 있었다면 왜 굶어 죽을 지경이 되었습니까?"

"난 굶주리지 않았네. 자네 하는 일을 지켜봤을 뿐이야. 내가 반쯤
죽어가는 것을 보고서 고구마 장수를 만났는데 고구마를 갖고 나에
게 오 리 길을 되돌아온 자네는 착한 사람이야. 그래서 선단을 한 알
주겠네!"

"선단이야 신선만이 갖고 있는 것, 그렇다면 선인(仙人)이십니까?"

"아냐, 그냥 도인이야. 자네가 기왕 돌아왔으니 그냥 주는 것일세."

"선단을 복용하면 저도 신선이 됩니까?"

"글쎄? 선단을 먹은 뒤 신선이 되느냐 안 되느냐? 기다려봐야지!
그러나 이후로는 배고프지는 않아!"

"얼마나 오랫동안 배가 고프지 않습니까?"

"삼 년 동안! 삼 년 뒤 다시 한 알을 먹고, 세 알을 복용하면 평생
동안 음식을 먹지 않아도 살 수 있지."

"감히 존성대명(尊姓大名)을 여쭙겠나이다."

"나를 운방선생(雲房先生)이라 부르게."

"운방 사부님. 그래도 성함을 말씀해 주십시오."

"종리권(鍾離權). 그리고 호는 왕양자(王陽子)일세."

그러면서 종리권은 붉고도 콩알만 한 선단을 한 알 내주었다. 남채

화는 물도 없이 꿀꺽 삼켰다.

"이제부터 사부님을 따라 수행하겠습니다."

"나를 따라와? 뭐 하려고?"

"사부님의 제자가 되겠습니다."

"내 평생 제자를 거느리지 않았어."

"그래도 저는 사부님을 따라가겠습니다. 어디에 가시든 저를 뿌리치지 마십시오."

"허! 이거 선단을 잘못 준 모양이구먼! 좋아, 자네가 그리도 따라오겠다면 제자가 아닌, 그러니까 나이를 뛰어넘는 친구, 그렇지 망년지교(忘年之交)를 맺은 걸로 하세!"

"그래도 저는 사부님을 모셔야지요."

"나를 모실 필요는 없네. 다만 자네에게 가르쳐 줄 일이 있을 뿐이야!"

"제가 무얼 먼저 배워야 합니까?"

"선단을 만들어야지!"

남채화는 종리권을 따라 깊은 산으로 들어갔다. 호랑이가 발톱을 세우고 으르렁댔지만 종리권은 아무 두려움도 없었다. 호랑이는 꼬리를 집어넣고 길을 비켜 주었다. 큰 구렁이나 지네 같은 독충들이 우글대었지만 종리권을 보고선 몸을 숨겼다.

종리권은 남채화에게 연단(煉丹)과 연옥(煉玉)의 비법을 전수해주고 떠났다. 본래 연단은 외단(外丹)과 내단(內丹)의 구분이 있다. 외단은 단사(丹砂)나 납(鉛), 웅황(雄黃) 등의 여러 약재를 넣고 고열로 가열해 선단(仙丹)을 만드는 것이다. 이 선단을 복용하면 장생불로할 수 있다. 고대의 방사들이 이를 연구하고 일부의 황제들이 이 방법에 흥미를 가졌다.

그리고 내단이란 인체의 정(精)과 기(氣)를 잘 보존하고 더욱 강하게 연마하는 수련법으로 송, 금(金) 이후 세력을 얻은 전진교에서 주로 강조하는 것이었다.

일 년의 세월이 지난 뒤 남채화는 연단에 성공하여 한 알을 복용했다. 종리권은 다시 남채화를 찾아오지 않았다. 선단을 세 알 복용한 뒤, 남채화는 각지를 떠돌며 어려운 사람을 구원하며 한편으론 종리권을 찾았다.

어느 날, 한쪽 신발 끈이 끊어져 버렸다. 남채화는 다시 찾아 매지 않고 그냥 버렸다. 이후 그는 한쪽을 맨발로만 다녔다. 박판을 치며 구걸하며 노래를 부르는 남채화의 모습은 그 뒤로도 변함없었다.

답답가를 부른다.
남채화가 부른다.
인간 속에 사는 이 몸이 끝없는 기쁨이라
꽃피는 이 봄날에 경치 아니 좋은가?
오호사해(五湖四海)에 파도 없으니
사람마다 큰 소리로 즐겨 웃는다.

답답가를 부른다.
남채화가 부른다.
큰 소리로 웃고 노래 부르며
욕심도 망령도 없으니 쾌락뿐이라.
좋은 일 골라 하니 장수를 누려라
하늘과 땅이 바뀐들 무슨 일 있으랴?

8. 한상자

　　당송팔대가(唐宋八大家)의 한 사람
인 한유(韓愈)는 당나라 중엽에 살았
던 최고의 문장가이다. 한상자(韓湘子)
는 한유(韓愈)의 작은 형의 아들 곧 한
유의 조카이다. 한상자는 선골(仙骨)을
타고났으며 그 품성이 세속 사람과 크
게 달랐다. 번화하고 농염한 것을 싫
어하고 담백하고 청아 한적한 것을 좋아하였고 심지가 곧았다.

▷ 숙부에게 도술을 보이다

　　세상 제일가는 미인이라도 한상자의 마음을 움직일 수 없었고 아
무리 좋은 술과 음식이라도 그의 뜻을 약하게 할 수 없었다.

　　전하는 바에 의하면 한유에게는 도를 배우는 조카가 하나 있었다.
한유는 어떻게든 학교에 보내 엄한 스승 밑에서 학문에 힘쓰도록 했
지만 조카는 조금도 나아지지 않았다. 나중에 한유는 조카를 불러 크
게 꾸짖었다.

　　"시정 소인들도 한두 가지 재주를 배워서 먹고 살려고 애쓰는데,
너는 장래 어떻게 살려고 하느냐?"

　　그러나 한상자는 그 생각이 달랐다.

　　"제가 배우고자 하는 것은 숙부님과 다릅니다."

그때마다 한유는 한상자를 크게 꾸짖곤 했다. 한상자는 수련의 비법을 마음에 깊이 새겨 두었고, 외단(外丹)인 황백지술(黃白之術) 즉 연단술(煉丹術)에 전념하였다. 기(氣)가 내단(內丹)이라면 약(藥)은 외단(外丹)이다. 곧 연단에 성공하여 선단을 만들고 복용한다면 상선(上仙)이 될 수 있다고 믿었다.

어느 날, 한상자는 스승을 찾아 도를 배우겠다고 출가하여 마침내 순양 여동빈과 운방선생인 종리권을 만났다. 이에 한상자는 오랫동안 본가와 소식을 단절한 채 각지를 돌며 도술을 연마했다.

어느 날, 한상자는 깊은 산 속을 돌다가 붉은 복숭아 선도가 무르익은 것을 보았다. 한상자는 복숭아나무에 올라가 선도를 따려다가 가지가 부러지면서 땅으로 떨어졌다.

그 순간, 한상자는 육신을 벗어두고 마치 매미가 껍질을 벗어두고 창공으로 날아가듯 승천했다. 도교에서는 이를 시해(尸解)라고 한다. 그러나 같은 시해라도 한밤중의 시해보다 한낮에 승천하는 백일 시해를 상대적으로 더 높게 평가한다.

한상자는 숙부 한문공 한유를 선계로 인도하려고 했다. 그러나 한유가 당대의 명사이며 문장가로 이름을 날리고 있어 특별한 도술로 그의 마음을 바꾸려고 했다. 마침 그 해는 온 나라에 가뭄이 들었다.

황제는 한유에게 장안 남쪽 천단(天壇)에 나가 비를 내려 달라는 기도를 올리게 했다. 한유가 비를 비는 간절한 기원문을 지어 성심으로 제사하고 기도했으나 하늘은 오랫동안 전혀 응답이 없었다. 그리하여 농사를 지을 수 없게 되자 황제는 한유를 파면하려고 했다. 바로 그때 한상자가 나타났다.

한상자는 보통 도사로 모습을 바꾸고 '비나 눈을 팝니다'라는 글을 써놓고 앉아 있었다. 누군가가 그 사실을 한유에게 알렸고 한유는 도사를 시켜 기도를 올리게 했다. 도사는 단 위에 올라가 기도하며 도법을 시행했다. 그러자 잠시 후 큰 비가 내리기 시작했다. 한유는 그 신통력을 도저히 믿을 수 없었다. 그래서 도사에게 물었다.

"지금 내리는 비는 내가 올린 기도 때문인가? 아니면 도사의 기도 덕분인가?"

그러자 도사가 단호히 말했다.

"나의 기도와 도술에 의한 비입니다."

"어떻게 증거를 댈 수 있는가?"

"이번 비는 평지에 꼭 한 자 깊이로 내릴 것입니다."

얼마 후 비가 그치자 한유는 사람들을 시켜 재어보았더니 정말 그러하였다. 한상자는 그때까지도 자신을 드러내지 않았다.

어느 날, 한유의 생일이었다. 한유는 고관대작과 문우들을 불러 잔치를 벌였다. 많은 사람들이 한유가 초대한 잔치에 참석했다. 그때 한상자도 도사의 모습으로 집안에 들어섰다.

한상자는 조카로서 숙부에게 건강을 축원하는 잔을 올렸다. 한유는 마음속으로 크게 기뻐하면서도 진노했다. 이어 한유는 한상자를 가까이 불러놓고 물었다.

"너는 어찌하여 아무 소식도 없었느냐? 그간 어디서 무엇을 배웠는지 시를 지어 너의 공부와 뜻을 말해보아라."

그러자 한상자는 즉석에서 시를 읊었다.

구름 저편 청산 속

그곳이 나의 집이라.

온종일 구름을 삼키고

맑은 새벽엔 안개를 마신다.

거문고로 벽옥조를 타고

온갖 주사(朱砂)를 제련한다.

보정(寶鼎)엔 금호(金虎)를 새기고,

영지 밭엔 흰 거위를 기른다.

표주박에 온갖 조화를 담고

삼척검 휘둘러 요괴를 베리라.

물로 순예주(醇醴酒)를 빚고

한순간에 꽃을 피우리라.

누구든 나를 따라 배운다면

같이 선화(仙花)를 보리라.

한유는 한상자의 시를 보고 놀라며 물었다.

"네가 정말 한순간에 꽃을 피우게 할 권능을 갖고 있느냐?"

한유는 즉석에서 맹물로 술을 만들고 꽃을 피워보라고 명령했다. 한상자는 커다란 나무통을 내다가 물을 반쯤 채우게 한 뒤 놋쇠 양푼을 덮고 주문을 외웠다. 잠시 후 놋쇠 양푼을 들춰보니 나무통 안에는 아주 잘 익은 순예주가 담겨 있었다.

그리고 화분에 흙을 담은 뒤, 병풍으로 잠시 가려 놓았다가 병풍을 걷으니 그곳엔 모란과 비슷하나 더 크고 진한 보라색의 아름다운 꽃이 피어 있었다. 이것이 바로 한순간에 피어나는 경각화(頃刻花)이다.

한상자는 하인을 시켜 화분을 한유에게 올렸다. 한유가 자세히 보니 꽃잎에 시 두 구절이 새겨져 있었다.

구름 비낀 진령(秦嶺)에서 내 집은 어디인가?
눈 막힌 남관(藍關)에 말도 가지 못하네.

한유는 시구를 읽고도 무슨 사연인지 알 수가 없었다.
"뒷날, 숙부께서 직접 경험하실 것입니다. 다만 천기를 미리 누설할 수 없습니다."
한상자의 잔치에 모인 모든 사람들이 한상자의 도술에 놀라며 감탄했다. 손님들이 모두 떠난 뒤 한유와 한상자는 서재에서 마주 앉았다.
"네가 어렸을 적 아주 총명했었지. 이십 년이 지난 지금, 마음이 바뀌지 않았느냐? 지금이라도 벼슬에 뜻을 두고 네 재주와 능력을 펴 보이지 않겠느냐?"
"소질(小姪)이 장안에 온 까닭은 숙부님께 인사드리려고 온 것입니다. 결코 도포를 벗고 관복을 거칠 생각은 없습니다. 저도 다 기억하고 있습니다. 제 어렸을 적에 숙부께서 큰 기대를 갖고 아껴주신 은정을 어찌 잊을 수 있겠습니까?"
"벼슬할 생각이 조금도 없느냐?"
"생각이 없습니다."
이후 한상자는 조용히 일어나 숙부에게 하직 인사를 올리고 어디론가 떠나갔다.

▷ 눈 속에 갇힌 숙부를 구하다

이야기를 바꾸자면, 당나라 헌종(憲宗 재위 805~820)은 불교를 좋아하여 독실하게 숭배했다. 헌종이 재위 중에, 서역에서 승려 편에 석가모니의 몸에서 나온 진신 사리(舍利)를 보내왔다. 그것은 크고 하얀 빛이 나며 투명하고 정결한 사리였다.

헌종은 크게 기뻐하며 봉상이라는 곳까지 나아가 성대한 의식을 거행하고 부처의 사리를 친히 모셔 환궁했다. 그 당시 여러 신하 중 그 누구도 불교가 나라를 다스리는 바른 가르침과 시책이 아니라고 반대하지 못하였다.

그러나 당시 형부시랑의 직책을 맡은 한유는 표문을 올려 불교는 정도(正道)가 아닌 이단의 가르침이며 불골(佛骨: 사리)을 숭배하는 어리석음과 헌종의 잘못을 깨우치려 했다.

한유가 상주한 표문을 읽은 헌종은 크게 노했다. 헌종은 한유를 강등시켜 외직인 멀리 남쪽 광동성의 조주자사(潮州刺史)로 내보냈다. 한유는 즉시 임지로 출발해야 했다.

한유는 가족과 이별한 뒤 조주를 향해 길을 나섰다. 길을 떠난 지 며칠 안 되어 붉은 구름이 사방에서 일어나며 차가운 바람이 몰아치더니 곧 엄청난 눈이 쏟아지기 시작했다.

한유는 험한 눈보라 속에 앞으로 계속 나아갔으나 높은 산등성이 어느 곳인가에 이르러서는 더 갈 수가 없었다. 이미 눈은 서너 자나 쌓여 말도 갈 수 없고 길을 찾을 수도 없었으며, 잠시 쉴만한 인가나 돌아갈 길도 없었다.

바람은 점차 사나워지고 눈이 휘날려 옷마저 모두 젖어 추위와 굶주림 그리고 절망 속에 낙담한 한유에게 누군가가 눈을 치우며 다가오는 사람이 있었다. 한유가 자세히 바라보니 그는 다름 아닌 조카 한상자였다. 한상자는 한유 앞에 다가와 말했다.

"숙부님께선 그 전날 꽃잎에 쓰여 있던 시 구절을 기억하십니까?"

그 말에 한유는 한참 동안 크게 탄식하더니 한상자에게 말했다.

"세상만사가 이미 다 정해진 운수가 있는 법! 내가 너를 위해 그때의 시 구절을 마저 다 지어보겠다."

그러고 선 눈보라 속에서 시를 읊었다.

벼슬에 들어서 아침에 정사를 아뢰다가
저녁에 내 쫓겨 조양으로 팔천 리 길을 간다.
본디 폐하의 폐정을 막으려 했는데,
감히 쇠약해진 몸으로 여생을 걱정하랴.
구름 빗긴 진령에 내 집은 어디인가?
눈 막힌 남관에 말도 가지 못하네.
네가 먼 길 걸어온 뜻을 알겠나니
내 죽은 장강(樟江)가에서 시신이나 거두어다오.

한유는 한상자의 도움을 받아 남관의 객사에 도착해 같이 유숙했다. 한유는 조카 한상자의 말이 허황된 것이 아니며 그 도술이 진실임을 알았다. 그날 밤, 한유와 한상자는 지나간 일과 수도와 연단에 대해 서로 많은 이야기를 주고받았다. 한상자는 숙부의 건강을 위해 선가의 섭생(攝生)에 대한 비결을 설명해 주었다.

"그 비결의 첫째는 정기를 모으는 취정(聚精)입니다. 취정은 욕심을 내지 않고, 과로하지 않으며, 분노를 품지 않고, 술을 삼가며, 과식하지 않으면 정기가 온몸에 꽉 차게 됩니다. 이때 우리의 육신은 자유롭고 불로장생할 수 있습니다.

둘째로 원기를 기르는 양기(養氣)인데 이는 호흡을 조절하는 조식(調息)에서 시작하여 모태 속 태아의 호흡법인 태식(胎息)으로 끝납니다. 이 양기가 결코 쉽지는 않을 것입니다. 그리고 마지막으로 존신(存神)이 중요한데 이는 수신(守神)이라고도 합니다. 인간의 오장육부나 온갖 경락은 모두 천지신명과 연결되어 있습니다. 즉 모든 신이 인간의 육신을 지켜주는 데, 그 신령이 육신에서 떠나지 않도록 성심으로 갈구하고 신명을 받들고 몸을 정갈하게 유지하며 행실을 조심해야 합니다. 그런 뒤에야 비로소 질병에 걸리지 않고 수명을 연장할 수 있습니다."

한유는 한상자의 한 마디 한 마디에 크게 즐거워했다.

다음 날, 한상자는 한유와 헤어지며 약 호리병을 하나 주었다.

"이 호리병의 약을 복용하시면 추위와 더위를 막을 수 있습니다."

한유는 무엇인가 크게 깨달을 수 있는 것 같았다.

한상자는 한유를 위로하며 말했다.

"숙부께서는 곧 장안으로 복귀하실 것입니다. 조급하게 걱정하지 마시고 마음 넉넉하게 기다리십시오. 조정에 다시 들어가실 것입니다"

한유는 조카와의 이별이 너무 섭섭했다.

"차후 언제 다시 만날 날이 있겠느냐?"

"앞일을 어찌 알 수 있겠습니까?"

그러면서 한상자는 표표히 떠나갔다.

뒷날 한유는 조주자사로 백성들에게 선정을 베풀었다. 그곳 주민들이 악어에 잡아먹히는 등 악어 피해가 속출하자 <제악어문(祭鰐魚文)>을 지어 제사를 지내자 악어가 사라졌다고 한다. 이 <제악어문>은 《고문진보》에 실려 있어 아주 유명한 문장이 되었다.

물론 여기에는 한상자의 도술이 크게 작용했다고 한다. 이후 한유는 원주자사를 역임한 뒤, 조정에 복귀하였고 국자좨주(國子祭酒)를 거쳐 이부시랑(吏部侍郎)을 끝으로 목종 때 세상을 떴다고 한다.

▷ 돌다리 만들기

안휘성(安徽省) 황산(黃山)의 북쪽에 담가교(譚家橋)라는 돌다리가 있다. 그곳 사람들은 팔갑교(八甲橋)라 부르기도 하는데 팔선 중 한 사람인 한상자가 만든 다리라고 전해온다.

그 옛날 황산의 기이한 봉우리와 빼어난 경치는 천하의 무수한 유람객을 불러들였다. 어느 해 여름, 한상자는 구름을 타고 와 황산에 노닐고서 담가교 근처 마을에 당도했다. 강물은 불어 도도히 흘러가는데 많은 농부들이 강을 건너려고 머뭇대고 있었다. 농부들은 무리를 지어 강을 건너가다 실족하여 익사하는 사람도 있었다. 한상자는 참담한 그 광경을 보고 안쓰러운 생각이 들었다.

"기왕 인간들을 돕기로 원을 세웠으니 내 이들을 위해 다리를 놓아줘야겠다."

한상자는 혼잣말을 하면서 석공으로 모습을 바꿔 강가에 서 있었다. 한상자는 강폭이 넓고 물이 얕은 곳에 다리를 놓아야겠다고 생각하는데 마침 백발노인이 다가왔다.

"어디가 물이 얕아 행인이 가장 많은가요?"

백발노인은 지금의 담가교가 놓인 곳을 일러주었다. 한상자가 고개를 끄덕이며 돌아보자 노인은 벌써 자취를 감추었다. 그 노인은 본래 황산의 산신(山神)이었다고 한다.

그때 마침 팔선 중 하나인 남채화가 황산 유람 뒤 흥이 나서 구름을 타고 지나다가 석공 혼자 강가에서 분주한 것을 보고 내려왔다. 남채화는 금방 한상자를 알아봤다.

"한 형! 이곳에 다리를 만들려 하십니까? 석수장이 모습이 어울립니다."

한상자도 남채화를 보고 반기며 말했다.

"정말 잘 오셨소! 나를 좀 도와주시오."

한상자는 남채화에게 다리를 놓아야 할 필요성을 자세히 말해주었다.

"우리 힘을 합쳐 다리를 놓은 것도 좋지만 각자 하나씩 가설하는 것이 어떻습니까? 그것도 닭이 세 번 울기 전에 완성하기로 합시다. 선형(仙兄)의 생각은 어떠신지요?"

한상자는 남채화가 명예와 이름을 중히 여기며 재능을 뽐내려 한다는 것을 잘 알고 있었다. 그러나 석교 하나가 더 있다 하여 나쁠 것 없다 생각하여 흔쾌히 승낙을 하였다.

그러자 남채화는 득의양양, 대바구니를 흔들며 갖가지 도술을 부리면서 작업을 시작했다. 한상자는 남채화의 허장성세의 요란한 몸짓이 마음에 들지 않았기에 조용조용히 지팡이를 들고 황산 쪽으로 석재를 구하러 올라갔다.

그때 마침 수십 마리의 집채만 한 산돼지들이 떼를 지어 내려오는 것을 보았다. 한상자는 산돼지 떼를 담가교 근처로 몰고 내려와 선장(仙杖)를 휘둘렀다. 그 순간, 돼지 떼들은 거대한 화강석으로 변했다.

한상자는 들고 다니던 불진 중에서 터럭 하나를 뽑아 입김을 불었다. 터럭은 하늘 높이 오르더니 맞은편 강가에 떨어지면서 목수가 쓰는 먹통과 먹줄로 변했다.

한상자는 먹줄을 따라 다섯 개의 둥근 구멍이 뚫린 석교를 다 놓았다. 한상자의 석교는 한밤에도 하얗게 빛나며 튼튼하게 강물을 가로질러 놓여 있었다. 한상자는 아직도 시간이 남아 있기에 강물 위쪽으로 남채화가 어떻게 다리를 놓는지 구경하러 갔다.

남채화가 비록 한상자와 겨뤄보고 싶었고 허장성세 화려한 도술을 부렸지만 법력(法力)이 결코 한상자를 따를 수 없었다. 남채화는 강 가운데 큰 구멍이 하나만 있는 무지개다리를 놓고 있었지만 일이 제대로 진행되지 않았다. 남채화는 조급히 서둘다가 한상자를 보고 물었다.

"선형! 얼마나 했습니까?"

"난 벌써 다했습니다. 돌을 좀 더 날라다가 강둑에 석축을 쌓아줘야 홍수에도 논밭이 무사할 거요."

한상자는 말을 마치자 천천히 강 상류 쪽으로 석재를 구하러 올라갔다. 남채화는 한상자가 벌써 석교를 완성했고 제방까지 쌓아 큰 명성을 얻으리라 생각하니 질투심이 생겼다. 남채화는 급히 몸을 날려 백발 노파로 변해 강가에서 한상자를 기다렸다. 한상자는 황산에서 다시 산돼지 떼를 몰고 내려오다가 노파를 보고 소리 질렀다.

"빨리 비켜주세요, 산돼지한테 밟힙니다."

그러자 노파는 큰 소리로 웃으며 말했다.

"나를 속일 수야 없지! 그게 돌이지 어디 산돼지인가?"

남채화는 급히 손을 저었다. 그 순간 산돼지들은 그대로 바위로 변했다. 지금도 그곳 강물에 있는 바위들은 그때 산돼지들이 변한 것이라 한다.

한상자는 남채화가 자기 일을 방해한 것을 알고 그 역시 화가 났다. 이미 새벽닭은 세 번이나 울었고, 한상자는 남채화가 놓다가 그만둔 다리 위에 올라가 힘껏 발을 굴렸다.

순간 다리는 무너지고 돌들은 강 가운데 곳곳에 박혀 버렸다. 남채화는 한상자와 겨루기에서 완패한 것이 부끄러워 급히 구름을 타고 어디론가 사라졌다.

뒷날 그곳 사람들은 한상자가 인간들을 위해 다리를 놓아준 것을 기념하기 위해, 또 한상자의 신통력이 팔선 중 으뜸이라는 뜻으로 '팔갑석교(八甲石橋)'라고 불렀다. 그 다리는 큰 성내가 아닌 작은 농촌 마을에 있는 아름다운 석교이기에 한상자의 명성은 더욱 높았다.

9. 조국구

조국구(曹國舅)는 가장 늦게 팔선에 끼어든 사람이다. 조국구에 대해서는 사실 별 이야깃거리도 없으며 신선으로서의 공적이나 신통력도 대단치 않다. 그저 숫자나 채우기 위해 넣은, 어찌 보면 억지로 신선이 되었다는 생각조차 든다. 말하자면 각계 각층의 신분을 망라하는 것이 좋을 것이라는 생각에서 황족을 대표하는 인물로 조국구를 그냥 끼워 넣은 것 같다.

▷ 조국구의 출신 성분

송(宋)나라 건국자는 태조 조광윤(趙匡胤)이다. 조국구는 송나라 인종(仁宗) 조(曹)황후의 큰 동생으로 이름은 우(友)이다. '趙'와 '曹'가 우리 발음으로는 똑같이 '조'라서 혼동하기가 쉽다. 국구란 황제의 처남이란 뜻으로 하나의 호칭이다.

조국구는 부귀와 권세를 누렸지만 매우 진실한 군자였다. 타인의 생명과 인격을 존중했고 자신이 하기 싫은 일을 남에게 요구하지도 않았다. 방종과 음란한 쾌락을 추구하지 않았고 축재와 호화 사치를 멀리했으며 타인의 허물을 입에 담지 않았다. 미색과 안일(安逸)을 탐하지 않았으며 청정 무욕의 생활을 지속했다.

그러나 그의 동생 조이(曹二)는 황제의 처남이라는 특권을 믿고 호탕하고 방자한 성품을 드러냈다. 곧 조이는 일반 백성의 전답을 뺏어 자기 것으로 만들고 부녀자들을 겁탈하는 즐거움을 만끽하였다. 그의 모든 소행이 불법이었고 수많은 건달패와 악한들이 조이의 집 대문을 무상출입했다.

본래 인간의 욕망과 탐욕 그리고 거기에서 파생되는 모든 악행의 원천은 입과 육신과 마음의 움직임인 삼업(三業)에 따라 생긴다.

아무 말이나 함부로 지껄이는 망언(妄言), 뻔질하게 입에 발린 말인 기어(綺語), 한 입으로 두말하는 양언(兩言), 저주와 욕설 등은 모두 입에서 나오는 구악(口惡)이다.

그리고 탐닉(耽溺)과 절도, 간음은 인간의 신체적 욕망이 저지르는 신악(身惡)이며 질투와 증오와 사악 등은 곧 심악(心惡)인데 위의 구악, 신악, 심악의 삼악(三惡) 중 심악이 가장 무겁다고 하였다. 그러나 조이의 악행은 위 세 가지 악업을 모두 다 갖추고 있었다.

조국구는 동생의 그런 모든 행실을 바로잡아주려 했으나 그의 악행은 전혀 고쳐지지 않았다. 나중에 동생의 잘못을 꾸짖으려 했는데 오히려 동생의 감정만 건드려 원수가 되어버렸다. 이에 조국구는 탄식하며 말했다.

"이 세상에 선한 행실을 쌓은 사람은 번영하고 나쁜 짓을 한 사람들은 멸망하는 법이다. 이는 하늘의 법칙으로 그 누가 이것을 바꿀 수 있겠는가? 우리 가문 선조께서 그간 음덕을 쌓은 바 있기에 오늘의 이 영화를 누리지만 지금 내 동생이 저토록 극악무도하니 비록 이 밝은 세상의 형벌이야 피한다 하더라도 하늘이 내리는 천벌을 어찌 피할 수 있겠는가? 어느 날 갑자기, 천벌을 받아 집안은 파멸하고 몸조차 부서질 것이니 그때 가서 후회한들 무슨 소용이 있겠는가? 그 옛날 진나라 승상 이사(李斯)가 형벌 받아 죽기 전에 '고향인 상채에서 누렁개를 끌고 동문밖에 나가 사냥이나 하고 싶다'고 했지만 그런 소원을 어찌 이룰 수 있었겠느냐? 내 동생이 정말 부끄럽고 천벌이 내릴까 두렵기만 하다."

이에 조국구는 모든 재산을 털어 가난하고 어려운 빈민들을 두루두루 구제하였다. 물론 자신이 누구이고 왜 베풀어주는가를 말하지도 않았고 아무런 보답이나 치사를 바라지도 않았다. 조국구의 선행은 이처럼 단순한 선행이었다.

황제의 국구라는 최고의 신분이 아니더라도, 또 수행하는 도인이 아니더라도, 인간이라면 누구나 닦아야 할 선행이 있는 법이다. 조국구는 인간은 누구나 열 가지 선행을 쌓아야 한다고 생각했다.

우선 부모에게 효도해야 하며 둘째로 임금과 스승을 충심으로 모셔야 한다. 셋째 모든 이에게 자애를 베풀어야 하며, 넷째로는 타인의 잘못도 너그러이 용서해야 한다. 다섯째 정결과 순수를 따르고 악을 멀리하며, 여섯째 가난한 사람에게 무엇이든 베풀어야 한다. 일곱째 함부로 살생해선 안 되고, 나무와 과수를 심어야 한다. 여덟째 길을 닦고 길가에 우물을 파고 다리를 놓는 등 남을 위한 선행과 봉사를 해야 한다. 아홉째 남과 이익을 다투지 말고 어리석은 사람을 깨우쳐 줘야 한다. 마지막으로 성현의 말씀을 배우고 향을 피우고 공양하는 신심을 쌓아야 한다.

이렇듯 열 가지 선행을 평생 동안 계속하면 반드시 신령이 도와줄 것이며 몸을 지켜줄 것이다. 또 하늘의 보답을 받아 온갖 재앙을 멀리 떨쳐 버리고 복을 받아 신선으로 하늘에 오를 수 있다고 믿었다.

조국구는 가족 친지와 이별하였다. 어느 날 조국구는 양자강의 강가에 이르렀다. 망망한 강물을 바라보며 어떻게 건너야 하는가 걱정하며 망연히 앉아 있었다. 한참 뒤, 어디선가 조그만 배 한 척이 조국구를 향해 다가왔다.

조국구는 사공한테 강을 건너 달라고 부탁했다. 그러나 사공은 뱃삯을 먼저 내라고 요구했다. 그러나 조국구에게는 돈이 될 만한 게 하나도 없었다. 할 수 없이 황제가 내어준 금패를 내보이며 자기 신분을 밝혔다. 사공은 금패를 보자 성질을 내며 말했다.

"체! 선도(仙道)를 배우겠다고 집을 나선 사람이 황제의 금패를 휘두르며 사람을 겁주는 거요? 그래 가지고서 언제 선도를 깨우치겠소? 무례하기 짝이 없구먼!"

조국구는 깜짝 놀라며 생각했다. 내가 선도를 배우겠다는 것을 어찌 알았는가? 이 사공이야말로 신선이 아니겠는가? 생각이 여기에 미치자 조국구는 얼른 금패를 강물에 던지고 사공을 보았다.

사공은 다름 아닌 여동빈이었다. 조국구는 급히 예를 갖추며 말했다.

"사부님! 저를 거두어 주십시오!"

그러나 여동빈은 아직 인연이 없다며 떠나갔다.

조국구는 도복 하나만을 걸치고 산속 골짜기 바위굴을 찾아 혼자 몸을 숨겼다. 조국구는 행실을 조심하고, 마음속의 모든 욕망을 털어내며, 과오를 다시 저지르지 않도록 수행을 계속하면서 신기(神氣)를 보양하며 흩어지지 않게 하는 수진(修眞)과 천성(天性, 眞性)을 조절하고 기르는 양성(養性)에 힘썼다.

조국구는 또 마음을 닦고 착한 본성을 연마하는 수심연성(修心研性)을 수년간 계속하였다. 이에 조국구는 그의 심성이 곧 도와 일치하게 되었고 육신은 그의 정신에 의해 통제되었다.

어느 날, 조국구의 거처에 여동빈과 종리권이 나타났다. 종리권은 암혈에서 수련에 힘쓰는 조국구에게 아무렇지도 않은 듯 물었다.

"이처럼 한적한 곳에서 무슨 수양을 하시는가?"

그러자 조국구 또한 아무런 생각도 없는 듯 대답했다.

"특별히 하고자 하는 것은 없습니다. 그저 도를 얻고자 합니다."

"도가 어디에 있는가?"

조국구는 말없이 왼손을 들어 하늘을 가리켰다.

이번에는 종리권과 여동빈이 함께 물었다.

"하늘은 어디에 있는가?"

조국구는 오른손으로 자기 가슴을 덮었다.

그러자 종리권이 웃으며 말했다.

"마음이 곧 하늘이고 하늘이 곧 도라 하니 가장 중요한 도의 본 모습을 파악했구려!"

▷ 조국구의 수련

강서성(江西省) 정안현(靖安縣)의 쌍계진(雙溪鎭) 북쪽에 조선동(曹仙洞)이란 동굴이 있다. 쌍계진 십경(十景)의 하나로 꼽히는 조선동의 십여 미터 동굴 안에 큰 돌 탁자와 의자가 있다. 또 입구에는 폭포가 있어 마치 주렴을 들인 것 같고 주변 경치가 뛰어나 손오공의 수렴동과 같다고 한다.

이 조선동은 팔선 중 한 사람인 조국구가 수련한 장소라 전해진다. 조국구의 수련과 활동에 대해선 전해 오는 이야기가 많지 않다. 아마도 그의 출신성분이 서민과 거리가 멀었기 때문일 것이다.

조국구는 여동빈의 제자가 되었다. 그 뒤, 두 사람은 정안현 쌍계진에 이르렀다. 큰 잣나무가 울창하고 계화(桂花)가 만발한, 가히 선경(仙境)이라 할 그곳에서 큰 동굴을 터로 잡아 머물면서 수련을 계속했다. 여동빈은 수시로 들려 조국구를 지도했다. 조국구는 주변 산에서 진기한 과일들을 따 먹으며 살았다.

선가의 여러 경전을 이해하고 외우며 자그마치 81년간 정진을 계속했다. 어느 날 해가 뜰 무렵, 하늘에서 선악(仙樂)이 울리더니 여동빈이 조국구를 손짓해 불렀다.

"이제 신선이 되었노라! 빨리 나와 같이 선계(仙界)에 들어가세!"

조국구는 훌쩍 날아 구름에 올라탔다. 조국구가 머문 그곳을 사람들은 조선동이라 불렀다.

하여튼 조국구가 황후의 친족으로 신선이 되어 팔선의 한 사람이 되었지만, 조국구의 형상은 갈건 도복을 입은 은사(隱士)의 모습이 아니라고 한다. 조국구는 붉은 관복을 입고 사모를 쓰고 있으며 얼굴에는 두부 부스러기를 바르고 있는 어릿광대의 모습으로 각종 놀이에 나타난다고 한다.

이처럼 조국구는 민간의 각종 연희에서 재미를 더해주는 신선이며, 귀족들의 각종 잔치에서는 술을 따라 올리고 축수하는 역할을 한다. 사람들은 조국구의 차림과 행동에 떠들고 웃으며 즐긴다. 또 죽마(竹馬)놀이에서도 조국구는 어릿광대로 등장한다. 아주 쾌활하며 방방 뛰는 어릿광대가 천하를 호령한 황제의 국구였다는 배역 설정이 재미있다.

전혀 존경의 대상이 아니며, 모든 세속적 욕망을 다 움켜쥐었던 인물을 신선으로 만들어준 것은 바로 민중이었다. 또 그런 조국구를 광대로 만들어 놓고 즐긴 것도 바로 민중들이다.

제2부

도교의 여러 신선

도교에서는 수련(修鍊, 修煉)을 통해 득도하거나 선단을 제조 복용한 사람을 신선이라 통칭한다. 신선은 영혼을 육체로부터 이탈시켜 자유를 얻을 수 있다고 생각했다.

신선은 자신의 불사(不死)를 추구하지만, 이 세상 사람들에게 은혜를 베풀어 모두를 죽지 않게 하는 것은 원하지도 않았고 또 그렇게 할 수도 없었다.

신선사상은 도교의 중심 사상이었고, 신선이 되는 것은 도교 수련의 이상이었다. 도교 신앙의 대상이 되는 천존(天尊)이나 여러 신들은 모두 변화에 능통한 신선이다. 도교에서 신앙의 대상이 되는 신선과 관련한 이야기들을 모았다.

1. 동왕공

동왕공(東王公)은 동보(東父) 또는 동
화제군(東華帝君)으로도 불리는데 중국
과 우리나라 사람들이 생각하는 옥황
상제(玉皇上帝)가 바로 이분이다.

동왕공은 태초에 아직 사람이나 동
물이 태어나기 전에 식물의 씨앗이
변하여 푸른 바다에서 출생했다는 최
초의 사람이다.

만물을 기르고 변화시키며 양(陽)의 기(氣)를 주관하며 동방(東方)
을 다스린다. 때문에 동왕공이라고 한다.

남자로서 신선이 되고 득도하는 모든 사람을 장악하는 신선세계의
통치자이며 서왕모(西王母)와 나란히 일컬어진다.

즉 서(西)에 대한 동(東), 왕모(王母)에 대한 왕공(王公)으로 서왕모
와 동격의 위치를 차지한다.

신선이라고 모두 동일한 능력 또는 자질 품성을 갖추었다고 볼 수
없다. 신선의 등급을 아홉 등급으로 나누는데, 《운급칠첨(云笈七簽)》
이란 책에 의하면, 최고 1급의 신선을 상선(上仙), 2등급의 신선을 고
선(高仙), 3급을 대선(大仙)에 이어 차례로 신선(神仙), 현선(玄仙), 진선
(眞仙), 천선(天仙 또는 飛仙), 영선(靈仙) 그리고 9등급 신선을 지선(至
仙)이라고 한다. 신선을 이렇게 등급을 부여하고, 그 분류의 권한을
가진 사람이 바로 동왕공이다.

신선이 되어 처음 승천할 때 제일 먼저 동왕공을 뵙고 다음에 금모(金母)라고도 칭하는 서왕모를 배알한다. 두 사람으로부터 여러 가지 훈계를 들은 뒤 구천(九天)에 들어갈 수 있다. 그리고 선인(仙人)의 거처인 삼청(三淸)에 들어간다고 한다.

삼청이란 도교의 삼신(三神)인 옥청원시천존(玉淸元始天尊)과 상청영보도군(上淸永寶道君) 그리고 태청태상노군(太淸太上老君)을 말한다. 또 선인의 거처로써 옥청궁(玉淸宮), 상청궁, 태청궁을 뜻하기도 한다.

중국인들은 옥황상제가 인간들의 선행이나 악행을 조왕신들로부터 보고받고 (이를 공과격(功過格)이라고 한다) 다음 해의 복과 불행의 양을 판정하는 등 모든 인간들의 행위를 감찰한다고 믿었다. 따라서 중국인들은 옥황을 두려워하는 동시에 존경하면서 노천야(老天爺) 또는 옥황야(玉皇爺)라고 부른다.

옥황상제의 상이나 그림을 보면 대개 구장(九章) 법복(法服)을 입고 머리에는 12줄 면류관을 쓰고, 손에는 옥홀(玉笏)을 든 진·한 시대의 황제 모습을 하고 있다. 인간 속세의 황제들은 신의 제왕이라 할 수 있는 옥황의 모습이 자신과 같은 모습이어서 아마도 상당히 즐거웠을 것이다.

인간이 생각해낸 종교는 인간 자신의 모습을 그대로 투영한 것이 아니겠는가? 인간에 의해 종교가 만들어졌지 종교가 인간의 속성을 창조했겠는가? 옥황의 모습과 권능 그리고 그 권위에 의지하려는 마음, 이 모두가 바로 인간의 속성이 아니겠는가?

2. 서왕모

서왕모(西王母)는 우주의 서방(西方) 세계를 다스린다. 동왕공과 함께 음양의 이기(理氣)를 나누어 주관하여 천지를 바르게 조절하며 온갖 만물을 이루고 변화시킨다.

남자가 신선이 되어 하늘에 오르면 먼저 동왕공을 뵙고, 여자는 금모(金母) 즉 서왕모에게 인사를 올린다고 하였다. 여자로서 등선(登仙)하는 여선(女仙)은 모두 서왕모에 소속된다.

西王母(明)

서왕모가 거처하는 곤륜산은 중국의 서북쪽에 있는 영산으로 그 둘레가 사방 팔백 리이다. 곤륜산 좌측에 요지(瑤池)가 있다고 한다. 중국의 황하도 이 곤륜산에서 발원한다.

▷ 곤륜산과 서왕모

보통 중국인들은 서왕모를 온화하고 위엄이 있는 풍채에 가장 고귀하며 하늘에서 제일가는 귀부인이거나 아니면 옥황상제의 부인이라고 생각한다. 서왕모에 대한 이런 평가는 ≪서유기≫ 같은 신마소설(神魔小說)이나, 서왕모의 사당인 낭낭묘(娘娘廟)에 모셔진 모습에서 나왔을 것이다.

중국인들은 삼십을 약간 넘어선 성숙한 미모의 여인, 절대 권력과 함께 초능력도 겸비한 미인이 바로 서왕모라고 생각하고 있다.

그러나, 당초 서왕모는 그런 미인이 아니었다. 그녀는 머리를 풀어 헤치고 날카로운 이빨이 주둥이에 꽉 찼으며 거기에다 꼬리까지 달렸고 사나운 소리로 울부짖던 여인이었다.

그러나 오랜 세월이 지나면서 서왕모는 한 부족의 족장에서 악신(惡神)으로, 그리고 다시 선신(善神)으로 바뀌더니 마침내 모든 여선(女仙)의 우두머리가 되어 지금까지 군림하고 있다.

오랜 옛날 주(周) 목왕(穆王)이 팔준마(八駿馬)를 타고 서쪽을 순방할 때 흰 구슬(白圭)과 검은 구슬(玄璧)을 갖고 서왕모를 알현하고 요지에서 서왕모의 융숭한 대접을 받았다고 한다.

한 무제(武帝) 원봉(元鳳) 원년(기원전 110년)에 무제의 궁전에 서왕모가 하강하여 신선들이나 먹을 수 있는 복숭아인 반도(蟠桃) 네 개를 주었다. 한 무제가 그 씨를 남겨두려 하자 서왕모가 말했다.

"이 반도는 삼천 년에 한 번 열매를 맺는데, 속세에서는 누가 심고 키울 수가 없습니다. 그리고 무엇보다도 중원(中原 중국) 땅은 척박하여 반도가 자랄 수 없습니다."

서왕모와 무제가 만나고 있는 동안 동방삭(東方朔)이 창틈으로 엿보고 있었는데 서왕모가 손가락으로 동방삭을 가리키며 말했다.

"이 아이가 벌써 세 번이나 내 복숭아를 훔쳐 먹었습니다."

이날 서왕모와 그 일행이 무제의 만수무강(萬壽無疆)를 빌어주었다는 이야기는 한 무제가 방사(方士)를 좋아하고 신선이 되고자 했기에 그럴싸하게 지어낸 이야기일 것이다.

▷ 서왕모와 왕희지

천궁(天宮) 정문인 남천문 위에는 커다란 편액이 걸려 있다. 그 편액의 '南天門'이란 글씨는 자체(字體)가 우아하면서도 생동감이 넘쳐 마치 살아 움직이듯, 사방으로 뻗어 가는 빛인 양 광채가 나며, 활활 타오르는 불꽃과도 같았으니, 과연 천상천하에 둘도 없는 절묘한 글씨였다고 한다. 전설에 의하면 그 글씨는 동진(東晉)의 서성(書聖)인 왕희지(王羲之)가 썼다고 한다.

아주 오랜 옛날, 옥황대제는 남천문을 중수하라는 명령을 내렸다.
온갖 재주를 가진 천상의 장인들이 모두 동원되었다. 나르고 쌓으며, 자르고 깎아서 새기기도 하면서, 또 그려 넣을 것은 그려가면서…… 그야말로 뚝뚝 딱딱 삼 년이란 긴 세월을 보내고 드디어 남천문을 준공했다.
그 문루가 얼마나 장엄하고 화려한지, 뛰어난 기세와 웅장함은 모든 이의 탄성을 삼켜버릴 정도였다. 지붕 용마루에는 광채 번쩍이는 커다란 주옥(朱玉)을 박아 놓았고, 기둥마다 구름을 삼키고 안개를 토하는 용을 새겼으니 곳곳에 금빛이 번쩍이며, 휘황찬란한 아름다움은 천상에 오직 하나, 인간 속세에선 결코 존재할 수 없는, 대단한 건물이었다.
옥황대제는 흡족한 표정으로 전후좌우를 돌면서 자세히 보고 또 보았다. 그런데 무엇인가 좀 부족하고 빠진 것 같았다. 옥황대제는 한참을 생각하다가 수행하는 신하들에게 말했다.
"들어 보시오! 이렇듯 웅장하고 화려한 건물에 남천문이라고 쓴 편액을 달아야 하지 않겠소? 그래야 이 건물이 더욱 광채가 날 것인데…… 누가 이 기세에 걸맞는 글씨를 쓸 수 있겠소?"

옥황대제의 걱정스러운 말이 떨어지자 한 대신이 아뢰었다.

"대제마마! 신이 알기론 지상의 동진(東晉)이란 나라에 '글씨의 성인(書聖)'이라는 칭호를 듣는 왕희지(王羲之)란 사람이 있는데 그 필법이 아주 절묘하답니다. 왕희지가 편액을 쓴다면 틀림없이 잘 어울릴 것입니다."

옥황대제는 곧 서왕모를 시켜 속계에 내려가 왕희지 글씨를 받아오게 했다. 서왕모는 선녀 하나를 데리고 즉시 출발했다.

한편 그 시절 동진에서는 서도(書道)가 크게 성행하여 허다한 명필이 배출되었다. 그중에서도 낭야의 왕희지는 여러 대가의 장점을 두루 모아 일가(一家)를 이루었기에 대단한 명성을 누리고 있었다. 왕희지가 글씨를 연습할 때, 푸른 연못이 온통 먹물이 되었다는 말이 전해질 정도였으니 그의 서법은 화로에 피어나는 파란 불꽃마냥 이미 최고의 경지에 도달했었다.

왕희지는 서도를 수련하는 틈틈이 산수를 찾아 유람하기를 좋아했다. 바로 그날도 왕희지는 산수에 노닐다가 저녁 무렵 지는 해를 바라보며 천천히 귀가하고 있었다.

그런데 전에는 본 적 없는 정원이 눈에 띄었다. 이상하다 생각하면서 왕희지는 정원으로 들어섰다. 정원 안쪽에는 삼 칸 초가가 한 채 있고 마당엔 노파가 떡을 만들고 있었다.

노파가 떡을 만들어 부엌으로 던지면 부엌에선 젊은 처녀가 기름솥에 떡을 튀기고 있었다. 그런데 놀랍게도, 노파가 던진 떡은 한 치의 틀림도 없이 똑같은 자리에 정확하게 떨어졌다.

왕희지는 한참 구경하다가 탄성을 질렀다.

"정말 대단한 고단수야! 정말 대단해!"

그러자 노파가 왕희지를 바라보며 말했다.

"나리! 좀 앉으세요. 나리께서 내 손재주를 칭찬해주시니 고맙습니다만 왕희지 그분의 솜씨에 비한다면 우린 아직 멀었습니다. 너무 과찬하지 마십시오."

그 말에 왕희지는 기분이 좋아 웃음을 띠며 말했다.

"사실 따지고 보면 왕희지 솜씨도 별거 아닙니다. 헛 명성만 요란한 사람입니다."

그러자 노파가 불쾌한 듯 언성을 높였다.

"여보시오! 왕희지 그분은 천하에 이름난 글씨의 성인이십니다. 어찌 헛 명성이겠습니까? 당신이 왕희지보다 더 고명하다는 뜻은 아니겠지요? 당신이 저기 있는 부엌 솔을 가지고 남천문이란 글씨를 쓸 수 있다면 왕희지보다 낫다고 인정하겠습니다."

그러면서 노파는 부엌에서 쓰는, 붓처럼 생긴 커다란 솔을 왕희지에게 내밀었다. 왕희지는 노파의 기세에 눌려 엉겁결에 부엌 솔을 손에 잡고 문짝만 한 떡판 앞에 섰다. 노파는 떡판 위에 밀가루를 곱게 뿌렸다. 왕희지는 소매를 걷어붙이고 큼직하게 '南天門'이라고 세 글자를 썼다. 그런데 다 쓰고 나서도 왕희지의 팔에는 힘이 솟구치는 듯했다.

노파는 웃으면서 떡판을 들고 말했다.

"서성께서 이렇게 직접 찾아오셔서 현판을 써주시니 무어라 감사해야 할지! 정말 고맙습니다."

그러고서 갑자기 흰 구름이 일어나며 노파도 처녀도 그리고 집도 모두 사라졌다.

놀란 왕희지는 한동안 멍하니 서 있었다. 먼 하늘엔 벌써 어둠이 짙었는데도 왕희지는 제정신이 아니었다. 원래 떡을 만들던 노파는 서왕모가 내려와 변한 모습이었다. 서왕모는 왕희지를 기다린 보람이 있어 천하 명필의 글씨를 받아갈 수 있었다.

▷ 서왕모의 행궁(行宮)

하남성 제원현(濟源縣) 서북쪽에 있는 왕옥산(王屋山)은 도교의 십 대동천(十大洞天) 중 첫 번째인 제1동천이다. 도교에서는 신선이 거주 할 만한 명산이나 골짜기를 특별히 동천(洞天)이라고 부른다. 그리하여 도교에서는 10 대동천과 36 소동천이 있고 또 72 복지(福地)가 있다.

이 왕옥산은 황제 헌원씨가 기우제를 지낸 곳이면서 수많은 도관 이 자리 잡고 있다. 이 왕옥산의 남쪽 기슭에는 우공이산(愚公移山)의 고사성어를 낳게 한 우공이 살았다는 우공촌이 있다.

왕옥산의 최고봉인 천단봉(天壇峰)에는 큰 동굴이 하나 있다. 이 동굴의 입구는 매우 좁아 한 사람이 겨우 지나갈 만하지만 안쪽에는 대청마루처럼 펑퍼짐한 장소가 연달아 있어 천군만마(千軍萬馬)를 수용할 만큼 넓다고 한다.

전설에 의하면 그 동굴은 하늘의 천궁(天宮)과 연결되었고 가끔 서 왕모가 내려와 머물렀기에 사람들은 그 동굴을 왕모동(王母洞)이라 불렀다. 서왕모가 왜 그 동굴에 머물게 되었는지? 그곳엔 다음과 같 은 전설이 전해온다.

그 옛날 황제 헌원씨가 천단봉에 제단을 쌓고 풍년을 비는데 그곳의 마른 나뭇가지들로 향불을 대신했다. 마른나무에 일단 불이 붙자 가지들은 피식 피식 소리와 함께 수많은 불꽃을 휘날리면서 휘황찬란하게 타올랐다. 그 불은 밤낮으로 열흘간 꺼지지 않았다.

그런데 황제가 피운 그 마른 나뭇가지들은 바로 단향목(檀香木)이었으니 그 진한 향기가 온 왕옥산을 감싸고 퍼져 나갔다. 향내는 바람결을 타고 하늘까지 올라가 마침내 옥황대제가 거처하는 능소보전(凌宵寶殿)까지 퍼졌다. 이에 옥황대제가 서왕모에게 물었다.

"이 어디서 나는 향내입니까?"

"오늘이 바로 대제님의 생신이시라 하계의 인간들이 향을 피워 축수(祝壽)하는 것입니다."

옥황대제는 기분이 매우 좋았다. 즉시 태백금성(太白金星)을 불러 말했다.

"너는 하계(下界)에 내려가 누가 나를 위해 향을 사르는지 알아오너라."

태백금성은 급히 구름을 타고 안개를 몰며 인간 속세로 내려갔다. 태백금성이 왕옥산 상공에 도착하니, 아! 왕옥산 주위 칠백 리에 향연이 자욱하고 그 향기가 코를 진동하지 않는가? 태백금성은 왕옥산 주변을 몇 바퀴 돌았지만 향을 피운 사람을 찾을 수 없었다.

그는 천단봉에 내려 산자락에서 그곳 토지신은 불러 누가 향을 피워 축수하는 지 물었다. 사연을 안 태백금성은 즉시 능소보전에 나가 대제께 아뢰었다.

"대제 마마! 향을 피운 사람을 알아왔습니다."

"그래, 누구던가?"

"중원(中原)천하를 다스리는 황제 헌원이었습니다."

"그 사람을 어디서 향을 사르고 있던가?"

"예, 왕옥산입니다. 그곳은 산수가 아름다워 가히 인간세계의 선경 (仙境)이라 할 만합니다.

"왜 향을 피웠고 무엇을 빌던가?"

"왕옥산 주변 백성들을 위해 풍년을 빌고 있었습니다."

옥황대제는 아주 흡족한 웃음을 띠며 말했다.

"그래? 그래야지! 너는 빨리 일신(日神)을 찾아가 왕옥산 주변, 아니 중원 천하에 풍년이 들도록 하라고 일러라."

본래 서왕모는 속세의 산수를 찾아 놀기를 좋아했다. 왕옥산 주변이 그렇게 아름다운 인간세계의 선경이란 말은 듣고 금방이라도 가보고 싶었다.

다음 날, 서왕모는 오백여 명의 선녀들과 천둥을 주관하는 뇌공(雷公)과 번개를 주관하는 전모(電母)를 데리고 왕옥산에 내려왔다.

서왕모는 왕옥산의 아름다운 경치를 감상하고 즐기며 하루를 보냈다. 그러나 하루 동안에 그 좋은 경치를 다 볼 수 없었으며 또 한 번 더 보고 싶은 곳도 많아 천상의 세계로 돌아가야 하는 것을 잊어버렸다.

어느덧 날이 어두워지고 천상의 남천문(南天門)이 '쾅' 소리를 내며 닫혀 버렸다. 내일 남천문이 다시 열릴 때까지는 서왕모라 할지라도 승천할 수가 없었다.

한편 서왕모를 따라온 선녀들은 천궁에서 보지 못하던 모습, 곧 사내는 밭에서 일을 하고 여자는 집안에서 베를 짜는 모습을 처음 보고서 너무 즐겁고 또 부러워 천궁으로 돌아갈 생각을 모두 잊어버렸다.

선녀들은 서왕모에게 기왕 늦었으니 며칠 더 놀다 가자고 졸라댔다.

"그럴 수 없어! 그래선 안 되지! 너희들이나 나나 선가(仙家)에 몸 담았으니 어찌 속계에 머물 수 있는가?"

비록 말은 그렇게 했지만 서왕모 자신은 마음속으로 딴생각을 하고 있었다.

"이곳의 산수와 나무와 풀 그리고 온갖 꽃들이 아름답지 않은 게 하나도 없어!"

한참 후 서왕모는 선녀들의 청을 마지못해 들어주는 듯 말했다.

"너희들이 그렇게 왕옥산을 좋아한다면 이곳에 행궁을 짓도록 하자. 그러면 차후로 자주 내려와 놀 수 있지!"

선녀들은 모두 좋아했다.

"아주 여기서 사는 게 더 좋겠어요."

서왕모는 즉시 뇌공과 전모에게 말했다.

"너희들은 아늑하고 좋은 곳을 골라 행궁을 하나 짓도록 하라. 그리하여 나로 하여금 인간세계의 청복(淸福)을 누리고 즐길 수 있도록 도와주기 바란다."

뇌공은 곧 하늘의 북인 천고(天鼓)를 크게 울리고 전모는 번개 칼을 휘둘렀다. 천단봉에 뇌성벽력과 섬광이 내리치자 곧 '끄루룽 꽝!' 하는 소리와 함께 큰 동굴이 뚫렸다. 이 동굴이 바로 천단봉의 왕모동이다.

그 뒤 서왕모와 선녀들은 가끔 왕옥산에 내려와 즐겁게 하루하루를 보내었다.

그럴 때면 그들은 속세의 먼지를 뒤집어쓰고 얼굴을 땀으로 적시곤 했다. 그때마다 서왕모와 선녀들은 큰 동굴에 들어가 천상의 시냇물을 끌어내려 목욕하며 머리 감고 세수를 했다.

　그리하여 동굴의 곳곳에 그들이 씻어낸 연지와 분가루가 붉은 물이 되어 고였다. 오랜 세월이 흐른 뒤 동굴 속의 붉은 물은 산속으로 스며들었고 동굴 곳곳엔 붉은 진흙이 쌓였다. 그 뒤 천단봉 동굴에 놀러 온 사람들이 바닥의 붉은 진흙을 퍼갔다. 그 진흙으로 등잔을 만들면 닦지 않아도 반짝반짝 빛이 났고 기름을 부어도 새지 않았다. 그때부터 사람들은 선녀들의 연지분이 가라앉은 붉은 진흙을 '연지니(臙脂泥)'라고 불렀다.

3. 황제

　중국인들의 역사 서술은 삼황오제(三皇五帝)로부터 시작한다. 그렇지만 삼황오제는 전설상의 인물이며 책마다 삼황오제의 인물 자체가 제각각이며 그들이 실존인물이라는 근거도 없다.

　참고로 진왕(秦王) 정(政)은 춘추전국(春秋戰國) 시대 약 5백 년의 분열과 혼란을 수습하고 전 중국을 통일한 뒤, 자신의 공덕은 '삼황오제와 같다'는 뜻으로 '황제(皇帝)'라는 칭호를 쓰면서 자신은 '황제의 시작'이라는 뜻으로 '시황제(始皇帝)'라 칭했다. 시황제는 자신의 뒤를 이어 '이세(二世)', '삼세'에서 '만세(萬世)'까지 이어가기를 바랐지만 겨우 '이세황제'로 끝이었다.

　황제(皇帝)는 칭호이지만, 여기의 황제(黃帝)는 인명(人名)이다.

　황제(黃帝)는 오제(五帝) 중 가장 대표적인 인물로 본래의 성씨는 공손(公孫)이며 헌원(軒轅)이라는 언덕에서 태어났기에 이름을 헌원이라 했다.

　황제 헌원씨는 통치자의 자리에 오른 뒤, 중국인들에게 집을 짓고 사는 법이나 수레와 배를 만들어 그 이용 방법을 가르쳐 주었으며 활과 화살을 만들어 사냥을 일러주었고 동시에 문자를 만들었다. 또 중국인들에게 날짜 계산과 숫자를 알게 해주었고 병을 고치는 방법까지 하여튼 중국인들의 문명에 관한 모든 것을 만들어내었으며 종교상으로는 도교의 시조로 추앙받고 있다. 이에 지금 중국 사람들은 스스로 '황제(黃帝)의 자손'이라고 자랑스럽게 말한다.

아주 먼 옛날, 부구공(浮丘公)이 황제 헌원씨를 알현하러 왔다. 황제는 양 눈썹을 찡그리고 울적한 표정이었다. 부구공이 인사한 뒤 말했다.

"존경하옵는 임금님! 무슨 일로 심사가 그리 울적하십니까?"

황제는 길고 긴 한숨을 지으며 침울하게 말했다.

"내 오늘 아침에 일어나 냇가에서 세수하고 머리를 빗는데 내 얼굴이 물속에 비쳤소. 그런데 내 양쪽 구레나룻이 서리를 맞은 듯 허옇고 수염조차 벌써 반백(半白)이니, 허 참! 내 이리 늙었단 말이요?"

"무릇 목숨을 갖고 태어나는 세상 만물은 모두가 죽게 마련입니다. 걱정하신다고 무슨 소용이 있겠습니까?"

그러나 황제는 고개를 저으며 말했다.

"내가 죽음을 두려워하는 것이 아니요! 다만 나에겐 아직도 이루지 못한 많은 일이 있소. 백성들을 위해 토지도 개간해야 하고 강물의 물길도 바로 잡아야 하오. 또 새나 짐승들도 길들여야 하며 나무와 풀의 속성을 더 알아야 백성들의 병을 고칠 수 있소. 그리고…… 하여튼 나는 죽기 전에 해야 할 일이 너무 많소! 무슨 방법이 없겠소?"

부구공은 매우 황송한 듯 대답했다.

"오직 신선만이 장생불로(長生不老)할 수 있습니다."

"좋소이다!"

황제는 얼굴에 웃음을 띠며 말했다.

"범인(凡人)들은 선단(仙丹)을 먹어야만 속세를 벗어나 신선이 될 수 있다는 말을 들었소이다. 부구공! 그대가 나를 위해 선단을 만들 장소를 물색해주오!"

부구공은 황제의 부탁을 어길 수가 없었다. 부구공은 곧 출발했다. 부구공이 떠난 이후, 황제는 작은 돌멩이를 하루 한 개씩 항아리에 넣었다. 항아리의 돌멩이가 벌써 천 개가 넘었으니 그가 떠난 지 삼년이 지났다.

어느 날, 황제가 돌멩이를 집어넣고 초초해 하는데 홀연히 용성자(容成子)가 들어와 아뢰었다.

"부구공이 돌아왔습니다."

황제는 급히 뛰어나가 부구공을 맞이했다. 인사도 제대로 받지 않고 다그쳐 물었다.

"빨리빨리 말해보시오! 그래 어떻게 됐소? 찾아냈소?"

그러나 부구공은 인사를 다 올리고 나서 천천히 말했다.

"임금님! 드디어 선단을 만들 장소를 찾았습니다. 그곳은 정말 멋진 선경입니다."

"그곳이 어디요?"

황제는 아주 기뻐하며 물었다.

"강남 저쪽 큰 산들이 연달아 있고 그중 산정에 검은 돌이 많은 산이 있습니다. 저는 그 산을 검은 산이란 뜻으로 이산(黟山)이라고 이름을 지었습니다." (참고: 안휘성의 남쪽에 있는 황산黃山. 높이 1,860m)

황제 헌원의 기쁨은 이루 다 표현할 수 없었다. 부구공에게 단 하루 쉴 틈도 주지 않고, 그 다음 날, 황제는 부구공과 용성자 그리고 한 무리 신하들을 거느리고 강남의 이산을 향해 길을 떠났다.

일행이 당도한 곳은 과연 명승이요 절경이었다. 기이한 봉우리들이 천개 만개가 뒤섞여 있고 모든 산봉우리마다 기묘한 괴석들이 그 자태를 뽐내고 있었으니, 과연 옛사람의 시처럼 '기이한 봉우리 옆에 또 기이한 봉우리'가 이어져 있고 '괴상한 바위 위에 또 괴상한 바위를 얹어 놓은' 그대로였다. 이렇듯 빼어난 명승이 또 있을까? 모두들 놀라 입을 다물 수 없었다.

그때, 홀연히 골짜기 동굴로부터 구름이 피어나 온 산에 퍼지니 그 기암과 괴석들이 비단 자락에 휘감기듯, 바람이 언뜻 불어올 때마다 잠깐잠깐 그 자태를 보였다 감추니, 모두 넋을 잃고 망연자실하여 말이 없었다.

황제는 한참 후에 정신을 차린 듯 팔을 휘저어 안개를 뿌리쳤다. 황제가 운무를 뿌리치듯 팔을 휘젓자 기이하게도 참말로 기이하게 안개구름은 본래 동굴로 빨려들 듯 사라졌다. 황제 자신도 놀라, 마치 술에 취한 듯, 부구공의 안내를 받지도 않고 앞서 골짜기 안으로 걸어 들어갔다.

그리 멀리 가지도 않아, 골짜기가 조금 넓어지더니 눈앞에 커다란 연못이 나타났다. 연못 수면에는 안개 같은 김이 피어나고 있었다. 용성자가 무릎을 꿇고 물을 한 움큼 떠먹어보더니 물이 뜨겁다고 말했다. 그 말을 듣고 부구공이 말했다.

"제가 지난번에 왔을 때 산속에 선지(仙池)가 있다는 말을 들었는데 바로 여기가 선지인 것 같습니다."

황제도 그 말을 듣고 기쁨을 감추지 못했다. 곧 옷을 벗고 연못에 뛰어들었다. 물은 차지도 덥지도 않았다. 목욕을 마치자 더욱 힘이 솟았다. 금방이라도 신선이 되어 날아갈 듯 몸이 가뿐했다.

일행은 산길을 더듬어 올라갔다. 갑자기 어디선가 한 떼의 원숭이들이 나타났다. 원숭이들은 각양각색의 꽃을 물고 큰 바위 위에 앉아 있었다. 일행이 원숭이 떼를 바라보고 서 있자, 홀연 누런빛이 뻗치더니 원숭이들이 갑자기 없어졌다.

황제는 사람을 시켜 원숭이들을 찾게 했다. 그러나 산속에 무슨 길이 있는가? 곳곳에 풀과 나무와 넝쿨들이 우거졌고 기암괴석이 널려 있어 한 발을 떼어놓기가 어려웠다. 그러나 황제는 마음을 단단히 먹고 용성자에게 길을 내며 원숭이 떼를 찾아보라고 명령했다.

일행이 겨우 높은 벼랑 위에 올라서자 발아래 골짜기에서 시끄러운 소리가 들렸다. 황제가 내려다보니 아까 그 원숭이들이 큰 돌절구 주변에 모여 있었다. 원숭이들은 온갖 꽃과 잎 그리고 열매 등을 큰 돌절구에 찧고 있었다. 큰 절구 옆 툭 솟은 돌 위에는 눈처럼 흰털을 가진 원숭이 한 마리가 위엄 있게 앉아 있었다.

황제는 저 원숭이가 틀림없는 원숭이들의 왕, 후왕(猴王)이라 생각했다. 그때 후왕은 일어서서 황제를 향해 두 팔을 잡고 인사하듯 윗몸을 구부렸다. 황제가 급히 답례하려 할 때 원숭이 울음소리가 크게 들리면서 후왕과 모든 원숭이들이 순식간에 사라졌다. 부구공이 황제 곁에 와서 작은 소리로 말했다.

"전해오는 이야기엔 이산에 신선이 된 원숭이(仙猿)가 있어 구름과 안개를 몰고 다녀 그 종적을 찾을 수 없다고 합니다. 지금 사라진 그 원숭이가 틀림없는 것 같습니다."

황제 헌원은 고개를 끄덕였다. 황제는 사람들을 데리고 하산했다. 도중에 갑자기 사람을 취하게 하는 진한 향기가 코끝에 느껴졌다. 모두가 주변을 살폈다. 누군가가 돌절구에 반쯤 찬 담홍색 물을 찾아냈다. 용성자가 다가가 한 움큼 떠 마셨다. 그러고선 큰 소리로 말했다.

"선주(仙酒)! 신선의 술이다."

황제와 뭇 사람이 모두 한두 모금씩 마셨다. 달콤하고 향기롭고! 모두 취하도록 마셨다.

황제는 돌을 쌓아 거처할 집을 만들라고 분부했다. 다음 날 몇 사람씩 편을 짜서 선단을 만들 장소를 찾아 나섰다. 그들은 산을 기어 오르고 냇물을 건넜다. 돌부리에 다치고 가시에 찔리고 옷이 찢겼다. 드디어 이산(黟山)의 크고 작은 봉우리들 다 뒤진 뒤에 선단을 만들 좋은 곳을 찾아냈다.

황제는 부구공에게 연단을 만들 단을 쌓게 하고, 용성자에겐 연단할 화로를 만들라고 분부했다. 그리고 나머지 무리들에겐 나무를 하고 장작을 패게 했다. 황제 자신은 연단에 쓸 약초를 구할 때까지 앉아서 기다릴 수가 없었다.

신선이 되기 위해 꼭 먹어야 할 선단(仙丹) - 그 선단에는 영지초(靈芝草) 아흔아홉 줄기, 산삼 아흔아홉 뿌리, 영양의 뿔, 옥로화(玉露花), 무화과, 적엽송(赤葉松), 박하, 주사, 각각 아흔아홉 개에 아흔아홉 방울의 감로수가 들어가야 한다.

이런 귀한 약재를 얻는다는 것이 결코 쉬운 일은 아니었다. 그러나 황제는 선단을 만들기 전에는 결코 하산하지 않겠다고 다짐했다. 이 산의 일흔두 개 봉우리들은 깎아지른 듯 구름 속에 묻혀 있을 때가 많았다.

어떤 봉우리는 경사가 너무 심해 원숭이조차 오르지 않았다. 그러나 황제는 그런 봉우리도 오르고 내리며 살폈다. 갖고 간 양식이 떨어져 나무 열매로 배를 채웠다. 황제를 따라온 신하 중엔 고통을 이겨내지 못하고 하나둘씩 도망갔다. 결국 남은 사람은 황제와 부구공 그리고 용성자 세 사람뿐이었다.

그들은 온갖 고초를 겪으면서 산속에서 아홉 해를 보냈다. 이제 각종 약재는 겨우 마련했지만 감로수를 얻지 못했다. 이 무렵 부구공이 병들어 누웠다. 황제는 용성자에게 간호케 하고 자신은 혼자 깊은 산속을 헤맸다.

어느 날, 황제는 몹시 피곤했다. 복사꽃이 어우러진 곳에 넓고 평퍼짐한 바위가 있어 잠시 몸을 뉘였다. 몽롱하게 눈이 감겨왔다. 어디선가 황홀한 그러면서도 경쾌한 음악 소리가 들리는 것 같았다.

잠시 후 맞은편 기슭에서 하얀 선학 두 마리가 마치 춤추듯 날아왔다. 그 뒤에는 수염과 눈썹이 하얀 노인이 눈처럼 흰 사슴을 타고 나타났다. 황제는 깜짝 놀라 일어섰다. 인사를 올리고 어디 가면 감로를 구할 수 있느냐고 물었다.

신선과도 같은 늙은 어른은 웃으면서 머리에 쓰고 있던 방건(方巾)을 땅에 던졌다. 방건이 굴러떨어진 곳, 그곳이 선단을 만들 수 있는 감로수가 나올 샘, 단정(丹井)이 아니겠는가?

황제는 뛸 듯이 기뻤다. 그러나 그건 꿈이었다. 더 이상한 것은 꿈에 본 방건이 그곳에 있었다. 황제는 발아래 돌을 걷어냈다. 돌을 들어 던질 때마다 딩당! 딩당! 소리가 경쾌했다. 그러나 돌은 너무 단단했다. 하루 종일 쪼아내고 파내야 단지 한두 뼘을 쪼아낼 수 있었다.

황제는 포기하지 않고, 사십구일 만에 드디어 조그만 석정(石井)을 뚫었다. 맑은 물은 몹시 차갑고도 달았다. 글자 그대로 감로였다.

물론 병중의 부구공도 쉬지 않고 일했다. 약재를 다듬고 찧고 갈아 조그만 알맹이로 만들었다. 세 사람은 그 뒤 삼 년간 선단을 달였다. 산더미처럼 많았던 장작을 모두 땠고 연단대 주변의 나무도 모두 쪼개어 불 땠다. 부구공과 용성자는 먼 산에 가서 나무를 해 와야만 했다. 황제는 마지막 장작을 집어넣었다.

부구공은 아직 돌아오지 않았다. 아궁이 장작불이 꺼지려 하자 황제는 몹시 다급했다. 옷을 벗어 던졌다. 불을 꺼뜨려서는 모든 일이

물거품이 된다. 황제는 부구공과 용성자가 나무하러 간 먼 산을 바라
보았다. 그러나 모습이 보이지 않았다.

황제는 아궁이 속으로 자신의 한쪽 다리를 집어넣었다. 불은 다시
살아났고 아궁이에선 지글지글 소리가 들렸다.

그때 연단노(鍊丹爐) 속에서 꽝하는 소리가 터져 나왔다. 그러면서
금빛 광선이 하늘로 솟구쳤다. 먼 산까지 소리가 들렸고 빛이 뻗쳤다.
부구공과 용성자가 놀라 달려왔다. 황제는 아주 편안한 듯 자기 다리를
태우고 있었다. 그들은 황제를 끌어냈다. 그리고 연단로를 살펴보았다.

아! 드디어 선단을 만들었다. 그들의 기쁨은 형언할 수 없었다. 황
제와 부구공 그리고 용성자는 선단을 먹었다. 환골탈태(換骨奪胎) - 세
사람은 표연히 신선이 되었다.

보라색 구름이 깔리고 세 사람은 사뿐히 올라탔다. 그로부터 그들
은 장생불로하면서 인간을 위해 좋은 일을 하고 복을 나누어 주었다.
그 뒤 검을 이(黟) 자 이산은 황산(黃山)이라고 이름이 바뀌었다.

황산 72봉 중에 헌원봉, 부구봉, 용성봉은 그들을 기념하기 위해
붙여진 이름이라고 한다. 그리고 황산의 도화계곡엔 황제가 사용했던
약절구와 감로가 샘솟는 단정(丹井)이 지금까지 남아 있다고 한다.

4. 태상노군

老君

태상노군(太上老君)은 곧 노자(老子)이다.

태상노군은 천지가 개벽되기 이전 혼돈(混沌)의 시대 이후 원기(元氣)가 오랜 세월을 두고 모여 인간의 육신으로 모습을 바꾸어, 어디에도 의탁한바 없이 홀연히 탄생하였다. 그러나 노자의 실체는 수시로 변화했으며, 그때마다 어떻게 탄생했다는 흔적은 없었다.

老 君 (明)

▷ 역사상의 노자

아주 먼 옛날 상(商)나라의 탕왕 때에 이르러 태청궁(太淸宮)에서 그 신령이 분할이 되어 하나의 기(氣)로 변하였다. 그 기가 현묘옥녀(玄妙玉女)의 태(胎) 속에 들어가 81년을 지냈다.

노자는 은(殷)나라의 무정(武丁) 임금이 있던 경진년 2월 15일 새벽에 초(楚)의 고현 뇌향 곡인리의 큰 오얏나무(李, 자두나무) 아래에서 현묘옥녀의 왼쪽 갈비뼈를 뚫고 태어났다. 초의 고현은 지금의 하남성 녹읍의 동쪽이라고 한다.

노자는 태어나면서 오얏나무(李)을 가리키며 '이것이 나의 성씨이다'라고 말하였기에 이씨를 성으로 삼았다. 그리고 이름을 이(耳)라

하고 자(字)는 백양(伯陽), 호는 노담(老聃)이라고 했다.

노자는 태어나면서 백발이었다. 얼굴은 전체적으로 황백색이었고 이마에는 하늘로 향한 세 줄기 주름살이 있었고, 넓은 이마의 가운데에 뼈가 태양처럼 툭 불거져 있었다. 귀는 상당히 크고 길었다. 눈은 작았으며 코는 우뚝 솟았고 코뼈에 쌍 기둥이 있었다. 귀에는 구멍이 셋 있었고 얼굴에 멋진 수염이 있었다. 입은 반듯했고 치아는 듬성듬성 났었다. 손에는 10간(干), 발에는 12지(支)가 새겨져 있었다.

역사상의 실존 인물로서의 노자는 춘추 말년의 사상가이며 도가의 창시자이다. 노자에 관한 최초의 역사 기록은 사마천의 ≪사기 노자 한비열전(史記 老子韓非列傳)≫이다.

≪사기≫의 기록에 의하면 노자는 초나라 고현(苦縣: 현 河南省 鹿邑) 사람으로 주 왕실의 수장실사(守藏室史), 즉 요즈음의 도서관장을 역임했다. 일찍이 공자가 노자를 찾아가 예(禮)에 대해 물었다고 했으니 노자는 공자보다 나이가 많았던 것 같다. 공자는 노자를 매우 존경하였고 노자를 만나본 뒤 마치 용과 같다고 찬탄했다.

그 뒤 주 왕실이 쇠퇴하자 그는 관직을 버리고 은둔생활을 하려고 했다. 그가 하남 함곡관을 지날 때, 관소를 지키던 윤희(尹喜 關尹子)는 노자를 맞이하여 글을 남겨 달라고 요청했다. 이에 노자는 후인들을 위하여 한 권의 글을 남겼는데 바로 ≪노자도덕경(老子道德經: 五千言)≫이며, 그 뒤의 행적에 대해서는 알려진 바 없다고 한다.

노자는 160세 또는 200세를 살았다고 하나 믿을 수 없고 초나라의 노래자(老萊子)가 노자라고 하는 사람도 있으며 태사 담(太師 儋)이 노자라 말하는 사람도 있어 일정하지 않다.

이상이 「노자한비열전」 중 노자에 관한 기록의 대략이다. 이 기록도 그 내용이 매우 모호하고 불충실하며 분량도 극히 적어 그 신빙성에 여러 의문이 제기되고 있다. 또 노자의 졸년에 대한 기록도 없고 태사 담이나 노래자를 지칭한 것은 이미 서한 초부터도 노자에 대한 여러 주장이 많았음을 알려주고 있다.

사마천도 노자에 대한 확실한 기록보다는 그가 들은 바에 대해서만 기록하고 있을 뿐이다. 따라서 노자란 인물이 과연 실존했는지, 또 언제 어디 사람인가도 확실치 않으며 그가 저술했다는 ≪도덕경≫조차도 그 진실 여부에 의문을 제기하는 사람이 많다고 한다.

▷ 서갑: 노자의 마부

전하는 바에 의하면, 노자는 수도에만 전념하기로 작정하고 벼슬을 내놓은 뒤 고향 상구(常丘)로 돌아갔다.

여행 도중에, 노자는 길가에 허옇게 마른 백골 한 무더기를 발견했다. 노자의 혜안에는 그 백골의 영혼이 아직도 그곳에 맴돌고 있는 것이 보였다. 측은한 생각이 든 노자는 사람의 형체를 다시 끌어 모으는 부적인 취형부(聚形符)를 써서 본래 모습을 만들어 주었다.

이렇게 해서 다시 태어난 사람이 바로 서갑(徐甲)인데, 서갑은 노자가 타고 다니는 소, 청우(靑牛)를 먹이고 돌보는 일을 200년이나 계속했다.

그러던 어느 날, 노자는 서갑에게 서쪽에 가서 안주하면 '황금으로 그간의 고생에 대한 대가(代價)를 주겠다'는 말을 했다.

노자가 함곡관을 지날 때 그곳 윤희가 노자를 만류했다.

노자는 그곳에 잠시 안주하면서 누관대(樓觀臺)에서 종일 도덕경을 강론하며 바쁜 나날을 보냈다. 그러면서 노자는 서갑에게 '황금으로 보상'에 대한 이야기조차 다시 꺼내지 않았다.

서갑은 기분이 매우 나빴다. 사실상 매일 노자의 청우를 먹이고 풍찬노숙하며 갖가지 고생을 했는데 전혀 알아주지 않는 스승이 원망스럽기도 했다.

거기다가 도를 배운다는 그 자체가 힘들고 적막한 일이며, 그에 따른 정신적·육체적 고통을 이겨낸다는 것도 쉬운 일이 아니기에 노자가 약간의 돈이라도 준다면 그 돈으로 유유자적 한가한 생활을 해보고 싶었다.

어느 날, 서갑은 누관대에서 십여 리쯤 떨어진 곳에서 소에게 풀을 뜯기고 있었다.

서갑의 마음속에 온갖 상념이 떠올라 마음을 정하지 못하고 있는데 갑자기 눈앞에 큰 장원(莊園)이 보였다. 그곳엔 온갖 꽃이 피어 있고 새들이 지저귀며 드넓은 논밭과 주변 풀밭엔 큰 말들이 떼를 지어 놀고 있었다.

그리고 벼슬을 내놓고 낙향한 듯, 풍채 좋은 노인이 꼬부라진 지팡이를 짚고 웃음 띤 얼굴로 서갑에게 다가왔다. 노인 뒤에는 교태가 뚝뚝 흐르는 젊은 처녀가 수줍은 듯 고개를 숙이고 따라왔다.

"젊은이! 자네는 누구의 소를 돌보고 있는가?"

서갑은 기분이 안 좋아 투덜대듯 말했다.

"노자의 소입니다."

"품삯은 좀 받고 있는가?"

서갑은 풀이 죽은 듯 힘없이 말했다.

"아직 한 푼도 못 받았습니다."

노인은 서갑의 말을 듣자 크게 탄식하며 말했다.

"젊은이, 사람의 한평생이란 마치 가을날 초목과 같은 걸세. 도를 닦아 신선이 되겠다고 그 오래고도 긴 고통과 좌절을 겪어가면서 살아야 하겠는가? 자네가 보듯이 나에겐 지금 저 장원과 슬하에 이 어린 딸 아이 하나밖에 없네. 이 애가 비록 선녀나 경국지색은 아니지만 그래도 이곳 백여 리 이내엔 결코 빠지지 않은 얼굴일세. 자네 같은 젊은이가 이 애를 버리지 않겠다면 노자한테 약간의 품삯이나 받은 뒤, 우리 집에 사위로 들어오게나. 그러면 자네 부부 두 사람이야 온갖 부귀를 누리며 살 수 있을 걸세. 자네 뜻대로 결정해주기 바라네."

서갑의 온 마음과 얼굴엔 기쁨이 넘쳐흘렀다. 서갑이 아가씨를 흘깃 쳐다보자 그 처녀도 은근한 추파를 보내며 웃고 있었다. 서갑은 마치 취한 듯, 바보가 된 듯, 두 번 생각도 하지 않고 서둘러 말했다.

"아! 예! 그럼요! 금방 가서 품삯을 받아오겠습니다."

서갑이 몸을 돌리는 순간, 장원과 노인, 처녀 모두가 사라졌다. 모든 것이 아무것도 없는 오유(烏有)였다. 서갑이 대경실색 멍하니 서 있는데, 어느새 노자가 그 앞에 서 있었다.

원래 노자는 서갑에게 도가의 현묘진경(玄妙眞經)을 전수하려 했으나 서갑이 늘 불만에 찬 표정을 짓고 있으며 또 고생을 참고 견디려는 의지가 약한 것 같아 한번 시험해본 것이었다. 노자 자신은 노인이 되었고, 길상초(吉祥草)를 변형시켜 처녀로 만들었다.

노자는 서갑의 도심(道心)이 나약하고 욕심이 과다한 것을 보고 대노하여 본 모습을 드러내 서갑을 책망하면서 처녀가 서 있던 자리를 큰 삽으로 푹 파내버렸다. 그 자리에선 맑은 물이 솟았고 그 샘을 뒷날 화녀천(化女泉)이라고 불렀다.

자기의 속마음이 샅샅이 간파되자 서갑은 부끄럽고 무안해 얼굴을 붉히고 화를 내면서 함곡관으로 윤희를 찾아갔다. 서갑은 윤희에게 노자가 자기의 품삯을 하나도 주지 않는다고 불만을 털어놨다.

윤희는 서갑이 스승의 뜻을 잘못 이해한 것으로 생각했다. 황금으로 품삯을 주겠다는 말은 필경 무슨 비법을 전수하겠다는 뜻으로 생각했다. 뒷날 윤희가 노자에게 그 사연을 묻자 노자는 냉소하며 말했다.

"자네 서갑을 좀 데려오게나."

서갑은 씩씩거리며 들어오자 노자가 물었다.

"그동안 몇 년간 나를 따라다녔느냐?"

서갑은 묵묵히 서 있었다.

"네가 어떻게 해서 나를 따라다니게 되었는지 알고 있느냐?"

사실 서갑은 아무것도 모르고 있었다.

"네 입 좀 벌리어라!"

서갑은 영문도 모른 채 입을 벌렸다. 노자는 서갑의 입천장에서 취형부를 떼어내 버렸다. 그 순간 서갑은 원래의 허연 백골 무더기로 변했다.

윤희는 깜짝 놀랐다. 곧 노자 앞에 무릎을 꿇고 애원했다.

"사부님, 비록 서갑이 분수를 모른다지만 그래도 이백 년이나 사부님을 모셨습니다. 한 번만 용서하시어 본 모습으로 되돌려 자신의 죄를 뉘우쳐 새사람이 되게 해주십시오."

윤희는 백방으로 애원했다. 노자가 손을 들어 도술을 부리자 백골은 다시 서갑으로 바뀌었다. 제 모습의 내력을 알게 된 서갑은 몹시 부끄러웠다. 노자는 서갑의 내력과 전후 사정을 자세히 말한 뒤 길게 한숨을 지으며 말했다.

"원래 내가 안주하면 품삯을 주겠다고 한 말은 금단대도(金丹大道)를 너에게 전수해주겠다는 뜻이었다. 그리하여 너로 하여금 태상현묘(太上玄妙)의 진리를 터득해 영세 해탈토록 할 생각이었다. 네가 내 뜻을 몰랐다지만 그렇다고 나에게……."

이런저런 훈계를 한 뒤, 노자는 다시 한 번 서갑을 꾸짖었다.

"재물을 탐하고 미색을 좋고 편히 놀려고만 하면서 언제 도를 닦겠느냐? 언제 무슨 성취가 있겠느냐? 윤회야? 이백 년어치 품삯을 따져 서갑에게 내주어라."

노자의 엄한 꾸중에 서갑은 자신이 스승의 기대를 크게 저버렸다는 것을 알았다. 서갑은 가슴을 치며 통곡했다. 서갑은 통곡하며 다시 거두어 달라고 애원했다. 그러나 노자는 떠나라고 명령할 뿐 다시 거둘 생각은 없었다.

"네가 진정으로 마음을 돌려 후회한다면 다시 돌아와도 좋다. 진심으로 도를 배우고 수양하면 우리는 언젠가 다시 만날 수 있다."

서갑은 화녀천에서의 일을 마음에 새겨 잊지 않았다. 일체의 사심과 잡념을 버리고 성의정심으로 연찬을 계속했고 마침내 득도하여 신선이 되었다. 이 서갑이 바로 도교에서 숭상하는 백골진인(白骨眞人)이다.

지금도 도교 사원에 모셔진 태상노군인 노자를 중심으로 서 있는 사람을 서갑이고 무릎을 꿇고 있는 사람은 윤회라고 한다. 윤회가 서갑을 용서해 달라고 애원하는 모습이라고 한다.

5. 윤희

기원전 10세기경, 서주(西周)의 강왕(康王) 때에 진주(秦州: 지금의 天水市)에 윤희(尹喜)란 사람이 살고 있었다. 그는 학식이 뛰어나다고 두루 소문이 났었다. 윤희는 천문을 깊이 연구하여 인간의 길흉화복과 왕조의 흥망까지도 예민할 수 있었다. 어느 날, 윤희는 자취를 감추었다.

몇 년 뒤, 윤희는 주지현 신취향 문선리란 곳에 나타났다. 윤희는 산수가 수려하고 숲이 무성한 것을 보고 그곳에 거처를 정하고 초가정자를 짓고 천문을 관측하였다. 이때부터 그곳을 누관(樓觀)이라 불렀다.

어느 날 윤희는 천문을 보다가 한줄기 자줏빛 기운이 동쪽에서 서쪽으로 다가오는 것을 발견했다. 그 자줏빛 기운은 상서로운 힘이었고 마치 용이 움직이는 것 같았다.

윤희가 깊이 사색해보니, 성인(聖人) 한 분이 함곡관을 지나려 한다는 것을 알아내었다. 윤희는 주 왕실로부터 받은 대부(大夫)의 직책을 버리고 함곡관의 문지기가 되었다. 윤희는 문지기를 하면서 성인을 기다렸다. 물을 뿌려 길을 청소한 뒤 황토를 깔고 성심으로 성인의 출현을 고대했다.

그러던 어느 날, 한 마리 소(靑牛; 검은 소)가 끄는 수레가 나타났다. 수레엔 불그스레한 얼굴에 머리가 하얗게 센 노인이 타고 있었으며 젊은이가 소를 몰고 들어왔다. 소식을 들은 윤희는 급히 의관을 단정히 하고 달려나와 무릎을 꿇고 노인을 영접했다.

이 노인이야말로 윤희가 그토록 정성을 다해 기다린 노자(老子)였다. 노자는 동쪽 초(楚)에서 서쪽 진(秦)으로 유람 중이었고 수레를 모는 젊은이는 서갑(徐甲)이었다.

노자는 윤희의 청을 받아들여 함곡관에 백여 일간 머물며 경전을 설명하고 도를 널리 펴는 설교를 했다. 그의 담론은 도도히 흐르고 강물과도 같았다. 윤희는 온몸과 정성을 다하여 노자를 받들고 모셨다. 이에 노자는 윤희에게 720개의 도부(道符)를 전승해 주었다.

뒷날 윤희는 노자를 자기의 누관(樓觀)으로 모셨다. 노자는 그곳에 단을 쌓고 경론을 설명하며 도가(道家)사상을 선전했다. 윤희는 노자에게 그의 가르침을 책으로 엮어 후세에 전해야 한다고 말했다. 이에 노자는 윤희에게 도덕오천언(道德五千言)을 전수했으니 이 책이 유명한 ≪노자도덕경(老子道德經)≫이다.

지금도 누관 근처에 이는 설경대(說經臺)의 비석에는 그 책의 전문이 기록되어 있다. 이후 형성된 도교에서는 노자를 교주(敎主)로 추앙하고 누관은 도교의 발상지로 신성시되었다.

누관에 머물던 노자는 강학(講學)을 일단 마무리 짓고 다시 길을 떠나려 했다. 윤희가 지성으로 만류했지만 또 노자를 모시고 따라가겠다고 했으나 노자는 모두 거절했다. 출발 전, 노자는 자신이 만든 '비승신단(飛昇神丹)'의 반쪽을 윤희에게 주면서 말했다.

"너의 도행이 아직은 깊지 못하니 ≪도덕오천언≫을 삼 년 동안 외우도록 하여라. 그리고서 촉(蜀)의 청양 거리(지금의 靑羊宮)로 나를 찾아오너라!"

노자는 누관대에서 약 십오 리쯤 떨어진 서루관(西樓觀)에서 육신 (肉身)을 모두 벗어버리고 소를 타고 서루관의 오로동(吾老洞)으로 들어가 서쪽 촉으로 갔다. 이후 사람들은 오로동과 성도(成都: 蜀)의 청양궁 우물은 지하로 직통한다고 믿어 왔다. 윤희는 노자의 육신을 서루관의 산에 장사지냈다. 지금 그곳에는 '노자묘'가 아직도 남아 있다고 한다.

윤희는 노자의 가르침을 지켜 일체의 잡념을 버리고 도가의 현묘한 이치를 탐색하고 양생에 힘써 삼 년 뒤 득도하여 신선이 되었다. 이후 윤희는 촉 땅으로 스승 노자를 찾아 나섰다.

그 전날, 노자가 육신을 벗을 때, 노자 수레를 끌던 청우는 한 마리의 양으로 변했다. 또 육신을 버린 노자는 촉의 성도 청양궁(青羊宮)에 사는 이(李)씨 성을 가진 대관(大官)의 아들로 태(胎)를 맡겨 다시 태어났으니 윤희가 찾아갈 때 이미 세 살이었다.

윤희는 촉 땅에 와 각지를 돌며 청양거리(青羊之肆)가 어디에 있는지 찾았으나 아는 사람이 없었다. 어느 날 윤희는 거리를 걷다가 두 어린아이가 양을 뒤따라가는 것을 보았다. 윤희는 번개같이 스치는 생각이 있어 급히 따라가 물었다.

"너희들은 그 양을 어디로 몰고 가느냐?"

"우리 주인어른께서 삼 년 전에 아들을 보았는데 어린 아드님은 양과 놀기를 좋아합니다. 그런데 이 양을 엊그제 잃어버렸다가 오늘에서야 겨우 찾았습니다.

윤희는 어린아이가 세 살이란 말을 듣고 기쁨을 감추지 못하고 말했다.

"너희들의 주인 아드님께 북쪽에서 윤희란 사람이 찾아왔는데 만나보시겠느냐고 여쭈어다오."

어린 동자들은 집에 가 아뢰었고 세 살 먹은 아이는 '빨리 데리고 오너라'고 분부했다. 그 순간 집과 아이는 사라지고 지하로부터 연화대가 솟아오르면서 노자의 진신(眞身)이 출현했다. 그 순간 놀라지 않은 사람이 있었겠는가? 그들을 진정시키는 듯 노자가 천천히 말했다.

"나는 태상노군(太上老君)이니 놀라지 말라. 나를 찾아온 사람은 나의 제자 윤희이다."

노자는 양을 큰 산으로 변하게 했다. 그리고 윤희를 데리고 천천히 산을 올라 그대로 승천했다. 노자와 윤희는 원시천존(元始天尊)을 알현했다. 그 후 윤희는 노자를 따라 천하를 돌며 도를 전파했다. 윤희는 많은 저서를 남겼고, 후세 사람들에 의해 구천선백문시무상진인(九天仙伯文始無上眞人)으로 추존되었다.

6. 진무대제

眞 武 (明)

고구려 고분 벽화 중 강서대묘(江
西大墓: 평안남도 강서군)의 사신도
(四神圖)가 유명하다. 사신도는 동 청
룡, 서 백호, 남 주작, 북 현무를 지칭
하는데 현무도(玄武圖)는 거북과 뱀
이 생동감 있게 엉켜 있는 모습이다.
이 현무를 중국에서는 진무(眞武)라
고 한다.

▷ 동물의 신에서 인격의 신으로

옛날 중국에서 진무묘(眞武廟)는 아주 쉽게 찾을 수 있는 묘당이었
다고 한다. 진무에 관한 전설이나 설화는 전국 각지에 흩어져 있었고
진무는 모든 중국인들의 숭배 대상이었다. 진무의 내력을 말해주는
여러 가지 전설이 있으나 그 내용은 서로 크게 다르다.

말하자면 진무는 동물의 신에서 인격을 가진 신으로 차츰 변해갔
다. 현무가 진무로 바뀐 것은 송(宋) 진종(眞宗)년간에 성스러운 조상
에 대한 공경심에서 현(玄) 자를 사용하지 못하게 했기 때문이었다.
이를 '피한다'는 뜻에서 '휘(諱)'라고 한다.

이른바 그들이 말하는 성스러운 조상은 조현랑(趙玄郎)이었다. 그
러나 조현랑은 이 세상에 존재하지도 않았던 상상 속의 인물이었다.

당(唐) 왕조가 자기 가문 이씨를 높이기 위해 태상노군(老子)을 시조로 끌어들인 것처럼 송나라에서는 조씨(趙氏) 가문의 신성함을 꾸미기 위해 존재하지도 않았던 인물을 만들고 신화를 조작해냈다.

송 진종(眞宗)은 어느 날 신하들에게 말했다.

"그 전에 짐의 꿈에 신인(神人)이 하강하여 옥황대제의 명이라면서 '지난날 너의 선조 조모(趙某: 趙玄朗)를 통해 천서(天書)를 주었었는데 지금 또 상견하였노라. 우선 당 황실에서 현원황제(玄元皇帝: 老子)를 모신 것처럼 선조를 모시도록 하여라'라고 말했노라……."

이런 황당한 이야기는 ≪송사 예지(宋史 禮志)≫에 기록되어 있다. 이어 진종은 이보다 앞서 '신이 강림하여 천서를 주었다'는 연극을 한판 벌리기도 했었다.

진종은 이런 웃지 못할 이야기를 천하에 공포했으며 '성조의 이름은 현랑(玄朗)이니 절대로 간범하지 말라'고 했다. 이렇게 하여 조씨의 조상 겸 도교의 새로운 대신(大神)이 만들어졌고 조현랑의 현(玄)자를 피하여 현무(玄武)가 진무(眞武)로 바뀌어 버렸다.

▷ 진무의 수련

호북성(湖北省)의 무당산(武當山)은 진무대제의 수선(修仙) 성지(聖地)로 알려졌지만, 진무대제가 거기서 출생하지는 않았다. 진무대제는 하늘의 서쪽 끝 큰 바닷가에서 출생했다고 알려졌는데, 그곳은 아름다운 정락국(淨樂國)이었다.

국왕은 청렴하고 인자했으며 선승황후(善勝皇后)는 온화 선량하였으니 온 나라가 태평했고 백성들은 모두 행복했다.

어느 날, 선승황후는 어화원을 거닐며 꽃을 감상하고 있었다. 그때 푸른 하늘에서 큰 문이 열리면서 여러 신선들이 붉은 태양 같은 것을 땅으로 밀어냈다. 그 붉은 것이 금광을 번쩍이며 황후 앞에 떨어져 붉은 알갱이로 변하더니 주르르 굴러 올라와 황후 입안으로 그냥 미끄러져 들어갔다.

황후도 어쩔 수 없었던 순간이었다. 그러나 그날 이후 황후는 임신을 했다. 그리고 장장 14개월이 지난 3월 초 이튿날 정오에 황후의 왼쪽 갈비뼈 사이가 그게 벌어지면서 뽀얗고 살이 통통한 귀여운 사내아이가 탄생했다.

어린아이는 태어나자마자 사람을 알아보았고 입을 떼며 아버지, 어머니를 불렀다. 아기가 태어난 뒤 땅 위엔 온갖 꽃들이 피어났고, 하늘에선 용이 나르고 봉황이 춤추었다. 이렇듯 온 나라 사람들의 기쁨과 축하 속에 진무태자가 출생했다.

진무는 본래 총명한데다가 많은 책을 두루두루 읽었고, 한번 본 것은 잊지 않았다. 신체가 장대했고 기운도 좋았으며 무예를 익힌 대장부로 자라났다. 백성들 모두 진무를 우러러보았으며 장차 훌륭한 국왕이 되리라 생각했다.

그러나 진무는 왕위를 계승할 생각이 조금도 없었다. 늘 스승을 찾아 도(道)를 물었으며, 신선이 되어 승천하는 날을 꿈꾸었다. 부모가 백방으로 말렸으나 전혀 듣지를 않았고 제 생각만 고집하는 진무였다.

어느 날, 화원의 꽃송이 속에서 자줏빛 옷을 입은 도인이 나타나 태자에게 말했다.

"득도하여 신선이 되고 싶으면 우선 주색과 재물에서 손을 떼고 속세를 잊어야 하나니 바다 건너 동쪽 멀리에 무당산이 자네가 수도할 곳이니라."

그리고선 홀연히 사라졌다. 원래 이 도인은 옥청원시천존(玉清元始天尊)의 화신이었다. 그때 진무태자의 나이 겨우 열다섯이었다. 태자는 부모 곁을 떠나 왕실의 쾌적하고 즐거운 생활을 버렸다. 진무는 조그만 배를 타고 바다 건너 무당산에 들어갔다.

그러나 선승황후는 아들을 그대로 보낼 순 없었다. 진무태자의 뒤를 좇아 밤낮을 가리지 않고 무당산까지 따라오며 아들을 불렀다. 아들은 앞서 달리고 어미는 쫓아가 겨우 옷자락을 붙잡고 매달렸으나 아들은 칼로 옷자락을 자르고 도망갔다.

본래 젊은 남녀가 마음이 맞아 결혼을 하지만 자식을 낳으면 어미의 마음은 자식한테 기우는 법이다. 그렇게 뿌리치고 달아나는 아들을 죽자사자 쫓아가며 돌아오라고 사정하고 매달리며 눈물을 뿌렸다. 선승황후의 눈물이 모여 '적류지(滴留池)'라는 연못이 되었다고 한다.

진무는 무당산 높은 봉에 올라 몇 년간 고된 수련을 계속했다. 그러나 득도하여 신선이 된다는 것이 어찌 쉬운 일이겠는가? 그는 모든 의욕을 상실했다. 차라리 부귀영화를 누리며 태자로 살아가는 것이 백번 나은 것 같았다. 진무는 하산했다.

날은 음침하게 흐렸고 새들은 쉬지 않고 울어대는 산길을 걸어가는 진무의 마음은 울적하기만 했다. 이런 때는 아무라도 붙잡고 얘기하고 싶었다. 마음을 툭툭 털어내는 얘기라도 좀 한다면 기분이 풀릴 것 같았다. 그러나 이런 궁벽한 산속에 인가가 있을 리 없었다.

얼마 뒤, 저편 우물가에 앉아 있는 한 노파가 눈에 띄었다. 노파는 고개를 숙인 채 커다란 철주를 숫돌에 갈고 있었다. 진무는 이상하게 여기고 물었다.

"그렇게 큰 쇠몽둥이를 갈아서 무얼 하시렵니까?"

노파는 고개도 들지 않고, 철추를 계속 갈면서 대답했다.

"수놓는 바늘을 만들 겁니다."

진무는 크게 웃으면서 말했다.

"할머니! 할머니가 죽을 때까지 문질러도 바늘을 만들 수 없습니다. 공연한 고생 그만하십시오."

노파는 화를 내지도 그렇다고 못마땅한 표정도 없이 말을 받았다.

"한번 문대면 조금이라도 작아집니다. 다만 오랜 노력이 있다면 언젠가는 바늘이 될 것입니다."

노파는 끌어안기도 힘든 철추를 계속 갈고 있었다.

진무는 마음속으로 크게 느끼는 바가 있었다.

"수선구도(修仙求道) 또한 저와 같은 이치가 아니겠는가?"

진무는 노파의 깨우침에 감사를 드리고 싶었다. 그러나 진무가 고개를 돌리는 순간 노파는 구름을 타고 나르며 큰 소리로 말했다.

"총명한 사람에겐 한마디로 족하지만 어리석은 이에겐 백 마디 설명도 부족하다오!"

원래 그 노파는 자원군(紫元君)이 진무를 깨우치려 잠시 모습을 바꿨던 것이었다. 자원군은 그 철추를 그냥 남겨두었다. 그 철추는 아직도 무당산 아래 마침정(摩針亭) 옆에 남아 있다고 한다.

진무는 대오각성하고 다시 산중으로 들어갔다. 무당산 큰 바위 아래 단정히 앉아서 수련을 계속했다. 진무의 머리에 새가 둥지를 틀어 알을 낳고 부화해도 움직이지 않았다. 가시나무가 싹터 허벅지를 찔러도 움직이지 않았고 덩굴풀이 몸을 감싸 열매를 맺어도 진무의 수련은 계속되었다. 진무는 오곡을 먹지 않았기에 위장과 창자가 뱃속에서 야단이었다. 진무는 위장과 창자를 꺼내 산 아래로 던져 버렸다. 이렇게 전심전력 사십이 년간 수련을 계속했다.

구월 초아흐레, 하늘엔 상서로운 구름이 가득했고 공중에선 꽃잎이 날고 숲속엔 아름다운 향기가 진동했다. 진무는 마음이 홀가분하고 눈앞이 밝아지는 것을 느꼈다. 가슴은 수정처럼 투명해져 티끌 하나도 앉을 수 없었다.

몸은 뜬구름처럼 가벼워 지금이라도 날아갈 것만 같았다. 진무도 마음속으로 이제 신선이 되어 승천하리라 생각했다.

그때 홀연히 절세미인이 진무 앞에 나타났다. 그녀는 두 손에는 황금 쟁반과 옥배를 받쳐 들고 교태를 부리며 차를 권했다. 진무는 여인이 교태에 마음이 흔들리지 않았다. 오히려 여인이 가증스러웠다. 진무는 칼을 쑥 뽑으며 큰 소리로 나무랐다.

"네가 만약 양갓집 규수라면 자중자애 해야지 이렇듯 경거망동할 수 없느니라!"

그 여인은 두렵고도 부끄러웠다. 얼굴이 붉어지며 몸을 돌려 절벽 아래로 몸을 던졌다.

진무는 자기 때문에 가여운 여인이 목숨을 버렸다고 후회했다. 지금이라도 그 여인의 목숨을 지켜줘야 한다는 생각이 들었다. 진무는 절벽 아래로 몸을 던졌다. 그 순간 용 다섯 마리가 진무의 몸을 받았다.

조금 전의 그 여인은 맞은편 구름 위에 서서 웃고 있었다. 그 여인은 옥청원시천존(玉淸玉淸元始天尊)의 화신으로, 마지막까지 진무를 시험해보았던 것이다.

"도제는 이제 득도하여 신선이 되었노라!"

7. 왕자진

낙양성 동쪽 칠십 리쯤에 자리한 부점촌(府店村)의 남쪽에는 구산(緱山)이란 산이 우뚝 솟아 있다. 산 위에는 당나라 측천무후(則天武后)가 친필로 쓴 승선태자비(升仙太子碑)가 있다.

전설에 의하면 그곳이 바로 왕자진(王子晉: 왕자교王子喬라고도 부른다)이 학을 타고 승선한 곳이다. 왕자진은 비록 동주(東周) 영왕(靈王)의 왕자였지만 궁중생활을 조금도 달가워하지 않았다. 그리고 기회만 있으면 부왕에게 백성들의 부담을 경감시키고 쉽게 해야 한다고 직간을 서슴지 않았다.

그러나 영왕은 태자의 충간을 듣지 않았으며 더욱 잔인하게 백성들을 수탈했다. 왕자진은 부왕 궁전의 더러움에서 벗어나고 싶었기에 백성들 마을을 돌아다니거나 아니면 산과 들에서 사냥에 열중했다.

어느 가을날, 왕자진은 백마를 타고 허리엔 보검을, 활과 화살을 준비하고 낙양성을 나섰다. 들녘엔 추색(秋色)이 가득했다. 궁중생활의 경박함보다 차라리 농촌마을의 진실이 그리웠다.

그때 갑자기 들판 가운데 풀을 뜯고 있는 금빛 사슴을 발견했다. 화살을 메겨 활을 당겼고 쉬익 소리와 함께 화살이 사슴의 허벅지에 박혔다. 놀란 사슴은 힘대로 달렸고 왕자진도 말을 달려 바짝 추격했다.

사슴은 국화가 어우러진 풀 섶으로 뛰어들었으나 종적을 찾을 수 없었다. 왕자진은 천천히 이곳저곳을 찾았지만 끝내 찾지 못했다. 대신 온 산을 뒤덮은 국화를 보며 울적한 마음을 달랠 수 있었다.

바로 그때 누런 국화 밭에 금빛이 번쩍이더니 미모의 아가씨가 나타났다. 왕자진은 깜짝 놀라 아가씨를 보았다. 궁중의 천백 미녀 그 누구도 이 아가씨를 따라갈 수 없었다. 왕자진은 가벼이 몸을 굽혀 예를 표하며 말문을 열려고 했으나 건넬 말이 없었다.

그러나 아가씨는 방글대며 물었다.

"왕자께선 궁에 안 계시고 어찌 여기까지 오셨습니까?"

"잠시 성을 나와 사냥하다가 사슴을 쏘았으나 이곳에서 놓쳐 버렸소이다."

아가씨는 소매 사이에서 작은 보석의 병을 꺼내더니 왕자진에게 보이며 물었다.

"혹 이 사슴이 아닙니까?"

왕자진이 자세히 보니 보석의 투명한 병 속에는 자신이 쏘았던 사슴이 들어 있었다. 더군다나 허벅지엔 작은 화살이 그대로 박혀 있었고 그 자리에는 피가 뚝뚝 떨어지고 있었다. 왕자진은 크게 놀라면서 땅에 엎드려 인사를 올리며 말했다.

"몰라 뵈어서 죄송합니다. 정말 큰 죄를 저질렀습니다."

"나는 국화 선자(仙子)입니다. 오늘 꽃을 좀 따러 왔다가 왕자님을 뵙게 됐습니다."

"저는 아무것도 모르고 사슴을 쏘았습니다. 제발 용서하십시오."

그러나 아가씨는 얼굴을 붉히며 말했다.

"왕자께서 사슴을 맞추지 못했다면 여기까지 오셨겠습니까?"

그러면서 국화선자는 보석 병 속에서 사슴을 꺼냈다. 그리고선 불진으로 먼지를 털듯 스쳐 지나가자 사슴은 본래 모습대로 커졌다. 국화선자는 사슴 허벅지에 꽂힌 화살을 뽑고 간단히 상처를 치료했다. 국화선자는 화살을 왕자진에게 내밀면서 말했다.

"왕자님의 활 솜씨는 정말…… 정말…… 훌륭하십니다. 이 화살을 돌려 드릴까요? 아니면 제가 좀 가져도 될까요?"

왕자진은 역시 총명한 사람이었다. 국화선자의 말을 듣고선 그 마음을 알았다. 그러기에 선선히 대답했다.

"원하신다면 거두어 주십시오!"

국화선자는 부끄러운 듯 그러면서도 교태가 뚝뚝 떨어지는 웃음을 띠며 화살을 소매 속에 넣었다. 국화선자는 사슴의 등에 올라앉으며 말했다.

"만약 속세를 버리고 싶은 생각이라면 요대(瑤臺)로 나를 찾아오십시오."

말을 마치자 사슴의 네 발이 솟구치며 국화선자는 표연히 사라졌다. 부왕에 불만을 가진 태자로서, 국화선자의 다정한 눈길을 받은 왕자진은 결코 궁으로 돌아갈 마음이 없었다. 그렇다고 국화선자를 따라갈 방도도 없었다. 다만 홀로 탄식할 뿐이었다.

그때 하늘에서 국화선자의 목소리가 들려왔다.

"생각이 있다면, 백마와 함께 천지의 물을 마셔야, 신선이 되어 오실 수 있습니다."

자진은 곧 백마를 끌고 샘을 찾아 나섰다. 왕자진은 서산 꼭대기에서 맑은 샘물을 찾아내었다. 그는 백마와 함께 샘물을 마셨다. 어느 틈엔가 백마는 하얀 한 마리의 단정학(丹頂鶴)이 되어 대기하고 있었다. 왕자진은 날아오를 듯 가벼운 몸으로 학의 등에 올라탔다.

왕자진은 몸에 지니고 있던 은자(銀子 돈)를 샘물 주의에 뿌렸다. 왕자진이 승천할 때 산초나무 가시에 보검의 칼자루 장식이 걸렸다. 왕자진이 풀 겨를도 없이 칼 장식 끈은 떨어져 나갔다.

이후 그 이야기를 들은 영왕은 놀라 그 자리에 큰 도관을 짓고 승선관(升仙觀)이라고 불렀다. 그 옆에 말 물을 먹였다는 음마지(飮馬池)가 되었고, 왕자진이 뿌린 은자는 음마지 주변의 수정석이 되었고 칼 장식 끈은 땅에 떨어져 구산(緱山)이 되었다는 이야기가 낙양 일대에 지금도 전해온다.

8. 귀곡자

중국 역사에서 귀곡자(鬼谷子)는 전국시대의 걸출한 인물이다. 귀곡자는 제자백가(諸子百家) 중 각국 간의 외교문제를 다룬 종횡가(縱橫家)의 비조(鼻祖)이다. 동시에 소진(蘇秦)과 장의(張儀)라는 걸출한 인물을 키운 탁월한 교육자라고 할 수 있다.

그의 성은 왕(王)이고 이름은 선(禪)이라고 하지만 여러 가지 이견이 분분하다. 그는 스스로 귀곡(鬼谷)선생이라 하였는데, 그 귀곡은 그의 출생지이며 은거지인 지금의 하남성 등봉현(登封縣)의 귀곡산(歸谷山)이다. 다만 귀(歸)와 귀(鬼)의 발음이 비슷하기에 신비한 색채를 보태기 위해 귀곡(鬼谷)이라 했다는 말이 전해온다.

귀곡자에 관한 가장 빠른 기록은 사마천의 ≪사기 소진열전(蘇秦列傳)≫과 ≪사기 장의열전(張儀列傳)≫으로 '소진과 장의가 귀곡선생을 사사(師事)를 했다'는 내용이다.

도교에서는 귀곡선생을 '옛날의 참 신선(古之真仙)'으로 기록하고 있다. 그는 저서 ≪귀곡자(鬼谷子)≫를 남겼는데, 그 이후의 행방에 대해서는 기록이 없다.

귀곡자는 정치가적인 육도삼략(六韜三略)의 능력을 갖고 있었다. 그는 전국시대 7웅(七雄)의 쟁패에서 합종(合縱)과 연횡(連橫)의 외교책략을 소진과 장의에게 강의했는데, 그 외교 책략에 의한 결과는 진

(秦) 시황제의 천하통일로 나타났다.

귀곡선생은 민간에서 명리학(命理學)의 조사이며, 도교에서 그의 공식적인 존칭은 현도선장(玄都仙長)이다.

귀곡자는 전국시대(戰國時代) 사람으로 성은 왕씨(王氏)라고 하지만 이름과 고향과 생존연대가 확실치 않다. 일찍이 운몽산(雲夢山)에 들어가 약을 캐다가 득도하여 신선이 되었다고 한다. 수백 세를 살았다고 전하는 귀곡자는 호북성 원안현(遠安縣) 동남쪽에 있는 청계산(淸溪山)의 귀곡(鬼谷)에 은거했었다.

종횡가로 명성을 날리기 전의 소진과 장의가 귀곡선생을 찾아 삼 년간 배우고 떠날 때, 귀곡선생이 두 사람에게 말했다.

"너희들의 공명은 찬란히 빛날 것이로다. 그러나 봄날 무성한 초목이 가을에 떨어지듯이 오래오래 누리지는 못할 것이다. 그대들을 아침 이슬 같은 영화를 좋아하고 오랜 세월에 걸쳐 기억될만한 공적을 쌓으려 않는다. 큰 소나무처럼 오래 살려 하지 않고 하루아침 물거품 같은 벼슬을 귀하게 여긴다. 여자들은 자리(蓆)를 짜더라도 끝까지 마치지 못하고, 남자들은 수레바퀴를 만들다가 도중에 포기하기를 잘한다. 아! 슬프도다. 내가 인간 세계에 존재했다는 것을 수백 년 후 그 누가 알겠느냐?"

옛날 진(晉)나라 때 곽박(郭璞)이 귀곡자를 읊은 시를 남겼다.

청계산 천길 벼랑 밑
동굴 속에 한 도인 있었네.
누가 와서 묻거든
그 이름 귀곡자라네.

9. 안기생

진(秦)나라 시절 의술이 매우 고명한 방사(方士)가 있었으니 그 이름은 정안기(鄭安期)였다. 정안기는 산동성 낭야(琅耶) 사람으로 그곳 바닷가에서 오랫동안 의업에 종사했었다.

어느 해인가 진시황이 동쪽을 유람하다가 병이 나서 정안기를 불러 치료케 했다. 진시황은 정안기의 의도(醫道)가 매우 깊고 정밀한 것을 알고 감탄했다. 사흘 밤낮을 같이 이야기를 나누었고 자기를 수행하면서 장생불노(長生不老) 약을 만들어주기를 바랐다. 진시황이 많은 금은재보를 하사했으나 정안기는 모든 것을 거절하면서 한마디를 남기고 떠났다.

"천 년 뒤 봉래산 아래에서 나를 만날 수 있습니다."

그 뒤 정안기는 홀로 길을 떠나 먼 남쪽 광주(廣州)로 갔다. 정안기는 산수가 수려하고 민심이 순박하여 살만한 곳이라 여겨 그곳에 정착했다. 그러나 빈곤과 질병이 교대로 찾아드는 곳이어서 많은 구호와 치료가 필요하다는 것도 알았다.

정안기는 백운산 아래 거처를 정하고 매일 약 호로병을 메고 백운산 주변을 돌며 채약과 치료를 계속했다. 정안기는 위급한 병자의 생명을 구했고 가난한 사람에겐 약값을 받지도 않았다. 오히려 자기가 갖고 있는 돈이나 곡식을 내어 그들을 구호했다.

때문에 그곳 사람들 사이에 '아무리 중병이라도 정안기를 만나면 살 수 있다'는 말이 생겼다. 그곳 사람들을 친근과 존경의 표시로 정안기를 '안기생(安期生)'이라 불렀다. 광주 지방에서는 학문이 높은 사람에 대한 존칭으로 'ㅇㅇ생'이라고 부르는 습관이 있었다고 한다.

어느 날, 안기생이 작은 촌락을 지나고 있는데 어린아이가 울면서 달려왔다. 아이는 자기 아버지가 위독하다며 급히 봐달라고 말했다. 안기생은 즉시 약 호로병을 메고 아이를 따라갔다.

환자는 가난한 농부였다. 이미 인사불성에 온몸은 불덩이처럼 뜨거웠고, 목 부분에는 고약한 종기가 곪아 터졌으며 사흘 동안 물 한 모금을 넘기지 못했다고 했다.

안기생은 농부의 병을 열과 독이 심장까지 들어갔다고 진단했다. 그런 독한 병은 구절창포(九節菖蒲)가 아니면 치료할 수 없었다. 그러나 돈이 많아도 얻기 힘들다는 그런 귀한 약재를 이렇듯 가난한 농부가 어디서 구할 수 있겠는가? 농부의 아내와 어린아이는 안기생만 바라보며 애원하듯 말했다.

"선생님! 우리들을 살려주세요!"

온 식구가 훌쩍거리며 안기생에 매달리니, 안기생인들 어찌하겠는가?

"우지 마시오. 이 사람 병은 고칠 수 있습니다. 내가 산에 가 약초를 구해보겠습니다."

기실은, 안기생이 몇십 년간 의원 노릇을 했지만 여태껏 구절창포를 보지도 못했다. 다만 구절창포는 아홉 마디가 있다는 것과 매우 희귀한 약재로 무슨 병이든 고칠 수 있고 보통 사람도 구절창포를 복용하면 오래오래 무병장수할 수 있다고만 알고 있었다.

그러나 어디서 구절창포를 구할 수 있겠는가?

의약서에서는 '나부산(羅浮山)의 동편 골짜기나 백운산(白雲山) 창포 골에 자생한다. 큰 절벽의 모래나 흙이 없는 곳에 자라되 한 치에 아홉 마디가 있고 보라색 꽃이 핀다'는 기록만 보았을 뿐이다. 안기생은 백운산에 들어가 구절창포를 찾아보기로 결심했다.

그는 단숨에 십 여리를 달려 백운산에 들어갔다. 숲을 헤치고 가시 덤불을 지나고 넝쿨에 매달리며 크고 험한 절벽만을 골라 더듬어 나갔다. 산을 넘고 골짜기를 지나 절벽을 타넘는 동안 짚신은 모두 닳아 없어졌고 발바닥엔 불이 붙었다.

그러나 구절창포는 그림자도 보지 못했다. 안기생은 주저앉아 쉬고 싶었다. 그렇지만 병상의 농부보다 그 어린아이 눈망울이 마음에 걸려 쉴 수가 없었다.

안기생은 쌍계골에서 창포골로 들어섰다. 그리고 다시 별을 매만질 수 있다는 마성령 고개를 지나 절벽을 타면서 조그만 풀까지 뒤져 보았다. 날이 서서히 어두워지고 있었다. 산비탈에 뛰던 산양들이 골자기 아래로 내려가는 것이 보였다.

안기생도 산허리에서 꾸불꾸불 소도를 따라 창포골로 내려가고 있었다. 그때 한줄기 서늘한 바람 속에서 그윽한 향기가 실려 왔다. 그 향기는 난의 향기보다 더 청신했고 말리향(茉莉香 쟈스민 향)보다도 더 농염했다. 안기생은 근처에 특이한 약초가 있으리라 생각했다.

구절창포가 아닐까? 안기생은 천천히 더듬어 나갔다. 열 몇 걸음을 나가자 눈에 띄는 것이 있었다. 아홉 마디, 진한 녹색, 꽃잎 세 개, 보라 빛 순, 사람을 취하게 하는 향기 그리고 책에 쓰여 있던 그대로! 그것은 틀림없는 구절창포였다.

안기생은 서둘러 몇 마디를 꺾어 넣고 산을 뛰어 내려왔다. 농부의 집에 왔을 땐 삼경이 가까운 한밤이었다. 환자는 마지막 남은 몇 가닥 숨을 몰아쉬고 있었다. 안기생은 약발을 꺼내 구절창포를 넣고 다졌다.

그리고 그 즙을 한 방울씩 환자의 입에 떨어트렸다. 환자의 목에서 꼬르륵 소리가 났다. 환자가 서서히 눈을 떴다. 반시간이 못되어 환자는 소생했다.

안기생은 약발에 맑은 물을 부어 깨끗이 씻었다. 그리고 구절창포 찌꺼기와 씻은 물을 모두 마시게 했다. 이틀 뒤 농부는 씻은 듯 나았다.

이 소문은 빨리 퍼져나갔다. 퍼질수록 더욱 신비하게 윤색되었다. 마침내 진시황도 안기생이 남방에서 장생불사약을 구했다는 소문을 들었다.

진시황은 급히 사람을 보내 안기생을 불렀다. 빨리 그 신약을 바치라고 다그쳤다. 그러나 안기생은 '천년 뒤에 봉래산에서 만나보자'며 움직이지 않았다. 진시황은 크게 화를 냈다.

"천년을 살 수 있다면 무엇 때문에 불로장생약을 구하겠는가? 그 요망한 의생이 신약을 바치지 않겠다면 그 녀석의 머리를 잘라 오너라!"

안기생은 어쩔 수 없었다. 옛 길을 따라 백운산 창포골에 들어섰다. 안기생은 구절창포를 찾아내었다. 한두 마디를 꺾어 코에 대어보았다. 정말 진한 향기였다. 안기생은 마디에 흐르는 즙을 핥았다. 한 마디, 두 마디 깨물어 먹었다. 몸이 가벼워졌다.

안기생이 두 줄기째 씹어 삼키자 갑자기 눈앞의 구절창포들이 모두 사라졌다. 안기생이 놀라 걱정하고 있을 때 한 노인이 나타나 말했다.

"안기생! 그대는 정안기가 아닌가? 그래 이 구절창포를 진시황에게 바치겠다고? 하! 하! 하!"

안기생은 크게 놀라며 물었다. 누구이시며 어찌 내 이름을 알고 계시냐고? 그러나 노인은 자기 말만 했다.

"자네는 정말 마음씨가 고운 사람이여. 그러나 좋은 사람 나쁜 사람 구분할 줄도 모르는구나!"

그러고선 사라졌다. 안기생은 확연히 깨닫는 바 있었다. 그가 모든 사람을 위하여 기꺼이 치료한 것은 결코 부귀를 탐해서가 아니었다. 또 명성을 얻고자 하지도 않았다.

그런데 이제 불노장생을 탐하는 진시황을 위해 불사약을 만들어줘야 하는가? 차라리 뼈를 부수어 죽을지언정, 진시황 칼 아래에서 움직이는 잡귀가 될 수는 없지! 안기생은 절벽에서 몸을 날렸다. 그러나 누가 무엇을 알 수 있으랴!

그 순간 귓전에 바람 소리 들리면서 몸이 두둥실 떠 있는 것 같았다. 산중턱 어디선가 커다란 학 한 마리가 쏜살같이 날아와 안기생을 태웠다. 큰 날개를 서서히 저으며 학은 날아올랐다. 마성령을 밑으로 두고 먼 창공 속으로 한 점이 되어 사라졌다.

안기생이 승천한 그날은 칠월 스무아흐렛날이었다고 한다. 그날을 광주 사람들은 정안기 신선이 태어난 날이란 뜻으로 정선탄(鄭仙誕)이라고 불렀다. 백운산에 사당을 짓고 선량한 신선을 그리워했다고 한다.

10. 동방삭

동방삭(東方朔)의 자(字)는 만천(曼倩)이다. 한 무제(武帝)의 신하였으며 본래 제(齊)의 사람이었다. 글을 잘 지었고 모든 학문에 두루 박통했던 사람이었다. 동방삭이 한 무제에 글을 올렸는데 종이가 없던 그 시절에 목간(木簡)이 삼천 개나 되었기에 환관 두 사람이 겨우 짊어지고 들어갔다. 그 글의 요지는 자신을 소개하고 천거하기 위해 나라를 다스리는 방책을 쓴 것이었다.

'저는 어려서 부모를 여의고 형수의 손에 자랐습니다. 지금 나이 스물두 살에 키는 아홉 자 세 치이며 저의 입에 구슬을 매단 듯, 치아는 조개껍데기 늘어놓은 듯 희고 고릅니다. 저의 용기는 전국시대의 용사인 맹분(猛奮)과 같고 민첩하기는 물속에서 하루에 천 리를 달린다고 하는 경기(慶忌)와 같습니다. 또 정직하기론 관포지교(管鮑之交)의 포숙(鮑叔)과 같고 신의(信義)는 노(魯)나라의 미생(尾生)만큼 강하오니 이 정도면 폐하의 신하가 되기에 충분하지 않겠습니까?'

결국 벼슬에 임명되었고 시중(侍中)에 이르렀다.

동방삭은 우스갯소리를 잘했다. 그 농담은 무제와 신하들에게 깨

우침을 주는 우스갯소리였다. 때문에 ≪사기 골계열전(滑稽列傳)≫에
도 실려 있다.

　서왕모의 도원(桃園)에 들어가 천도(天桃)를 훔쳐 먹었다는 이야기
도 있다. 동방삭은 늘 궁중에 은거한다면서 술이 거나해지면 땅에 주
저앉아 노래를 부르곤 했다.

　　물속에 잠기듯 땅 위에 가라앉았으나
　　속세를 피하여 관청 속에 숨었노라.
　　궁궐 안에서도 온몸을 숨길 수 있거늘
　　하필이면 심산유곡 움막에 은신하랴?

11. 위백양

위백양(魏伯陽)은 한(漢)나라 때 오(吳, 지금 절강성 일대) 땅에 살았던 사람이다. 천성이 매우 담백했으며 도술을 좋아했고 벼슬하기를 싫어했다.

위백양은 제자 세 사람을 거느리고 입산수도하면서 신단(神丹)을 제조했다. 그러나 셋 중 두 사람은 수련과 선단제조에 성의가 없었고 결과를 의심하며 스승에 대한 신뢰가 없었다. 드디어 신단이 완성되었고 위백양은 제자들에게 말했다.

"금단(金丹)이 다 만들어졌지만 우선 개에게 시험을 해봐야겠다. 만약 개가 무사하다면 신단을 복용해도 좋을 것이나 개가 죽는다면 사람도 죽는다는 뜻이지 어찌 복용하겠느냐?"

위백양은 신단을 개에게 먹였더니 개가 즉사했다. 위백양이 그것을 보고 말했다.

"신단을 만들다가 도중에 실패했다면 어쩔 수 없는 일이다. 그러나 다 완성되었는데도 효험이 없다면 신명(神命)을 얻지 못했단 뜻이다. 이 신단을 먹고 개처럼 된다면 어찌하겠느냐?"

그러자 제자들이 물었다.

"사부께서는 복용치 않으렵니까?"

"나는 세상을 등지고 가정을 팽개치면서 입산수도를 했다. 그러나 신단을 만들지 못했으니 나 역시 부끄러울 뿐이다. 내가 살아 있다 하여도 죽은 거나 마찬가지다. 나는 이 신단을 먹겠노라."

위백양이 신단을 먹자마자 그대로 죽었다. 평소 성실하며 스승을 따르던 제자가 나서며 말했다.

"우리 사부는 결코 범인(凡人)이 아니시다. 죽을 줄 아시면서 왜 복용했겠는가? 무슨 깊은 뜻이 있을 것이니, 나는 사부님 뜻을 따르겠다."

성이 우(禹)씨인 제자는 위백양처럼 신단을 먹었고 그대로 즉사했다. 나머지 두 제자는 서로 바라보며 말했다.

"우리가 신단을 만든 까닭은 장생을 얻고자 한 것인데 이렇듯 즉사하니 어찌 복용하겠는가?"

두 제자는 짐을 챙겨 하산했다. 두 사람이 떠나자 위백양은 곧 소생하였다. 위백양은 다른 신약을 죽은 제자와 개에게 먹여 소생시켰다. 물론 처음부터 완전히 죽은 것은 아니었다.

이에 제자와 개도 신선이 되었다. 개 신선이라면 좀 우스운 말 같지만 견선(犬仙)이 탄생한 것은 틀림없는 일이다.

위백양은 나무꾼을 통해 먼저 하산한 두 제자에게 소식을 전했다. 위백양은 《참동계(參同契)》등 두 권의 저서를 남겼다고 한다. 그 저서 내용이 마치 주역을 해설한 것 같다지만 사실은 주역의 효상(爻象)을 빌려 선단을 만드는 비결을 적은 것이라고 한다.

12. 유신과 완조

후한(後漢) 시대, 절강성 염계(濂溪) 근처에 절친한 벗 두 사람이 살고 있었다. 그들은 공교롭게도 같은 해의 같은 날에 출생했다. 그들 두 사람은 유신(劉晨)과 완조(阮肇)였는데, 둘 다 약초를 캐는 사람들이었다.

어느 해, 전염병이 돌아 많은 사람들이 고생을 해야만 했다. 유신과 완조는 그 전염병엔 오약(烏藥)이 특효라는 말을 듣고 오약을 찾아 나섰다. 새들은 길을 안내하듯 지저귀고 시냇물은 그들을 위해 노래하듯, 흰 구름은 햇볕을 가려주었고 서늘한 바람은 땀을 식혀주었다.

그들은 아침 해를 보았고 저녁노을을 넘기며 별을 세고 달을 마주 보며 쉬지 않고 절강성 천태현 북쪽에 있는 천태산(天台山)을 향해 걸었다.

그들은 열여덟 봉우리를 넘고 열여덟 곳의 절벽과 골짜기를 지났다. 그때는 벌써 가을이었다. 낮에는 아직도 더웠지만 밤에는 소름이 칠 정도로 차가웠다. 그들이 갖고 온 양식도 떨어졌다. 이제는 들풀이나 나무 열매를 찾아 먹어야만 했다. 그들은 깊은 골짜기 시냇물을 따라 나아갔다. 한참을 가다 보니 꾸르릉, 꾸르릉, 물소리와 함께 두 줄기 폭포가 나타났다.

그때 그 두 사람은 몹시 지쳐 있었다. 굶주림과 연일 계속된 노독(路毒)이 겹쳐 이제는 더 이상 움직일 수 없었다. 눈에는 어지럼 꽃이 피고 팔다리는 삶아 놓은 듯 축 늘어졌다.

완조는 바위에 엉덩이를 걸치고 죽은 듯 늘어졌다. 유신은 그래도 냇물을 들이키고 간신히 몸을 일으켜 사방을 둘러보았다. 그들 주위엔 온통 험한 절벽뿐, 나무조차 찾아볼 수 없었다. 완조가 겨우 입을 열었다.

"유 형! 이젠 길도 없으니 어찌하겠소? 우리 돌아갑시다. 아니면 우리 굶어 죽겠습니다."

그러나 유신은 머리를 가로저으며 말했다.

"서둘지 맙시다. 다시 한 번 살펴보는 게……."

유신은 말도 다 못하고 넘어졌다.

유신과 완조는 그대로 누워 있다가 비몽사몽간에 잠이 들었다. 얼마가 지났는지도 모르는데 흐릿하게 잠이 깨는 듯, 눈앞이 밝아오며 온 하늘에 붉은 구름, 그리고 골짜기마다 붉은 섬광이 번득이었다.

아! 맞은편 절벽 위에 복숭아나무가 자라고 있었던가? 그리고 어느새 붉고도 붉은 복사꽃이 피고……. 그리고 더 이상한 것은 지금은 가을인데, 어찌 복사꽃이 피는가? 이리저리 생각하는 동안 꽃이 지고……. 다시 자세히 보니 복숭아가 맺혀 있었다. 엄지손가락만 하게 풋복숭아가 매달렸는가? 했더니, 골짜기에서 바람이 불어 내리면서, 순식간에 복숭아는 주먹만 하게 크지 않는가? 모두가 붉게 익어, 금방이라도 꿀 같은 단물이 주르르 흐를 것 같았다.

유신과 완조는 급히 일어나 힘을 다해 절벽을 기어올랐다. 복숭아나무는 높지 않았다. 두 사람은 닥치는 대로 복숭아를 따서 입에 넣었다. 그리고 깨물 필요도 없이 꿀꺽꿀꺽 목을 타고 넘어갔다. 삽시간에 그들은 기운을 회복했다. 그러면서 배 속에 불이 난 듯 뜨거웠다. 뜨거운 열이 모공(毛孔)을 통해 빠져나가는가 싶더니 정신이 맑아지고 손발이 경쾌하게 움직였다.

그들은 복숭아로 배를 채웠다. 그러고선 다시 골짜기로 내려섰다. 그들이 냇물을 한 모금씩 떠 마실 때 냇물에 푸른 채소 잎이 떠내려 왔다. 유신이 말했다.

"완 형! 여기 채소 잎이 떠오는 것을 보면 상류에 사람이 산다고 봐야겠지요?"

그들은 폭포를 우회하여 상류로 올라갔다. 어렵게 한참을 나가니 넓고도 완만한 계곡이었다.

"유 형! 저길 좀 보시요? 물 위에 떠내려 오는 저걸 좀!"

물결을 따라 둥실둥실 떠내려오는 것은 검붉은 물건이었다. 그들은 얼른 그 물건을 건져냈다. 그것은 어지간히 큰 솥이었다. 그들이 뚜껑을 열자, 아니? 그 속에는 고소한 냄새와 함께 참깨로 지은 밥이 가득했다. 두 사람은 더 이상 생각할 필요도 없이 밥을 먹기 시작했다. 한 솥 가득 참깨 밥을 다 먹고 나니 온몸의 근육과 살이 팽팽해지는 것 같았다.

기력을 완전히 회복한 두 사람은 시내를 따라 계속 나아갔다. 시냇물이 끝나는 곳에 큰 산이 앞을 가로막고 있었다. 그들은 산꼭대기까지 올라갔다. 산정은 의외로 넓고 평평했다.

거기에도 시냇물이 흐를 줄은 생각도 못했다. 그들은 시냇물을 건너려 했으나 너무 깊어 건널 수 없었다. 어쩌지도 못하고 머뭇거리고 있으려니 홀연 누군가가 그들을 불렀다.

유신과 완조가 바라보니 시내 건너편에 두 아가씨가 함박 웃으며 서 있었다. 대략 열여섯이나 일곱쯤 보이는데, 한 아가씨는 온통 붉은 옷을 입고 다른 아가씨는 아래위 녹색 옷을 입고 있었다.

"물살이 빨라 건널 수 없소!"

그러자 붉은 옷을 입은 아가씨가 손에 들고 있던 노란 능라 수건을 이쪽을 향해 던졌다. 놀랍게도 수건은 양쪽에 걸쳤다.

"그것을 밟고 건너오십시오!"

그러나 누가 그것을 밟을 수 있겠는가? 두 사람이 주저하는 모양을 본 녹색 옷 아가씨가 '훅'하고 입김을 불자 수건은 금방 누런 돌다리로 변했다. 두 사람은 다리를 건넜다.

"두 분은 염계에서 오셨죠?"

유신과 완조 두 사람은 더욱 놀랐다. 두 사람은 아가씨들을 한번 살펴보았다.

과연! 천의무봉(天衣無縫)이라 하더니! 옷에 바느질한 곳이 없었다. 그렇다면 이들이 선녀란 말인가? 우리가 지금 천상의 선계에 왔단 뜻인가? 유신이 두 아가씨에게 물었다.

"두 분 소저께선 신선이십니까?"

녹색 옷을 입은 아가씨가 대답했다.

"우리들은 여기서 멀지 않은 도원동(桃園洞)에 삽니다. 두 분께서 여기까지 오셨으니 들어가 잠시 쉬었다 가십시오."

유신과 완조는 그들을 따라갔다. 오 리쯤 걸어가니 하얀, 눈처럼 하얀, 마치 옥 병풍과도 같은 절벽이 가로막고 있었다. 그들이 절벽을 돌아가니 그곳엔 아주 넓디넓은 골짜기가 나타났다. 그 산골에는 온갖 꽃이 피어 있고 벌과 나비가 나르는 따스한 봄철이었다. 유신과 완조가 살펴보니 그것들은 모두 희귀한 약재들이었다.

그들은 크고 널찍한 집으로 들어섰다.

문기둥 양쪽엔 온갖 꽃이 새겨 있고 천정에는 유리등이 매달려 있었다. 벽엔 수놓은 가리개가 걸렸고 탁자와 의자는 옥을 새겨 만든 용의 꿈틀거리고 있었다. 안쪽 침상엔 난초로 짠 돗자리가 있었고 구슬을 꿰어 엮은 주렴으로 가려 있었다. 온 집안엔 향기가 가득했다. 유신과 완조는 놀라 어안이 벙벙할 뿐이었다.

두 사람은 곧 주석(酒席)으로 안내되었다. 상 위에는 송이버섯, 겨울 죽순(冬筍), 원추리꽃 나물, 과일을 말린 건포 외에도 복숭아를 장에 담근 것, 말린 것 등이 가득했다. 심지어는 그들이 먹는 술도 복숭아술이었다.

유신과 완조는 그들이 서왕모의 반도(蟠桃)를 관리하는 선녀로 이름이 홍도(紅桃)와 벽도(碧桃)인 것도 알았다. 아울러 서왕모한테 가끔 가슴 아픈 병이 생기고 그 때문에 오약을 만들어 이곳에 보관하고 있다는 사실도 알았다.

그날 이후, 유신과 완조는 도원동에 살게 되었다. 유신과 완조가 약재를 캐는 동안 홍도와 벽도는 각종 음식과 요리를 준비했다. 밤에는 네 사람이 즐겁게 담소하며 술과 음식을 나누었다. 그럭저럭 반달이 지나자 푸른 소나무를 중매쟁이로, 푸른 산천을 이웃 증인으로 삼고 홍도는 유신과 벽도는 완조와 결혼을 했다. 그들 네 사람은 정말로 행복했다. 유신과 완조가 도원동에 온 지도 벌써 반년이 지났다.

어느 날, 유신과 완조가 약초를 캐는데 노란 꾀꼬리가 나타나 그들을 따라다니며 쉬지 않고 울어댔다. 마치 무슨 원망을 쏟아 붓는 듯……

유신은 고향 생각이 났다. 처자식, 그리고 병든 사람들……

"완 형! 이상하지요 어머니와 이웃 사람들이 이 꾀꼬리를 보내 우리들을 부르는 것 같소. 고향 마을로 돌아가야 하는데 아직도 우리는 오약을 못 구했으니……!"

그러나 완조는 벽도선녀에게 깊은 사랑을 갖고 있었기에 아무 말도 하지 않고 고개만 숙이고 있었다. 그날 저녁, 홍도선녀는 유신의 걱정하는 모습을 보고 돌아갈 마음이 생겼다는 것을 알았다. 홍도는 여러가지 좋은 말로 유신을 위로했다. 그렇지만 유신의 걱정을 해결할 수는 없었다. 며칠 뒤 홍도와 벽도는 주연을 마련했다. 술이 몇 순배 돌아가자 홍도가 유신에게 말했다.

"요 며칠간 낭군께서 걱정하는 모습을 보았습니다. 오늘은 제 형제 몇 명을 불러 같이 놀면서 낭군의 근심걱정을 덜어드리겠습니다."

그리고선 왼팔을 높이 들어 한번 휘두르자 소매 끝에서 구름이 피어나더니 금방 열두 선녀가 웃으면서 나타났다. 다시 오른팔을 한번 휘젓자 또 다른 열두 선녀가 나타났다.

연이어 선악이 연주되고 선녀들의 춤이 시작되었다. 완조는 매우 즐거운 듯 눈웃음을 머금고 벽도와 담소하며 즐기었다. 그러나 유신은 풍악이 흥겨울수록 더욱 고향마을의 병든 이웃이 생각났다. 유신은 결코 즐거울 수가 없었다.

홍도선녀는 유신의 뜻을 바꿀 수 없다는 것을 알았다. 한숨을 몰아쉬더니 유신에게로 나아가 술을 따라 올렸다. 그리고 벽도에게 악기를 반주하라면서 직접 노래를 불렀다.

천 년에 한번 열리는 선계의 문이니
언제 다시 이 선경을 찾으리오?
이 술 한 잔 임께 올리지만
속세로 흐르는 물 돌아오지 못하리.

노래를 마친 홍도선녀는 수많은 금은보화를 유신과 완조에게 내주었다. 그러나 유신은 그것을 물리치며 말했다.

"정말 고맙습니다만 이것보다는 오약을 주신다면 갖고 가겠습니다."

홍도는 한참 생각하다가 입을 열었다.

"낭군께서 금은보화를 받지 않고 오직 오약만을 원하시는 그 마음을 저도 알겠습니다. 그러나 하늘의 물건을 쉽게 내줄 수도 없고 더군다나 이곳의 오약은 서왕모의 것입니다. 그렇지만 어찌하겠습니까? 우리들의 정을 어찌 버릴 수 있겠습니까? 오약을 드리겠습니다만 선계의 엄한 규칙에 걸려도 우리가 해결하겠습니다."

홍도선녀는 오약을 내주었다.

푸른 잎과 검은 뿌리, 반짝반짝 윤기가 나는 오약은 지금도 건위제 및 진통제로 쓰이는 귀한 약재이다. 중국에서는 절강성 천태산에서 나는 오약이 가장 유명하다고 한다. 유신과 완조는 홍도와 벽도에게 천만번 감사하며 오약을 받았다. 살아서 생이별은 누구에게나 고통이었다.

홍도와 벽도는 그전에 건너왔던 시냇물에 노란 능라 수건으로 다리를 놓아 두 사람을 건너게 했다.

"이 시내를 건너가시면 바로 인간의 속세입니다."

그들 모두에게 마음 아픈 이별이었다. 유신과 완조는 열사흘을 걸어 고향마을에 돌아왔다. 그러나 이상하게도 마을도 집도 사람도 모두 달랐다. 그들 눈에 익었던 집은 한 채도 볼 수 없었다. 겨우 마을의 느티나무를 찾아 짐작해 봐도 자기 집을 찾을 수 없었다.

유신과 완조는 마을 사람들에게 자기들이 떠날 때, 여섯 달 전의 사정을 이야기했다. 그러나 아무도 그들 말을 믿으려 하지 않았다. 한참 뒤에 어떤 할아버지가 나타나 말했다.

"내가 어렸을 적에 할아버지한테 들은 이야기론 우리들이 칠 대조에 해당하는 두 분이 천태산에 약을 캐러 간다고 떠났다가 돌아오지 않았다고 했습니다."

유신과 완조는 깜짝 놀랐다. 그렇다면 인간세계에선 벌써 이 백여 년의 세월이 지났단 말인가? 선계에서는 겨우 반년의 짧은 시간이었는데!

두 사람이 선계에서 돌아왔다는 소문이 금방 퍼져 나갔다. 많은 사람들이 몰려들었고 많은 환자가 치료를 받았다. 유신과 완조는 갖고 온 오약을 심었다. 놀랍게도 하룻밤 새 온 밭에 퍼져 크게 자라났다. 가슴이 답답한 병을 앓는 많은 사람들이 이때부터 천태산의 오약은 천하에 그 명성을 떨쳤다.

유신과 완조는 다시 선계가 그리웠다. 홍도와 은은한 정을 잊을 수 없었다. 두 사람은 다시 천태산으로 들어가 천신만고 끝에 도원동을 찾아갔다. 그러나 그곳엔 홍도와 벽도 대신 커다란 산봉우리만 두 개 솟아 있었다.

선계의 오약을 내준 홍도와 백도는 서왕모의 노여움을 받아 두 개의 큰 바위산으로 변했다. 두 개의 큰 바위산은 속세로 돌아간 낭군을 기다리듯 망연히 천태산 아래를 내려다보듯 서 있다고 한다. 사람들은 두 산을 쌍녀봉(雙女峰)이라고 불렀다. 도원동을 다시 찾아간 유신과 완조의 행방은 어떻게 되었을까? 신선이 되었는가? 아니면 다시 속세로 돌아왔는가? 천태산 주위 사람 아무도 아는 사람이 없었다. 다만 천태산의 오약은 누구나 다 알게 되었다. 그리고 천태산은 불교와 도교의 명산이 되었다. 특히 양생(養生)과 채약(採藥) 그리고 연단(煉丹)의 동천복지(洞天福地)로 명성을 누리고 있다.

13. 장도릉

장도릉(張道陵)은 후한(後漢) 패현(沛縣) 사람으로 본명은 능(陵)이고 자는 보(輔)인데, 한 고조(高祖)의 유능한 참모였던 장량(張良)의 팔세 손(孫)이라고 하나 확실치는 않다.

장도릉은 일곱 살 때, ≪노자도덕경≫을 깨쳤고 <하도(河圖)>와 <낙서(洛書)> 등 참위설(讖緯說)에 능통했다고 한다.

장도릉은 제자 왕장(王張)과 함께 용호산(龍虎山)에 들어가 선단(仙丹)을 만들어 복용하여 나이 60여 세에 마치 30대의 장년과 같았다. 장도릉이 숭산(嵩山)에서 수련할 때, 비단옷을 입은 수의사자(繡衣使者)가 나타나 말했다.

"중봉(中峰)의 동굴 속에 삼황내문(三皇內文)과 황제구정(黃帝九鼎), 태청단경(太淸丹經)이 비장되어 있으니 찾아다가 수련하시면 승천할 수 있을 것입니다."

장도릉은 칠 일간 목욕재계한 후 그런 책들을 찾았다. 성의정심(誠意正心)으로 읽으며 정사수련(正思修練)하였기에 뒷날 몸의 형체를 나눌 수 있고 그림자를 감추는 신통한 경지에 도달했다.

장도릉은 호수에 배를 띄우고 경을 외웠고, 청려장을 짚고 거닐면서 시를 읊기도 했다. 장도릉은 백성들을 괴롭히는 요괴들을 그의 신비한 도술로 모조리 격퇴했다고 한다. 사람 피를 먹는 백호신(白虎神)

을 물리쳤고 사람을 괴롭히는 큰 뱀을 잡아 처단했다는 등 기이한 행적을 많이 남겼다.

후한 순제(順帝: 서기 125~144) 때 태상노군(太上老君)으로부터 삼청중경(三淸重經) 930권과 각종 비결(秘訣) 72권, 공인(功印) 한 개를 전수받았다고도 한다.

장도릉은 그런 책들을 모두 독파하고 법대로 수련을 마쳤다. 때마침 팔부(八部)의 귀사(鬼師)들이 각각 귀병(鬼兵)을 거느리고 백성들을 못살게 굴었다. 이에 장도릉은 태상노군의 고명(誥命)을 받들어 도술로 그들을 굴복시키니 모든 잡귀들이 모습을 감추었다.

그 후 장도릉은 촉의 사천(四川, 蜀)의 학명산(鶴鳴山)으로 옮겨 수련을 계속했다. 그때 그곳 요괴가 방해를 하니 장도릉은 도술로써 요괴를 금시조(金翅鳥)로 만들어버렸다.

장도릉이 촉의 학명산에서 수도한다고 할 때 그를 따라 배우겠다는 무리들이 매우 많았다. 그들이 입교(入敎)할 때 쌀 다섯 말(五斗米: 요즈음 양은 정확히 모르겠으나 많은 양은 결코 아님)을 바쳤는데 이 때문에 오두미도(五斗米道)라 불렀다. 장도릉이 죽은 뒤 아들 장형(張衡)이 계속했고 손자 노복(魯復) 등이 뒤를 이었다.

그 이후 후한 말 황건적인 우두머리인 장각(張角)은 부적과 주문으로 병을 고쳐주고 오두미를 받았다고 한다. 이런 전통은 시대가 혼란스러운 때일수록 다시 살아나곤 했다.

원(元)나라에서는 장도릉의 후손이라는 장종연(張宗演)을 보한천사(輔漢天師)로 봉했고 명(明)나라 초에는 그 후손 장정상(張正常)을 대진인(大眞人)으로 높였고, 청(淸)나라 초기에도 그런 일이 답습되었다. 그만큼 중국에서는 도교가 세력과 영향력이 있다고 생각할 수 있다.

14. 비장방

비장방(鼻長房)은 후한 여남(汝南: 지금의 하남성 동남부) 사람으로 일찍이 시장의 관리인에 해당되는 시연(市椽)이었다.

그때 시장에 약을 파는 노인이 한 사람 있었다. 그 노인은 큰 호리병 하나를 매달아 놓고 약을 팔다가 시장이 파하면 병 속으로 뛰어들어가곤 했다. 시장 내 다른 사람들은 그것을 못 보지만 높은 누각에 서 있는 비장방은 똑바로 볼 수 있었다.

비장방은 이상히 생각하고 노인을 찾아가 두 번 절하고 가르침을 청했다. 그러나 노인은 내일 다시 오라는 말뿐이었다.

다음 날 새벽 비장방은 일찍 노인을 찾아갔다. 노인은 비장방을 병 속으로 안내했다. 호리병 속은 상당히 넓고 조용했다. 응접실이라 할 수 있는 옥당(玉堂)에 마주 앉아 담소하고 차와 술을 마시고 나왔다. 물론 노인으로부터 절대로 발설하지 말라는 주의도 받았다.

그 뒤 약을 파는 노인이 누각으로 비장방을 찾아와 말했다.

"나는 본래 선인이었소. 그간 잘못이 있어 견책을 당해 이곳에 와 있었는데 이제 선계로 돌아가야 한다오. 그런데 혹시 나를 따라 가볼 생각이 있는가? 그리고 내 자리에 약간의 술과 안주가 있는데 그대와 이별주로 마시고 싶소."

비장방은 하인을 시켜 노인의 자리에 가서 술병을 들고 오라 했다. 그러나 하인은 그 술병이 무거워 들지 못했다. 나중엔 십여 명의 장사가 들어보려고 했으나 술병을 움직일 수 없었다. 결국 노인이 내려가 한 손가락으로 들고 올라왔다. 그 술병은 한 되쯤 들어가는 병이었다. 그러나 둘이 밤새 마시어도 계속 술이 나왔다.

비장방은 노인을 따라 도술을 배우고 싶었다. 그러려면 가족들과 얼마를 이별해야 할지 몰라 망설였다. 이에 노인은 비장방의 마음을 알았다. 노인은 비장방에게 그의 키만 한 대나무를 하나 건네주면서 비장방의 집 뒤편 처마 밑에 걸어두라고 했다.

비장방은 시키는 대로 했다. 다음 날 아침 식구들이 본 것은 비장방이 목매 죽은 모습이었다. 비장방의 처자식은 울며 장사를 마쳤다. 비장방이 바로 옆에 서 있어도 식구들에겐 보이지 않는 것 같았다. 말하자면 비장방은 형체를 잃어버린 사람이었다.

비장방은 노인을 따라 입산했다. 비장방은 맹수가 우글거리는 가시밭길을 혼자 걸어가면서도 두려워하지 않았다. 노인은 썩은 새끼줄로 큰 돌을 매달아 놓고 그 밑에 앉아 수련하라고 했으나 비장방은 안색을 바꾸지 않았다. 또 그의 거처에 수십 마리 뱀과 지네가 들어와 몸을 물어도 비장방은 꿈쩍도 하지 않았다. 그러자 노인이 비장방의 등을 두드리며 말했다.

"자네는 가르칠만하구먼!"

그 뒤 노인은 인분을 가득 담은 밥그릇을 내주며 먹으라고 했다. 그릇에서 지독한 악취가 났고 더러운 벌레들이 우글거렸다. 비장방은 '이것이 시험이다' 생각하면서도 도저히 먹을 수 없어 외면하고 말았다.

"정말 애석한 일이다. 거의 득도할 순간에 여기서 멈추다니! 어쩔 수 없는 일이로다.”

비장방도 어찌하겠는가? 하직 인사하고 떠나야만 했다. 노인은 비장방에게 대나무 지팡이 하나를 주면서 말했다.

“이 지팡이를 타고 가게. 잠깐이면 자네 집에 도착할 거야. 집에 가거든 이것을 갈대 풀 섶에 버리게.”

이어 부적을 한 장 내주며 말했다.

“이 부적을 갖고 있으면 귀신을 볼 수 있고 또 귀신을 마음대로 부릴 수 있네!”

비장방은 대나무 지팡이를 타고 날아서 순식간에 고향 마을에 도착했다. 비장방은 대 지팡이를 갈대밭에 던졌다. 그리고 돌아보니 그것은 한 마리의 용이 되어 승천했다.

비장방은 집에 들어갔다. 온 가족이 놀라 물었다. 비장방은 겨우 며칠간 집을 떠났었다고 말했으나 이미 십여 년이 흐른 뒤였다. 가족들이 전에 분명히 염해서 장사지냈다고 말했다.

“그것은 대나무 토막이다. 지금이라도 무덤을 파보도록 해라.”

가족들이 무덤을 파고 관을 열어보니 과연 대나무 토막이었다.

비장방이 받아온 부적의 위력은 대단했다. 우선 비장방의 눈에는 귀신들의 모습과 행동이 다 보였다. 비장방은 가끔 온갖 귀신들을 불러 호통을 치고 나중엔 종아리도 때렸다. 또 사람들의 질병 특히 잡귀가 들어와 생긴 환자는 비장방이 어루만지기만 해도 병이 나았다.

비장방은 귀신들을 불러 놓고 종아리를 때리고 또 일을 시킬 수도 있었다. 그리고 가끔은 각처의 토지신을 불러 백성들의 땅을 잘 지켜주라고 일장 훈시를 하였다.

비장방이 혼자 앉아 있으면서 성난 표정을 지으면 사람들이 무슨 일이냐고 물었다. 그러면 비장방은 귀신들을 혼내는 중이라고 말했다. 비장방이 손님과 함께 식사할 때면 귀신을 불러 먼 동해의 바다 생선을 사오게 했다. 그는 또 하루에도 천 리 밖으로 구경을 다니기도 했다.

비장방의 신통한 도술은 소문이 났고 많은 젊은이들이 찾아와 배웠다. 한때 환경이란 제자가 있어 비장방의 도술을 배우고 있었다.

어느 날, 비장방이 환경에게 말했다.

"오는 구월 구일에 너의 집에 큰 재난이 닥칠 것이다. 산수유 나뭇가지를 어깨에 걸치고 산꼭대기에 올라가 국화주를 마시고 있으면 재난을 면할 수 있다."

환경은 비장방의 말대로 온 가족을 데리고 피신했다가 저녁때 집에 돌아와 보니 집안에 있던 가축이 모두 죽어 있었다.

어느 날, 비장방은 그 부적을 잘못해서 잃어버렸다. 결국 비장방은 귀신들한테 맞아 죽었다고 한다.

15. 마고선인

　　1945년 무렵의 중국인 평균 수명은
40여 세 정도였다고 한다. 따라서 우리
나라나 중국인에게 '인생칠십고래희(人
生七十古來稀)'라는 두보(杜甫)의 시 구절
은 시구 이전에 생물학적 사실의 표현
이면서 희망이었다고 말할 수 있다.

　　따라서 장수, 수명백세(壽命百歲)는
간절한 소망이었고 그보다 더 좋은 것은 불로장생(不老長生)이다. 수
명백세나 불로장생을 실현하기 위하여 제사 올리고 굿이나 액풀이를
하고 선단을 제조하여 복용하며 별에 기도하거나 생식을 하는 벽곡
(辟穀)과 신체 건강을 유지하기 위한 도인(導引: 道士들의 맨손 체조)
등 온갖 방안들이 시대와 상황에 따라 강구되었다.

　　이처럼 간절한 인간의 욕구가 있으니, 그런 욕구에 상응하는 '장수
(長壽)의 우상'이 창조되었다. 팽조(彭祖)는 팔백여 년을 살았다니 장
수 신기록 보유자이고, 남극선옹(南極仙翁: 壽星)은 인간 수명의 장단
(長短)을 주관하는 신이다. 그리고 또 한 여신, 예쁜 모습의 여성 신,
마고(麻姑)가 있다.

　　마고의 모습은 '마고헌수(麻姑獻壽)'라는 중국 민속 연화(年畵)의 중
요한 소재가 되고 있다. 그러나 마고의 내력에 대해선 여러 주장이
제각각이다.

　　마고선인은 후한(後漢) 왕방평(王方平)의 누이(妹)였다. 왕방평은 중

산대부(中散大夫)에 이르렀으나 뒷날 벼슬을 버리고 입산하여 득도한 사람이다.

왕방평은 환제(桓帝)가 여러 차례 불러 벼슬을 내렸으나 응하지 않았다. 그러나 황제의 명에 의해 억지로 데려왔으나 입을 열지 않았다.

어느 날 왕방평이 채경이란 사람의 집에 들러 채경에게 말했다.

"당신은 틀림없이 세속의 찌꺼기를 털어버리고 선인이 될 수 있다. 그러나 기(氣)는 약하고 육(肉)은 많아 상천(上天)할 수 없다. 따라서 죽어야만 범인(凡人)의 형체를 벗을 수 있다."

그러고선 채경에게 그렇게 할 수 있는 방법을 설명해주었다.

뒷날 채경은 그대로 실행하였더니 갑자기 온몸에서 불처럼 열이 나며 살이 떨어져 나가 뼈만 남았다. 채경이 방에 들어가자 이불이 저절로 채경의 몸을 둘둘 말아버렸고 채경의 모습은 찾을 수 없었다. 집안사람들이 그 이불을 들추어보니 뱀이나 매미껍질마냥 사람 형체만 남아 있었다.

그러고선 십여 년이 지난 뒤, 채경은 다시 집으로 돌아와 집안사람들에게 말했다.

"칠월 칠일에 왕방평이 다시 올 것이니 술을 많이 준비하고 음식을 장만하도록 하여라."

과연 그날이 되자 왕방평이 채경 집안을 방문했다. 왕방평은 사람을 보내 누이인 마고(麻姑)를 불렀다. 마고가 들어오는데 꼭 열여덟 살쯤 된 처녀와도 같았다.

마고는 좌정하여 인사를 나눈 뒤, 곧 부엌에 들어가 기린의 육포를 그릇에 담아오는 등 음식을 만드는 일을 거들었다. 그때 마고의 손이 마치 새 발가락 같은 것을 보고 채경이 마음속으로 생각했다.

"등이 간지러울 때 저걸로 긁었으면 좋겠다."

채경의 그런 마음을 왕방평이 읽었는지 채경의 등짝을 때리며 말했다.

"이봐! 마고는 신인(神人)인데 당신의 등짝이나 긁게 생겼어?"

왕방평과 마고는 즉시 어디론가 떠나갔다.

본래 마고는 모주(牟州)의 동남쪽에 있는 고여산(姑余山)에서 수도했다고 한다. 쌀알을 던져 구슬을 만들 수 있는 도술을 가졌다고 한다.

마고선인이 스스로 말하길 자기는 동해(東海)가 세 차례나 상전(桑田)으로 변하는 것을 보았다고 한다. 또 그전에 봉래산(蓬萊山)에 가본 적이 있는데 그때는 바닷물이 말라 있었다고 한다. 그의 이런 말에서 상전벽해(桑田碧海)라는 말이 나왔다고 한다.

또 한 가지, 삼월 삼일 즉 삼짇날이 바로 서왕모의 생신인데 마고선인은 그날 강주하(絳珠河) 가에서 영지로 술을 빚어 서왕모에게 축수(祝壽)한다는 전설이 전해온다.

중국의 민화(民畵)에 마고헌수(麻姑獻壽)라는 그림이 있는데 이는 마고선인이 서왕모에게 영지술을 바치는 그림이다. 바로 이런 이유로 중국에서는 마고가 여수선(女壽仙)으로 자리 잡게 되었다. 마고는 수명 장수(長壽)를 기원하는 상징이 되어 회화나 공예 심지어 각종 상표의 주요 소재가 되었다.

마고는 선녀처럼 예쁜 모습으로 때로는 구름이나 학을 타고 아니면 푸른 솔밭 사이에서 사슴을 타고 있다. 또 손으로 쟁반과 잔을 받들어 헌수하는 모습도 있다.

16. 갈홍

아주 오랜 옛날, 오랜 세월의 전쟁 때문에 악인은 더욱 포악해지고 선인은 굴욕과 재앙을 당해야만 했다. 민심은 날로 고약해지고 세태 풍속은 점점 사악해졌다. 중국의 동해에 있는 조그만 섬에서조차 이런 지경이었으니 육지에서야 더 말할 것도 없었다.

이런 모습은 하늘의 옥황대제까지 알게 되었고 옥황은 팔선(八仙) 중 한 사람인 여동빈(呂洞賓)을 인간 속계에 내려보내 진상을 조사 보고토록 했다.

▷ 착한 아이

여동빈은 등과 허리가 굽은 머리가 하얀 노인으로 모습을 바꿔 섬에 나타났다. 노인은 조그만 움막을 하나 빌어 기름집(油店)을 열고 장대에 큰 깃발을 내걸었다. 곧 여해유점(如海油店)이라는 상호였으니 바닷물처럼 많은 식용유가 있다는 뜻이었다. 그리고 점포 안에는 붉은 종이에 검은 글씨로 또렷하게 써 붙였다.

"따르고 싶은 만큼 가져가시고, 주고 싶은 만큼 돈을 내시오."

문을 연 지 삼 일도 되지 않아 온 섬사람들이 몰려들었다. 큰 항아리나 물통을 짊어지고 와서는 뒤질세라 앞 다툼하며 기름을 따라갔다. 그러나 겨우 두세 사람이 서너 닢의 동전을 놓고 갔을 뿐, 백 명 중 아흔아홉은 고맙다는 인사도 없었다.

노인은 마음속으로 크게 탄식했다.

과연 세상엔 이렇듯 욕심만 남았는가? 소의 털처럼 많은 사람 중 마음이 깨끗하고 염치와 분수를 아는 사람이 한 사람도 없단 말인가? 그러나 노인은 싫은 표정도 없이 그냥 앉아서 기다렸다. 언젠가는 바르고 착한 마음을 가진 사람이 나타나겠지!

어느 날, 점포 안으로 열두어 살 먹은 남자아이가 들어왔다. 오른손에 귀가 떨어진 사발 하나, 그리고 왼손엔 동전 다섯 개를 쥐고 있었다.

사내아이는 먼저 계산대에 동전 다섯 닢을 세어 놓고선 정확하게 동전값만큼의 기름을 따라 갖고 돌아섰다. 그 깨어진 그릇 반쯤도 차지 않은 기름을 갖고 나가는 아이를 불러 다정하게 물었다.

"아가야, 넌 왜 그만큼만 가져가니?"

"저는 다섯 푼만큼 다 따랐어요."

노인은 사내아이가 아직 사정을 잘 모르는 줄 알고 다시 말했다.

"아냐! 우리 기름집은 따르고 싶은 만큼 따라가고 내고 싶은 만큼만 내면 된단다. 더 많이 가져가도 괜찮아!"

"우리 어머님이 말씀하셨어요. 사람은 가난할수록 깨끗해야 하고, 가난한 사람이기에 더욱 정직해야 한다고 하셨습니다. 한 푼을 냈으면 한 푼어치만 가져가야지, 더 이상 바라면 정직한 것이 아닙니다."

사내아이는 생각보다 훨씬 또렷하게 그리고 제대로 말을 했다. 남루한 옷차림이 조금도 부끄럽지 않은 사내아이였다. 노인은 미소를 띠며 속으로 감탄했다.

"아가야! 네 이름이 무어냐? 그리고 어디서 누구와 사느냐?"

"제 성은 갈(葛) 이름은 홍(洪)입니다. 어머니가 남의 집 일을 해주며 저와 둘이서 살고 있습니다."

노인은 더욱 감탄하면서 아이에게 다가가 작은 소리로 말했다.

"아가야, 너 혼자만 알고 있어라. 머지않아 이곳에 큰 재난이 닥칠 것이다. 나중에 이 거리 끝에 있는 저 돌무덤 앞 돌사자 눈에서 피가 흐르거든, 네 어머니와 함께 서쪽으로 피난을 가거라. 절대로 잊지 마라!"

갈홍은 노인의 말을 듣고 반신반의했다. 그러나 집에 돌아와 어머니한테 들은 그대로 이야기를 했다. 다음 날, 그 기름집도 노인도 없어졌다. 사람들은 노인의 어리석음을 얘기하며 웃고 말았다.

갈홍은 매일 아침과 저녁으로 돌무덤 앞 돌사자를 살펴보았다. 그때 그 마을의 백정이 갈홍에게 왜 매일 돌사자를 살피느냐고 물었다. 갈홍은 노인의 얘기를 마을 백정에게 그대로 말했다. 백정은 큰 소리로 웃으며 갈홍에게 말했다.

"세상에! 그런 말을 믿는 네가 진짜 바보다."

마을 백정은 그날 밤 돼지 피를 갖다가 돌사자의 양쪽 눈에 발랐다. 갈홍을 골려주려고 일부러 한 짓이었다. 다음 날 아침, 갈홍이 돌사자를 보러 왔을 때, 사자의 눈에 피가 흐르고 있었다.

"아! 피다! 사자의 눈에 피!"

갈홍은 급히 집으로 달려와 어머니를 모시고 서쪽으로 달리기 시작했다.

갈홍이 마을을 벗어났을 때, 하늘엔 갑자기 검은 구름이 모여, 온 천지를 어둡게 하더니, 삼시간에 뇌성벽력이 치면서 엄청난 폭우가 쏟아지기 시작했다. 바다에서도 집채보다 더 큰 파도가 치면서 온 하늘과 땅과 바다가 모두 깨지는 것 같았다.

벌써 마을길이 물에 잠겼고 집들이 무너지기 시작했다. 갈홍이 지나온 곳의 땅이 꺼지고 급류가 몰아쳤다. 뒤돌아보면 모두 구름과 물과 파도와 무서운 천둥소리뿐, 뒤쫓아 오는 이 아무도 없었다.

갈홍은 어머니와 함께 삼일 밤낮을 달렸다. 정말로 이제는 한 발자국도 더 나갈 수가 없었다. 눈앞에 어지럼 꽃이 피고, 땀이 비 오듯 하고 소가 헐떡거리듯 가쁜 숨을 몰아쉬었다.

갈홍 모자는 얼마만큼 어디쯤 왔는지 알 수가 없었다. 본래 삼일 밤낮을 달릴 만큼 넓은 섬도 아니었지만 급류가 계속 따라와 달릴 수밖에 없었다.

그러나 멈출 수 없었기에 죽을힘을 다해 얼마를 더 걸었다. 눈앞에 큰 고개가 나타나자 갈홍은 그만 주저앉았다. 더 이상 저 고개를 넘을 수 없었다. 그러자 이상하게도 검은 구름이 걷히면서 뇌성도 사라졌다. 갈홍 모자를 뒤쫓던 파도도 가라앉은 듯 조용하기만 했다. 하늘의 푸른 틈이 점점 커지더니 밝은 햇빛이 눈부시게 쏟아졌다.

"이곳이 바다를 잠재우는 곳이구나."

갈홍 모자는 남쪽으로 얼마를 더 가서 산수가 수려하고 숲이 무성하며 들꽃이 널리 핀 곳에 자리를 잡고 움막을 지었다.

그러나 그곳은 타향객지였고 아는 사람도 친척도 없었다. 집안에는 밥그릇 하나도 없었으니 어떻게 하루를 살 수 있겠는가? 갈홍 모친은 근심걱정으로 기진할 정도였다. 그러나 갈홍은 아무 걱정도 없는 듯 어머니를 위로했다.

"어머니, 너무 걱정하지 마세요. 저도 벌써 열두 살입니다. 매일 산에 가 나무를 해다 팔아 어머니를 모실 수 있습니다."

그날부터 갈홍은 산에 올라 나무를 해다 팔아 모친을 봉양했다. 어느덧 가을 가고 겨울이 되었다. 그해 겨울 유난히도 북풍한설이 심했다. 본래 가난한 사람에겐 더 춥고 매서운 게 겨울이었다. 온 산에 눈이 덮였는데 어디서 나무를 해다가 하루를 살 수 있겠는가?

그래도 쉴 수 없는 갈홍이었다. 갈홍은 산으로 들어갔다. 한참을 오르다 보니 이상하게도 눈이 녹은 곳에 갈대가 무성했다. 갈홍은 갈대를 모두 베어 한 짐 지고 와, 성내에 팔았다.

다음 날 갈홍이 그곳에 가보니 어제 다 베어낸 갈대가 또 무성했다. 이상타 생각하면서 다시 한 짐을 베어다 팔았다. 그런 이상한 일은 그 뒤에도 계속됐다. 갈홍은 모친에게 이야기했고, 모친은 그 갈대 뿌리를 좀 캐다가 집안에 심으며 좋겠다고 말했다.

갈홍은 산에 올라 갈대 뿌리를 캤다. 한참 캐다 보니 펑하는 소리와 함께 큰 돌 항아리가 나타났다. 갈홍은 조심스럽게 항아리를 캐내 뚜껑을 열었다.

그러자, 아! 그곳에는 눈부신 광채와 함께 계란만큼 커다란, 그러면서도 투명한 구슬이 들어 있었다.

▷ 승천

갈홍은 놀라고 기뻤다. 아무리 정직한 갈홍이지만 그냥 다시 파묻을 순 없는 법! 갈홍은 조심스레 구슬을 안고 돌아왔다. 갈홍 모친은 구슬을 낡은 돈궤, 사실 여태껏 돈이 들어 있지도 않았지만, 돈 궤짝 안에 넣어두었다.

다음 날 아침 갈홍이 돈궤를 열어보자 아! 그곳엔 금은보화와 동전이 가득 차 있었다. 갈홍 모자의 기쁨이 얼마나 컸겠는가?

다음 날, 그 구슬을 옷상자에 넣었다. 옷상자엔 좋은 옷이 가득했다. 다음엔 쌀 궤 그리고 다음 날은 곡식 창고에, 그 구슬이 있는 곳엔 무엇이든지 가득 찼다. 갈홍 모자는 큰 부자가 되었다.

사실 갈대를 다시 자라게 한 것도 또 갈대를 캐다가 얻은 구슬도 모두 여동빈이 마련한 것이었다. 여동빈은 갈홍이 너무 착하게 모친에게 효성을 다하면서도 어렵게 생활하자, 보다 못해 동해 용왕의 여의주를 하나 얻어다가 갈홍에게 준 것이었다.

갈홍이 부자가 되었다지만 그 생활은 여전히 근면 검소했다. 흘러넘치는 돈과 쌀과 의복은 모두 가난한 사람들에게 나누어주었다. 겨울에는 덮을 것을, 봄에는 옷감을 나누어주었고, 병든 이에겐 약을, 흉년에는 쌀과 곡식을, 그리고 다리를 놓고, 길을 냈으며, 쉬어 갈 만한 정자를 지어주었으니, 그곳 주변 백여 리 내에 그를 칭송치 않는 사람이 없었다.

그러나 언제든 호사다마(好事多魔)라고 하지 않는가?

그곳에 부(傅)씨 성을 가진 부자며 지독한 구두쇠이면서 심지(心地)마저 삐뚤빼뚤한 늙은 여우가 어찌 가만히 있을 수 있겠는가?

갈홍에게 희대의 구슬이 있어 무엇이든 할 수 있고 무엇이든 얻을 수 있다니 뺏어 갖지 않고서 어찌 하루를 살 수 있겠는가?

어느 날, 부 영감은 하수인인 무뢰배와 고약한 관리들과 함께 창과 몽둥이를 들고 갈홍 집 앞에 나타났다. 갈홍은 그들을 점잖게 맞이했다. 그러나 그들은 체면을 차릴만한 늑대들이 아니었다.

"에! 고약한 녀석! 시치미 떼지 말고 똑바로 말해! 네가 요사한 술수로 백성들을 농락하고 선동하여 변란을 꾀하며 불충한 짓을 준비한다는데! 우리는 이곳 현령의 명을 받아 너의 집에 있다는 요사한 구슬을 가지러 왔다. 빨리 내놓아라!"

"내가 얻은 구슬은 뺏은 것도 훔친 것도 아니고 하늘이 나에게 준 것이거늘 나라의 법에 무슨 잘못을 저질렀습니까?"

갈홍은 지지 않고 그들과 맞섰다. 부 영감은 갈홍 입에서 구슬이 있다는 말을 듣고선 마음속으로 기뻐하며 하수인들에게 말했다.

"집안을 샅샅이 뒤져 찾아내어라!"

마치 도적놈 패거리처럼 몰려들어 위아래 안팎은 물론 궤짝을 뒤엎고 항아리와 솥을 거꾸로 세웠다. 개가 닭을 쫓아 지붕에 오르듯 한바탕 소란을 피웠지만 어디서 그 여의주를 찾겠는가?

부영감은 씩씩거리며 눈썹을 오므렸다. 가는 눈으로 째질 듯 갈홍을 바라보더니, 갈홍을 잡으라고 소리를 질렀다.

사실, 갈홍은 그들의 내습을 예상했었다. 때문에 주머니를 따로 만들어 옷 속 깊이 가슴에 여의주를 품고 있었다.

갈홍은 다급했다. 황급히 뒷산으로 내달았다. 위급할 때는 위급한 대로 꾀가 생기는 법! 갈홍은 여의주를 꺼내 입에 물었다. 잡히더라도 입속이야 뒤지지 않겠지! 그러나 산을 치달리며 헉헉거리다가 자기도 모르게 꿀꺽 소리와 함께 여의주를 삼켜버렸다.

세상에 이럴 수가? 여의주를 삼키는 순간 갈홍의 몸은 엄청나게 커졌다. 다리에서 바람이 일듯 빨리 달렸다. 뒤쫓던 패거리들이 보이지 않았다.

그러나 갈홍의 몸속에서 엄청나게 많은 숯불이 피듯 온몸이 뜨거운 불덩이였다. 입에선 금방이라도 불꽃이 터져 나올 듯했다. 갈홍은 급히 냇물을 찾아 엎드렸다.

꿀꺽꿀꺽! 엄청난 소리와 함께 온 시냇물을 모두 빨아 마셨다. 그의 몸 주변에선 짙은 안개가 피어났다. 안개는 구름이 되어 갈홍 몸을 싸고돌았다. 몸이 가벼웠다. 흔들거리다가 사뿐히 아주 가볍게 날아올랐다.

갈홍이 땅을 한번 차고 오르자 그의 몸은 커다란 용이 되었다. 오색이 영롱한 금룡(金龍), 온몸과 비늘에서 광채가 나고 양쪽 눈에선 번개처럼 뜨거운 불빛이 번득였다. 머리를 쳐들고 꼬리를 치며 자기 집을 한 바퀴 돌았다.

갈홍을 쫓던 그 악당들, 망연히 하늘의 금룡을 보고 있을 때, 그들의 머리 위에 나르는 금룡이 후~하는 소리와 함께 용의 입에서 폭포수보다 더 세찬 물줄기가 쏟아졌다. 악인들은 머리가 깨어지고 팔다리가 부러지며 계곡에 뒹굴다가 돌에 부딪혀 순식간에 이 세상 사람이 아니었다.

갈홍의 어머니도 급히 갈홍을 쫓아 나왔었다. 아들이 금룡이 되어 승천하고 부 씨와 악한들이 쓰러지는 것을 보면서 놀랍고도 기쁘고 슬프면서도 다급했다.

오색 금룡은 구름 속에서 춤추듯 내려와 모친 앞에 세 번 고개를 숙이고 꼬리를 흔들며 하직 인사를 하는 듯, 몇 번씩 고개를 돌려 모친을 향하더니 끝내 창공을 차고 올랐다.

그렇지만 갈홍의 모친은 계속 손을 흔들며 고함쳐 불렀다.

"홍아! 내 아들아! 가지 마라! 가지 마라!"

금룡이 어미의 애타는 모정을 모르겠는가? 몇 번씩 몸을 돌려 모친을 향하다가 창공을 가르고 동해 쪽으로 모습을 감추었다.

이후 갈홍의 모친은 밤낮으로 아들을 생각하며 산언덕에 올라 아들을 불렀다.

"내 아들아! 어디 있니? 홍아! 어디 있니?"

그때마다, 이상하게도, 바다에선 구름이 피어나고 흰 파도가 하늘을 때렸다. 그 뒤엔 오색금룡이 수면으로 튀어 올라, 마치 건장한 청년이 씩씩하게 걷듯, 금당강(金塘江)을 거슬러 올라 삼산(三山) 아래 노닐면서 마치 모자가 서로 만나 해우하듯 머물렀다.

이후 사람들은 갈홍의 모친이 올랐던 산언덕을 망양강(望洋崗)이 라 불렀다. 또 망양강에 사당을 짓고 갈홍 모친을 기렸으며 갈홍을 갈선옹(葛仙翁)이라 부르며 존경했다. 지금도 절강성 영파(寧波) 사람 들은 망양강의 망양묘(望洋廟)에서 갈홍과 그 모친을 위해 향을 피운 다고 한다.

17. 유현영

유현영(劉玄英)의 호는 해섬자(海蟾子)이며 경학(經學)에 밝았다. 당(唐)이 멸망한 뒤, 중국은 오대십국(五代十國)의 혼란기였는데 그때 유수광(劉守光)이란 사람이 세운 연(燕)이란 나라가 잠시 존재했었다. 유현영은 연나라의 재상이 되었다.

그러나 그는 천성적으로 조용하고 한가한 생활을 좋아했으며 도가(道家)사상을 높이 숭상했다.

어느 날, 갑자기 자칭 정양자(正陽子)라는 도인이 찾아왔다. 정양자는 팔선 중 종리권의 호이다.

유현영은 당상으로 맞이하여 바른 예법으로 손님을 접대했다.

그 도인은 '청정(淸淨)한 생활이야말로 무위(無爲)의 으뜸이며 금액(金液)은 선단(仙丹)의 요체'라고 강조했다. 그리고 그 도사는 계란과 엽전 열 개를 준비해 달라고 부탁했다. 도인은 준비된 계란 위에 엽전 다시 엽전 위에 계란을 올려놓는 식으로 모두 쌓아 올렸다.

유현영은 그것을 보고 말했다.

"신묘한 기술입니다만 매우 위태롭습니다. 누란지위(累卵之危)란 말도 있잖습니까?"

그러자 도인 정양자가 말했다.

"사람이 높고 영광된 자리에 있으면서 혹 빼앗길까 걱정하는 그런 생활은 이보다도 더 위태로운 것입니다."

그러고서 정양자는 떠나갔다.

이에 유현영은 크게 느끼는 바 있어 곧바로 재상을 그만두고 관복

을 도복으로 바꿔 입은 뒤 곧 종남산(終南山)으로 들어가 수련에 정
진했다.

　그 뒤 선단을 만들어 복용하니 유현영은 신선이 되었다. 그의 이마
위에는 늘 백광(白光)이 뻗쳐 있었다. 유현영은 나중에 학이 되어 승
천했다.

18. 장삼풍

섬서성(陝西省) 보계현(普溪縣)에 있는 금대관(金臺觀)이란 도관(道觀)은 작은 규모에다가 전혀 알려지지도 않았었다. 본래 원(元)나라 말기에 세워졌는데, 명(明)나라 초기에 떠돌이 도사 한 사람이 그곳 금대관을 찾아들었다.

그 도사 이름은 장삼풍(張三豐)이었지만 사람들은 보통 삼풍자(三瘋子: '미친 사람'이란 뜻)라고 불렀다. 그는 사시사철 천백 번도 더 기운 도복을 입고 다시 그 위에 짚으로 만든 도롱이를 걸치고 다녔다. 물론 그 옷이 깨끗할 리 없고 너절너절했기에 '장칠칠'이라고도 불렀다.

언젠가는 그가 남의 집 품팔이꾼이 되었는데 낮에는 잠만 자고 밤에만 일을 했다. 또 어느 때는 남의 밭 매는 일을 하게 됐는데 주인은 그가 밤에만 일하는 줄을 알기에 새벽에 나가보았더니 몇 날 걸려 할 일을 하룻밤 사이에 해놓고 나무 위에서 자고 있었다.

주인이 하도 이상해 삼풍자를 깨워 물었다.

"누가 자네 일을 도와주었는가?"

그러자 삼풍자가 웃으면서 말했다.

"나를 도와준 일꾼들이 아직은 밭고랑에 자고 있을 거요."

주인은 급히 밭고랑을 찾아봤다. 한참 만에 밭고랑 끝에서 사람 모양으로 오린 조그만 종이 십여 개를 찾아냈다. 그 종이 사람이 종이로 만든 호미를 들고 있는 하나를 집어와 삼풍자에게 물었다.

"자네가 말한 사람이 바로 이것인가?"

삼풍자도 어이없다는 듯 대답했다.

"밭고랑에 그 사람들 말고 또 다른 사람이 있던가요?"

주인은 한동안 말이 없었다. 그러다가 겨우 입을 열고 중얼거렸다.

"당신……? 당신은? 신…… 신선이 되려다가……?"

어느 날 저녁에 그곳 젊은이 대여섯 명이 삼풍자가 거처하는 곳에 와서 잡담을 하고 있었다. 그중 한 사람이 자기 고향은 감숙성 평량현이란 곳인데 십여 년이 지나도록 한 번도 못 가보았다고 말했다. 그러자 삼풍자가 그 젊은이에게 물었다.

"평량에 한번 가보겠는가?"

"가보고는 싶지만 사백여 리 길이라서 한번 다녀오기가 쉽지 않습니다."

"갈 마음만 있다면 뭐가 그리 어렵겠는가?"

그러고선 삼풍자는 그릇을 굽는 가마 속에 들어가더니 갈대로 만든 명석을 둘둘 말아가지고 나왔다. 삼풍자는 명석말이 속에 머리를 집어넣고 좀 있다가 말했다.

"야! 오늘 저녁 평량에선 연극판을 벌였구나! 제목은 오가파(五家坡)로군!"

여러 사람들은 명석말이 속에 고개를 집어넣었다. 삼풍자의 말은 사실이었다. 젊은이들은 호금(胡琴)과 퉁소 소리와 가수의 창(唱)을 똑똑히 들을 수 있었다.

삼풍자가 다시 물었다.

"어때? 가볼 생각이 있는가?"

젊은이들은 모두 좋다고 말했다.

그러자 삼풍자가 주의를 주듯 말했다.

"가겠다면 내가 데려다 주겠는데, 단 자네들은 내가 시키는 대로만 해야 되네! 알겠는가?"

그들은 모두 동의하면서 언제 가느냐고 물었다.

"지금 당장 가야지."

삼풍자는 멍석말이를 좀 느슨하게 만들어 놓고 젊은이들에게 한쪽으로 들어가서 반대쪽으로 나오라고 했다. 젊은이들이 멍석을 빠져나오자, 놀랍게도, 그곳은 평량의 연극판이었다. 모두 기뻐하면서도 이상히 여겨 멍석을 찾아보았지만 보이지 않았다. 이어 삼풍자도 웃으면서 나타났다.

"지금 이 연극판이 끝나면 다른 데 가지 말게나. 오늘 저녁으로 다시 돌아가야 하니까!"

연극판이 끝났다. 삼풍자는 젊은이들을 성 북쪽 강가로 데리고 갔다. 강물은 홍수로 크게 불어 소리를 내며 흐르고 있었다.

삼풍자는 그들에게 두려워하지 말라며 모두 눈을 감고, 하나 둘 셋에 강물로 뛰어들라고 말했다. 그들은 삼풍자가 시키는 대로 했다. 그들이 삼풍자의 말소리를 듣고 다시 눈을 떠보니 본래 자리로 돌아와 있었다.

그런데 젊은이 한 사람이 보이지 않았다. 본래 그 사람은 부잣집 아들인데 강물로 뛰어들기가 겁이 나서 가만히 서 있다가 일행과 떨어지게 되었다. 그는 밥을 얻어먹으면서 엿새 동안이나 걸어 걸어서 겨우 돌아왔다.

늙고 기운이 떨어진 장상품은 많은 시간을 그릇을 굽는 가마[窯] 속에서 혼자 보냈다.

젊은 도사가 장삼풍의 식사 시중을 들었는데, 가마 속으로 음식을 넣어주면 다 먹은 뒤에 마치 물로 씻은 듯 깨끗한 빈 그릇을 내놓았다. 젊은 도사는 식사가 부족해서 그런가 보다 생각하고 더 많은 양을 넣어도 역시 마찬가지였다. 그래서 하루는 구멍 틈으로 들여다보니 식사를 마치고 나서 혀로 그릇을 깨끗이 핥고 또 핥는 것이었다.

다음 날, 젊은 도사는 좁고 길게 생긴 질항아리에 음식을 담아주었다. 그러나 그 역시 씻은 듯 부신 듯 깨끗한 빈 항아리였다. 젊은 도사는 아무리 생각해도 알 수 없었다. 늙은 도사의 머리가 들어갈 수도 없고 그렇다고 해서 혀가 닿지도 않는데 어찌 저리 깨끗하게 핥을 수 있을까?

며칠 후 젊은 도사는 긴 항아리에 음식을 담아 넣어준 뒤 몰래 엿보았다.

장삼풍은 식사를 마치자 항아리를 들고 핥기 시작했다. 그러자 질그릇 항아리가 마치 버선을 뒤집듯 천천히 뒤집어지기 시작했다. 항아리의 손잡이가 안으로 들어가고 완전히 뒤집어졌을 때, 젊은 도사가 뛰어들며 소리쳤다.

"도사님! 질그릇 항아리도 뒤집습니까?"

그 순간, 장삼풍이 놀라 돌아보며 어! 하고 짧게 소리쳤다. 그러면서 천천히 항아리를 내려놓았다. 그 질그릇을 항아리는 다시 뒤집을 수 없었다. 손잡이가 안에 달린 질그릇 항아리는 금대관의 명물이 되었다.

이런 소문은 본래 빨리 퍼지는 법. 사람들은 장삼풍이 본래 소문난 도사였다고 말하면서도 여전히 삼풍자라고 불렀다.

명(明)을 건국한 태조 주원장(朱元璋)도 장삼풍의 소문을 듣고 금대관으로 찾아와 담소를 나누고 돌아갔다. 이후 장삼풍의 명성은 장안 일대에 진동했다. 장삼풍은 도덕경 강론도 하고 요괴를 물리쳤으며 병을 치료해주고 사람들의 운명을 예견했다.

때문에 금대관에는 선남선녀들의 발길이 이어졌고 사람들의 시주도 많아졌다. 사람들은 모두 장삼풍을 속세의 신선이라 칭송했다.

어느 날, 장삼풍은 수하 제자들에게 곧 죽겠다며 묘지명(墓地銘)을 다 쓰고 그대로 앉은 채 숨을 거두었다. 도사들과 일반 신도들이 서둘러 옷을 갈아입히고 염을 한 뒤 관속에 시신을 눕혔다. 그러나 관이 땅속에 내려지기 전에 관속에서 신음소리가 났다.

사람들이 급히 관을 열어주자 장삼풍은 마치 잠에서 깨어나듯 기지개를 키며 일어나 앉았다. 진정 기사회생했다고 할까? 하여튼 부활했다.

장삼풍은 부활한 뒤 보계를 떠나 사천 지방을 여행했으나 그 뒤의 행적은 알 수 없다고 한다.

장삼풍이 떠난 뒤에도 손잡이가 안에 있는, 뒤집힌 항아리는 금대관의 보물이 되었다. 금대관의 향화(香火)는 꺼지지 않았고, 도교 신자들의 보시가 크게 늘자 규모 또한 커지게 외었다.

거기에는 여조(呂祖: 여동빈), 문창(文昌: 인간의 복록을 주관하는 문창제군)외 여러 선인(仙人)들을 모신 동실(洞室)이 있다.

또 후직(后稷: 周 왕실의 시조, 농업의 신으로 받들어짐)과 삼청(三淸: 도교의 三神: 원청 원시천존, 상청 영보도군, 태청 태상노군을 뜻함), 그리고 삼관(三官: 도가에서 섬기는 天官·地官·水官의 三神. 三元이라고도 함)을 모시는 전각도 있다.

특히 삼관 중 천관은 인간에게 복을 주시고(天官賜福), 지관은 인간이 지은 죄를 용서하며(地官赦罪), 수관은 인간에게 닥칠 모든 액(厄)을 미리 풀어준다(水官解厄)는 믿음이 있어 삼관전에는 언제나 사람들이 많이 모인다.

그 외에도 태황궁(太皇宮)이나 봉명루(鳳鳴樓) 등 여러 누각이 즐비하며, 멀리 위수(渭水)와 진령(秦嶺) 산맥의 높은 연봉을 관망할 수 있어 가히 보계현의 제일 명승고적으로 널리 알려졌다.

제3부

전설 속의 신선

중국인들은 명산대천의 유래와 명칭을 신선과 관련지어 생각했다. 동시에 일상생활과 관련된 사물이나 관습에도 신선과 관련한 이야기가 많다.

중국인들의 여러 전설 속에 등장하는 신선들은 착한 사람을 돕고 악인을 징벌하는 정의의 수호자이며 빈곤과 질병의 고통에서 구해주는 구원자이기도 하다.

중국인들의 신선과 관련된 생각을 이해하는 데 도움이 될 만한 전설 몇 가지를 소개한다.

1. 여신이 만든 다리

'칼은 아직 빼지 않았고(劍不出鞘) 낙타엔 안장을 얹지 않았다(駱不備鞍)'는 옛말이 낙양(洛陽)에 전해온다. [검(劍 jiàn)은 간하의 간(澗)과 발음이 같고, 낙타의 낙(駱luò)은 낙양의 낙(洛)과 발음이 같다.]

이 말은 낙양성 안을 흐르는 간하(澗河)의 바닥이 매우 깊어 물이 양쪽 제방을 넘지는 않으나, 평소에도 수량이 많고 강물이 세차게 흘러 다리를 놓을 수 없다는 뜻이었다.

그렇다고 낙양의 간하에 다리가 없는 것은 아니다. 아주 유명한 천진교(天津橋)가 있다. 이 천진교야말로 낙타에 얹은 안장이 아니겠는가?

옛날 낙양성의 청명절(淸明節)은 매우 번화했다. 남남여여가 모두 머리를 빗어 올리고 고운 화장에 멋진 옷들을 차려입고 봄놀이를 즐기는 날이었다. 낙하(洛陽에 있는 澗河의 줄임) 양쪽의 봄 경치는 특히나 아름다워 젊은이들이 많이 모여들었다.

이런 좋은 날에 낙양성 벼슬아치나 부호의 자제들은 엉덩이에 가시가 찔린 듯 안절부절못하고 밖으로 나가는데 그 누군들 글공부를 한다고 방 안에 처박혀 있겠는가?

성안 젊은 남녀들은 아침부터 집을 나서 떼 지어 다니며 웃고 떠들며 즐겼다. 그들은 진하게 그린 눈썹 아래 쥐방울 같은 눈알을 굴리며 여기저기 기웃거렸으니 봄놀이란 사실상 사람 구경이 아니겠는가?

어쩌다 눈에 확 들어오는 미인을 만나기라도 하면 당장 수작을 걸지도 못하고 그저 뒤만 졸졸 따르며 애를 태우곤 했다. 미인이 어쩌다가 눈길이라도 보내주면 온 간장이 녹아난 듯 멍청히 서 있다간, 이러지도 저러지도 못하고, 그렇다고 말도 못 붙이고 하루를 그냥 보내곤 했으니, 그래도 젊은 남녀에겐 기다려지는 하루가 아닐 수 없었다.

어느 해 청명 날, 낙하 강변에 묘령의 아가씨가 나타났다. 그 모습이 마치 천선(天仙)과 같아 가히 절세가인이었다.

순식간 낙양성 귀공자들이 떼를 지어 그녀를 둘러쌌다. 마치 온갖 잡새들이 봉황 주변에 모여들 듯 아가씨를 바라보고 웅성대며 선망의 눈길을 보내었다.

아가씨는 주변 젊은이들을 완전 무시한 듯 거만한 웃음을 지으며 시녀에게 말했다.

"세상의 미경(美景)은 낙양성의 봄이요, 천하의 재자(才子)는 낙양인이라 했지. 낙양의 봄은 과연 아름다워 명불허전이구나. 그러나 재자의 뺨에 명함을 붙여 놓은 것도 아닌데, 그렇다고 외모로 판단할 수도 없으니 무슨 좋은 방도가 없겠느냐?"

그러자 시녀가 대답했다.

"사람에겐 문무(文武)의 재능이 있어요. 아씨께선 문무 어느 쪽을 더 좋아하십니까?"

"그야 사나이다운 무예 쪽의 재사(才士)이지!"

"아씨, 그렇다면 이런 방법이 어떨까요?"

시녀가 귓속말로 소곤대자 아가씨는 흡족한 웃음을 띠며 나루터 쪽으로 바삐 걸어갔다. 나루터에서 그들은 큰 배를 한 척 빌렸다. 사공에게는 몇 길 떨어진 강 가운데로 나가 배를 멈추게 했다.

시녀는 아가씨의 고운 수건을 막대기에 매달아 뱃전 가운데 세웠다. 그리고 강 언덕에 있는 사람들에게 소리쳤다.

"우리 아씨께선 오늘 배필을 고르시는데, 누구든지 동전을 던져 수건을 맞추시면 바로 그분과 결혼하시겠답니다."

그 말에 강 언덕에서는 탄성이 터졌다. 귀공자건 아니건, 성내 건달패는 물론, 겨우 붓 자루를 몇 번이라도 잡아본 젊은이들 모두가 마음속으로 외쳐댔다.

"저게 뭐가 어렵겠는가?"

그들은 모두 선녀와 같은 아가씨를 생각하며 서둘러 동전을 던졌다. 하인에게 급히 동전자루를 통째로 지고 오게 시키는 사람도 있었다. 서로 먼저, 늦으면 큰일이 나겠다는 듯이 앞 다투어 던졌다.

그러나 이상하게도 그 가까운 거리인데도 수건을 맞추는 사람이 없었다.

아침나절부터 저녁때까지 뱃전에는 동전이 수북이 쌓였다. 그러자 뱃머리에 오색구름이 피어나면서 아가씨와 시녀가 그 위에 올라섰다. 그리고 표표히 하늘로 비상했다.

무리를 지은 젊은 공자들은 넋을 잃고 입을 벌린 채 말이 없었다. 사공이 배를 대었을 때, 아가씨의 수건에 시 한 수가 쓰여 있었다.

낙양자재가 풍류를 안다지만
돈을 싸들고 강물에 뛰어든다.
이 돈을 모두 돌로 바꾸어
낙하에 다리 놓으면 무슨 걱정이리오!

그리고 맨 아래에는 낙신(洛神)이라는 두 글자가 선명했다.

아! 그렇다면 낙하의 여신이 계략을 써 돈을 모아 이곳에 다리를

놓게 하였구나! 그들 모두 마음속으로 당했다고 생각했지만 그 누가
감히 말을 꺼내겠나? 뱃전에 쌓인 동전을 향해 손을 뻗칠 수도 없었
다. 신의 노여움을 자초할 수 없는 일이었다.

이 소식이 관아에 전해지자 낙양 현령은 하루인들 지체할 수 없었
다. 이후 사람들을 낙양의 여신이 낙하에 안장을 얹었다고 말했다.

2. 도화선녀

옛날부터 강소성(江蘇省) 화과산(花果山)에는 겨울에 익는 복숭아 즉 동도(冬桃)가 있었다.

어떤 시인은 동도를 읊은 시구를 남기기도 하였다.

춘풍은 아직 동도를 아지 못할 때
눈(雪)에 비친 도화가 점점이 붉어라.

복숭아가 어떻게 겨울에 꽃이 피고 열매를 맺을 수 있는가? 강소성 일대에 전설이 되어 전해오는 이야기가 있다.

당초에 손오공(孫悟空)이 천궁(天宮)에서 마부로 일하던 어느 날, 손오공은 서왕모의 도원(桃園)에 숨어들어 가 크고 붉은 선도를 보고 입이 찢어지게 기뻐하면서 닥치는 대로 따 먹었다.

그러다가 손오공은 생각을 달리했다.

"선도(仙桃)가 비록 좋긴 하다만 이곳은 따분해서 못 살겠어. 차라리 내가 놀던 화과산에 돌아가는 게 좋겠어!"

손오공은 그대로 천궁을 빠져나왔다. 손오공이 천궁의 남천문(南天門)을 나와 줄행랑을 치는데 누군가가 뒤쫓아 오는 것을 알았다. 손오공이 뒤돌아보니 도원을 지키는 도화선녀(桃花仙女)였다.

손오공이 선도를 훔친 것이 발각된 줄 알았기에 순식간에 몸을 감춰 숨어버렸다.

한편 도화선녀는 손오공을 쫓다 보니 푸른 산과 물이 어울려진, 꽃과 나비가 있고 토끼와 사슴이 뛰노는 인간세계의 아름다움에 반해 버렸다.

　도화선녀가 손오공을 쫓는 것을 잊어버리고 산천을 구경하면서 이 곳저곳을 다니다 보니 목이 말랐다. 도화선녀는 어느 마을에서 작은 복숭아나무 숲을 발견하고 물이라도 좀 얻어 마셔야겠다며 천천히 걸어 들어갔다.

　때마침 복숭아 숲 속에서 노래 소리가 들려왔다. 도화선녀는 기쁜 마음으로 노랫소리가 나는 곳을 찾아갔다. 거기엔 젊은 총각이 야생 복숭아를 따면서 노래를 부르고 있었다.

　도하선녀는 반쯤 붉어진 얼굴에 작은 목소리로 말했다.

　"저…… 길을 가다가 목이 말라 들어왔습니다. 물 좀 주시겠어요?"

　젊은이는 노래를 멈추고 도화선녀를 바라보았다. 꽃보다 더 어여쁜 처녀가 다소곳이 서 있는 것을 보고 같이 얼굴을 붉히며 말했다.

　"아가씨, 이 복숭아로 해갈하십시오."

　젊은이는 나무에서 복숭아 몇 개를 따서 건네주었다.

　도화선녀는 한 입을 베어 물고 얼굴을 찡그리며 말했다.

　"아이고! 왜 이리 맛이 없어요?"

　"아가씨! 이 복숭아는 운대산(雲臺山)에서 제일 좋은 것입니다."

　"제일 좋다는 복숭아가 이리도 쓰고 맛이 없습니까?"

　"글쎄요. 옛 어른들한테 듣기론 원래 크고도 붉고 물이 많은 복숭아가 있었답니다. 그런데 하늘에 계신 서왕모가 반도성회(蟠桃盛會)인가 뭔가를 한다면서 천병(天兵)을 내려보내 한 그루도 남기지 않고 모두 캐갔답니다. 그 뒤 이곳엔 개 복숭아만 남았습니다만 우리 복숭아가 그래도 제일 좋답니다."

젊은이는 아가씨 표정을 살피면서 다시 말을 이었다.

"사실은 우리 조부님이 복숭아씨 하나를 숨겼다가 심고 가꾸어 오늘까지 내려왔습니다만 옛 복숭아 맛이 나려면 아직 멀었답니다."

도화선녀는 젊은이 말을 듣고 마음속으로 크게 놀랐다. 자신이 오랫동안 가꾸고 돌본 복숭아가 인간의 것을 뺏어온 것이라니! 이렇듯 근면한 젊은이에게 미안한 생각이 들었다.

도화선녀는 복숭아와 젊은이를 번갈아 쳐다보았다. 순박하고 성실한 젊은이! 고개가 저절로 수그러졌다. 젊은이가 왜 먹지 않느냐고 묻자 도화선녀는 고개를 들며 새로운 결심을 했다.

'직녀(織女)가 그랬던 것처럼, 열심히 일하는 젊은이에게 시집간다면, 그리하여 인간세계에 같이 살면서 복숭아를 키우고 개량한다면, 이 모든 것이 내 소원을 이루는 것이 아니겠는가?'

도화선녀는 절로 얼굴이 붉어지며 말을 꺼냈다.

"정말 이 복숭아는 맛이 없어 못 먹겠어요. 댁에 가서 차라도 한잔 마셨으면 좋겠어요."

젊은이는 순간 당황했다. 그러나 차 한 잔을 마시게 해달라는 부탁을 어찌 거절하겠는가?

젊은이는 멜대를 멘 뒤 아가씨를 데리고 집으로 돌아왔다. 산 아래 조그만 초가집은 깨끗했다. 젊은이는 도화선녀를 잠시 쉬게 하고서 부엌에 들어가 찻물을 끓였다.

도화선녀는 집안 살림을 훑어보았다. 가재도구는 변변치 않았지만 모든 것이 깔끔하게 정돈되어 있었다. 특히 도화선녀의 눈길을 끈 것은 대나무 탁자 위에 각양각색의 복숭아 ─ 수밀도(水蜜桃), 백옥도(白玉桃), 반도(蟠桃) 등등 ─ 를 만들어 놓은 것이었다. 아마도 젊은이가 옛 어른들 말대로 만든 것 같은데 너무나도 실물과 똑같았다.

도화선녀는 속으로 놀라면서 젊은이에 대한 애모의 정이 더욱더 많아졌다. 젊은이가 차를 끓여왔다. 도화선녀는 차를 마시면서 물었다.

"저 복숭아를 직접 만드셨나요?"

젊은이는 약간은 계면쩍은 듯 고개를 끄덕였다.

"저런 복숭아를 보셨습니까?"

"그냥 노인들 말만 듣고 만든 것이지요."

"저것들을 어디에 쓰시렵니까?"

"나는 저런 복숭아들이 이곳에서 자랄 수 있도록 가꾸고 싶습니다."

도화선녀는 존경하는 마음을 숨길 수 없었고 젊은이 또한 도화선녀를 바라보며 끌리는 마음을 어쩔 수 없었다. 도화선녀는 잠시 후 다시 말했다. 비록 부끄러워 얼굴은 붉어졌지만 용기를 내어 또박또박 말했다.

"여자 솜씨가 아무리 좋은들 쌀 없이 밥을 지을 수 없답니다. 저에게 좋은 방법이 있습니다. 사실 저는 부모님께서 모두 돌아가시고 혼자입니다. 우리 집에 대대로 전해오는 복숭아나무가 있는데 이곳으로 옮겨 같이 키우고 늘려나가면 어떻겠습니까?"

젊은이는 금방 좋다고 찬성했다. 그러면서도 젊은 아가씨를 어떻게 해야 하는가? 생각이 미치자 더듬거리며 말했다.

"아가씨, 참말 좋은 일이지만 그러나 우리는……."

도화선녀는 살포시 웃으면서 말했다.

"만약 저를 버려두지 않으신다면 복숭아와 함께 이곳에 시집오겠습니다."

그 뒤로 젊은이와 도화선녀는 함께 일하며 생활했다. 아침부터 저녁까지 일하고 복숭아나무들을 계속 늘려나갔다. 온 산과 온 들에는 붉은 복숭아꽃이 피었고 하얀 복숭아들이 탐스럽게 커갔다.

한편 서왕모는 반도성회을 열기 위해 도원으로 선녀들을 보내 반도를 따오게 했다. 그러나 모두 빈손으로 돌아와 도원은 황폐해졌고 도화선녀는 보이지 않는다고 보고했다.

서왕모는 대노했다. 천병천장(天兵天將)를 사방으로 보내 도화선녀를 찾게 했다. 나중에는 서왕모가 친히 남천문에 나와 인간 속계를 내려다보았다.

동해 바닷가 화과산에 전에 없던 도림(桃林)이 울창하고 복숭아가 익어가지 않는가?

서왕모는 도화선녀가 속세로 도망간 것을 알고 급히 군사를 보내 도원을 모두 뽑아 없애버리고 도화선녀를 잡아오라고 분부했다.

천병이 들이닥치고 번개가 치면서 젊은 부부의 도원은 잿더미로 변했다. 이런 판국에 젊은 부부가 어디로 숨을 수 있겠는가? 젊은이는 아내가 도화선녀라는 사실을 처음 알았다. 그러나 어찌하랴?

젊은이는 쓰러졌고 도하선녀는 울면서 돌아가길 거부했다. 보고를 받은 서왕모는 마음속으로 생각했다.

"천한 것이 어디 가서 무얼 하겠는가? 곧 제 발로 돌아오겠지!"

천병이 돌아간 뒤 도화선녀는 급히 젊은이를 부축했다. 그러나 이미 죽은 뒤였다. 도화선녀는 삼 년간의 행복이, 그리고 자신의 모든 꿈이 사라진 것을 알았다. 그러나 결코 하늘로 돌아가고 싶진 않았다. 젊은이를 묻었고, 그 무덤에 어느 날 복숭아나무가 솟아났다.

남편의 혼령을 다시 본 도화선녀는 열심히 복숭아나무를 가꾸었다. 다시 삼 년이 지나 복숭아나무는 크게 자랐지만 꽃이 피지 않았다.

서왕모는 도화선녀가 돌아와 죄를 용서해 달라고 빌기를 기다렸다. 천상에서의 하루는 속세의 삼 년이라는데⋯⋯. 서왕모는 노파로 변해 도화선녀를 찾아갔다. 노파는 복숭아나무 밑에서 시름 짓는 도화선녀에게 넌지시 물었다.

"아씨! 전에는 이곳에 도원이 매우 아름다웠는데 어찌 겨우 한 그루뿐입니까?"

"원래의 도림은 벼락 때문에 모두 불탔습니다. 이 한 그루는 바로 제 남편의 혼령이 변한 것입니다."

"남편이 죽어 복숭아나무가 되었다면 무엇 때문에 혼자 고생하며 삽니까?"

"저는 남편의 뜻을 이어 다시 무성한 도림을 만들고 맛좋은 복숭아를 길러야 합니다."

"그렇다고 한겨울에 이 고생을 할 필요가 있습니까? 아마 곧 죽을 나무 같습니다."

서왕모는 날씨를 변화시켜 큰 눈을 내리게 했다. 순식간에 운대산 일대가 은백색의 세계로 변했다. 그런데도 도화선녀는 꿈쩍도 않고 복숭아나무를 껴안고 말했다.

"난 기어이 꽃을 피우고 열매를 맺게 하겠어요."

서왕모는 그 모습에 참을 수 없는 분노를 느꼈다. 도화선녀에게 냉소를 보내며 말했다.

"그 복숭아나무에 선혈을 뿌리기 전에는 꽃이 피지 않을 것이다."

그리고 모습을 감추었다. 도화선녀는 그 노파가 서왕모였다는 것을 알았다.

"내 피를 뿌려 꽃이 핀다면 무엇이 어려우랴!"

도화선녀는 뒷머리꽂이를 빼서 가슴을 찔렀다. 두 번, 세 번…… 붉은 피가 솟구쳐 복숭아나무를 적시었다. 튀는 핏방울이 복숭아꽃보다 붉게 뿌려지자 나무엔 꽃이 피기 시작했다.

이후 화과산 넓은 산판에는 한겨울에 꽃이 피고 눈 속에서 익어가는 동도(冬桃)가 열리기 시작했다고 한다.

3. 수선선녀

아주 오랜 옛날, 복건성(福建省) 장주(漳州) 일대는 하루 종일 말을 달려도 끝이 없는 평원이었다. 그때는 구룡강(九龍江)과 원산(圓山)도 없었고 오직 풍광이 아름다운 수선호(水仙湖)만이 있었다.

수선호에는 착하고 아름다운 수선아가씨가 살고 있었다. 그녀는 갓 피어난 부용(芙蓉)보다도 더 예쁘고 비단결보다 고운 마음씨를 갖고 있었다.

수선아가씨에게는 신기한 수정주(水晶珠)가 있었다. 그 광채는 수선호를 빛나게 했고 그녀의 예쁜 얼굴을 더욱 눈 부시게 했다. 더욱이 날이 가물면 수선 아가씨는 수정주를 흔들어 온 들과 산에 단비를 내리게 했다.

평소 그녀는 곧고 바른 마음으로 수선호의 물을 남향(南鄕)의 넓은 들에 골고루 관개해 주었다. 때문에 수선호 아래 산과 들에 오곡백과가 때맞춰 여물었고 사람들 모두 행복한 나날을 보낼 수 있었다.

무거워 고개 숙인 오곡의 황금들판을 생각해 보았는가? 춤추는 연꽃 봉오리, 크고 작은 유자, 감귤, 여지(荔枝), 용안(龍眼), 비파나무의 열매들이 가득한 그곳이 수선아가씨의 마을이었고 인간들의 낙원이었다.

남향마을의 젊은이 그 누군들 수선아가씨를 흠모하고 사랑하지 않았겠는가? 그 남향마을에 젊고 잘생긴 목동이 있었으니 그 이름은 용가(龍哥)였다. 용가는 밝은 달이 뜨는 좋은 밤에 수선호반에 앉아 피리를 불어 수선아가씨를 향한 애정을 호소했다. 이른 봄부터 계속되는 피리 소리에 수선아가씨의 마음은 조금씩 흔들렸다.

수선아가씨는 호수 가운데 조그만 섬 위에서 피리 소리를 들었고 어떤 때에는 같이 노래를 불렀다. 가끔은 잔잔한 물결을 밟고 나와 용가와 같이 춤을 추었고 이야기를 나누었다. 그러나 이런 좋은 모습은 오래가지 않았다.

어느 날, 장주 성내에 사는 마음씨 나쁜 거인(擧人: 과거시험 합격자) 장왜두(張歪頭)가 교자를 타고 남향마을에 나타났다. 장왜두는 사팔뜨기에 절름발이였고 삐뚤어진 고개를 흔들어대며, 독사 같은 심장을 가진 사람이었다.

장왜두는 장주 지부(知府)의 포고문을 들고 와 수선호는 조상대부터 물려온 자기네만의 가산이라는 억지를 부렸다. 장왜두는 관청을 등에 업고 주민들을 억압하였을 뿐만 아니라 수선호의 배수로에 갑문을 설치했다.

이후로 남향 주민들은 장왜두에게 수세(水稅)를 바쳐야 했다. 모두 말은 못했지만 가슴속엔 분노가 쌓였고 장왜두와 싸우겠다고 각오를 다져갔다.

선량한 수선아가씨는 남향마을에 그런 불공평한 일이 생긴 줄 모르고 있었다. 아니, 그보다 더 큰 위험이 자신에게 닥쳐오리라 예상도 못했다.

장왜두는 수선아가씨에 대한 이야기를 듣고 침을 석 자나 흘렸다. 아무도 모르게 하수인들을 호수 속 작은 섬에 매복시켰다.

수선아가씨가 달밤에 섬에 올라 머리를 빗고 달빛을 감상할 때 악당들은 수선아가씨를 덮쳤다. 살려 달라는 수선아가씨의 비명이 남향마을에 울려 퍼졌고 용가는 마을 사람들과 함께 장왜두를 내쫓고 수선아가씨를 구해냈다.

장왜두와 악당들은 멀리 도망갔다. 남향마을은 다시 평온해졌고 수선호는 마을 사람 모두의 것으로 되돌아왔다. 그보다 더 좋았던 것은 수선아가씨와 용가가 아름다운 인연을 맺은 일이었다.

그러나 흉악한 장왜두가 그냥 물러나지는 않았다. 그는 바다 저편으로 도망가 화염도(火焰島)의 독룡(毒龍)에게 몸을 의탁했다. 장왜두는 독룡을 신주(神主)로 받들면서 독룡의 병사를 빌려달라고 애원하며 온갖 감언이설로 독룡을 꾀었다. 독룡은 흉악한 장왜두의 말에 따라 무리들을 거느리고 남향마을로 쳐들어왔다. 온갖 괴물들과 잡귀들을 거느린 독룡의 공격은 무서웠다. 독룡이 시뻘건 입을 벌려 불꽃을 내뿜자 마을의 집과 나무들이 불탔다. 순식간에 마을은 황폐해졌고 많은 사람들이 다치고 불타 죽었다.

장왜두는 득의만면 마을 사람들에게 소리쳤다.

"향촌 사람들은 잘 들어라! 장왜두가 얼마나 무서운지 자식들에게 말하라. 감히 반항하는 자 있다면 모두 독룡에게 보내 불태워 죽이겠다."

그러나 장왜두의 그 말이 채 끝나기도 전에 용가와 수선아가씨는 마을의 젊은이들과 함께 대열을 갖추고 반격해왔다. 장왜두는 놀라 독룡 앞에 나가 무릎 꿇고 애원했다.

"빨리 불을! 불을 뿜어주십시오."

독룡 또한 불타는 마을을 보고 기분이 들떠 있던 참이었다. 다시 불을 뿜으며 공격해 들어왔다.

그러나 수선아가씨에게 수정주가 있을 줄은 생각 못했다. 수선아가씨가 수정주를 흔들자 물 항아리가 엎어진 듯 엄청난 비가 쏟아졌다.

독룡의 불꽃은 힘없이 꺼졌다. 독룡이 다시 입을 벌렸을 때 세찬 비바람이 독룡을 흔들었다. 본래 독룡은 화룡(火龍)이었기에 차가운 비바람을 당할 수 없었다. 독룡은 수많은 병졸들이 수장되는 것을 보면서 그대로 화염도로 도주했다.

독룡이 도주하자 장왜두는 그냥 주저앉았다. 남향의 젊은이들은 장왜두와 그 부하들을 모조리 죽여 버렸다.

독룡은 비록 패퇴했지만 기어이 복수하겠다며 이를 갈았다. 어느 날, 태풍이 장주 지방을 스쳐 지나가는 틈을 타 바다 멀리 있는 섬의 원산(圓山)을 뽑아들고 검은 구름을 몰며 남향마을로 날아왔다. 독룡을 원산으로 수선호를 메워 남향마을의 수원을 끊으려 했다.

한편 마을 사람들은 독룡을 물리치고 장왜두를 죽인 후 승리를 자축했다. 동시에 용가와 수선아가씨는 각 마을 사람들과 함께 새집을 짓고 과일나무를 심었으며 마을의 모든 것을 원상으로 복구시켰다. 용가와 수선아가씨는 일을 마치고 잠시 쉬려던 그때에 태풍과 검은 구름 그리고 독룡의 재침을 받았다.

사태는 너무 급박했다. 수선아가씨는 급히 수정주를 용가에게 건네면서 말했다.

"이 수정주를 잘 갖고 계십시오. 이것은 물의 정혼(精魂)이니 구슬이 있는 곳에 물이 있습니다. 저는 독룡을 유인해 보겠습니다."

수선아가씨는 구름을 뚫고 올라가 독룡을 관찰했다. 독룡을 수선아가씨를 보자 뜨거운 불과 악취를 내뿜으며 공격해 왔다. 수정 아가씨는 불을 피하며 접근했다가 다시 멀어지며 독룡을 유인하려고 했다. 그러나 독룡의 발톱에 상처를 입었다. 수선아가씨는 우선 상처를 치료하겠다는 생각으로 수선호로 잠수했다.

독룡은 수선아가씨를 놓치지 않았다. 호수에 들어가는 것을 보자마자 뽑아들고 온 원산을 수선호에 던졌다.

'꽈르릉' 천지가 무너지는 소리와 함께 수선호엔 거대한 원산이 내려앉았고 수선아가씨도 압사당했다.

용가는 간장이 토막 나는 것 같았다. 슬퍼할 겨를도 없이, 땅을 치며 복수를 다짐할 때, 독룡이 다섯 발톱을 세우고 용가를 에워쌌다.

"잘 걸려들었다. 내 손아귀에서 벗어날 수 없지! 빨리 수정주를 내놓아라. 아니면 너는 오늘 끝장이다."

용가는 눈에 불이 켜지는 것 같았다. 원수를 눈앞에 두고 단검을 휘두를 겨를도 없이 창졸간에 이렇게 잡혀야 하는가? 차라리 죽으면 죽었지 어찌 수정주를 내줄 수 있겠는가?

"악마! 너와 나는 같은 하늘 아래 살 수 없거늘 내 어찌 수정주를 내주겠는가? 네가 나를 토막을 낼지언정 수정주를 빼앗지는 못하리라."

용가는 말을 마치자 수정주를 입에 넣었다. 계란만 한 수정주를 힘주어 꿀꺽 삼켰다.

"좋아! 아무리 삼켜본들 그게 어디 가겠느냐? 네 배를 갈라 주겠노라!"

용가는 힘껏 몸부림쳤다. 용가의 옷은 이미 갈기갈기 찢겨나갔다. 용가의 분노는 하늘에 닿았다. 용가가 힘껏 몸부림치며 몸을 뒤집자, 그 몸에서 광채가 났다. 그 머리에선 두 개의 뿔이 솟았고 몸이 커지면서 두꺼운 비늘이 생겨났다.

용가는 큰 소리를 지르면서 몸을 빼냈다. 용가는 비늘이 반짝이는 하얀 백룡(白龍)으로 다시 태어났다. 백룡은 하늘로 솟구쳐 올랐다. 검은 구름은 마을을 덮고 광풍과 함께 엄청난 비가 쏟아졌다. 검은 구름 위에선 백룡과 독룡이 처절한 싸움이 시작되었다.

두 마리 용은 누구도 승리를 장담할 수 없었다. 그러나 수선아가씨에 대한 복수, 그리고 선량한 백성을 지키겠다는 백룡의 분전을 누가 꺾을 수 있겠는가? 백룡은 싸움이 계속될수록 힘이 솟았다. 남향마을 사람들은 비바람 속에서도 북을 치며 소리를 질러 백룡을 응원했다.

싸움은 이제 지상에서 계속되었다. 욕심 때문에, 악당의 꾐에 빠져 착한 인간들을 괴롭히려는 독룡에게는 샘솟는 힘이 없었다. 악독한 마음이 언제까지 버틸 수 있겠는가?

독룡은 연기와 화염을 내뿜고 기회를 보아 도망가려는 태도였다. 백룡의 뿜어대는 하얀 물줄기 앞에 독룡의 화염은 한낱 연기에 불과했다. 결국 독룡은 땅에 떨어지고 남향 사람들은 칼과 창으로 독룡을 요리했다.

백룡은 원산 주위를 맴돌았다. 비참한 죽음을 당한 수선아가씨에 대한 슬픔도 컸지만 없어진 수선호에 대신할 수원(水源)을 찾아 물길을 내주어야 마음 사람들이 살아갈 수 있다는 생각이 먼저였다.

백룡이 된 용가는 하늘로 솟았다. 멀고 가까운 곳의 크고 작은 아흔아홉 봉우리들을 누비며 수원을 찾아 헤맸다. 마침내 백룡은 백학봉 위에 깊고 깊은 연못을 찾아냈다. 그곳은 수원도 풍부했고 천만년이 지나도 마르지 않을 연못 같았다.

백룡은 백학봉의 큰 바위들을 몸으로 부수기 시작했다. 싸움에 지친 백룡이었지만 마지막 힘을 쏟아내어 산을 쪼개었다. 결국 백학산이 갈라지면서 물길이 트였다.

백룡은 터져 쏟아지는 물보다 앞서 산굽이를 돌면서 물길을 내었다. 큰 산을 우회하고 작은 언덕을 파내고 갈라가면서 물길을 남향 앞 넓은 평지로 끌어들였다.

온몸이 상처였다. 몸에 있던 비늘도 거의 떨어져 나가 상처는 더욱 깊어졌다. 지치고 상처 난 백룡은 원산 앞에 누워 몸을 쉬며 눈을 감앗다. 그립고 정답던 수선아가씨를 그리며 그녀가 죽은 원산 앞에 정말로 조용히 또 영원한 안식을 얻었다.

다음 해 봄, 원산 아래 수선호의 옛터에 백색의 꽃이 피었다. 진한 향기와 아름다운 자태, 깨끗하고 청초한 모습은 수선아가씨 그대로였다. 사람들은 수선아가씨를 생각하며 꽃에 이름을 붙였다.

'영원히 못 잊을 수선화'라고 원산 앞에 꾸불꾸불 흐르는 강물은 용가의 몸 그대로, 용가의 모든 것이라고 구룡강(九龍江) 이라고 불렀다.

4. 백조선녀

옛날 안휘성의 명산인 황산(黃山)에 용감하고 선량한 젊은이가 살고 있었다. 그 이름은 석한(石漢)이었고 위로는 부모도 아래로는 형제도 없는 외로운 처지에 나무를 해다가 팔아 근근이 생활하고 있었다. 작은 산 너머 큰 산의 큰 비탈 아래 조금 평평한 곳, 갈참나무 밑에 오막살이가 바로 석한의 집이었다.

어느 해 여름날 아침, 황산은 안갯속에 얇은 비단옷을 입은 선녀인 양 조용히 밝는 해를 기다리고 있었다. 석한은 어깨에 멜대를 메고 손에는 도끼를 들고 황산을 오르기 시작했다.

'구름 속 미인이 안갯속을 걷는 것'과 같다는 황산은 여전히 아름다웠다.

그때, 갑자기 어디선가 '살려 달라'는 고함소리가 들렸다. 허공을 맴도는 몇 마리 새들의 소리를 들으며 석한은 급히 소리가 나는 쪽으로 달렸다.

누군가가 호랑이한테 물리기라도 했는가? 석한은 두리번거렸지만 사람의 모습은 보이지 않았다. 석한은 주위를 살폈다. 놀랍게도 커다란 뱀이 눈(雪)보다 흰 백조 한 마리를 잡고 금방이라고 삼킬 듯 큰 입을 벌리고 있지 않은가? 석한은 순간 가엽다는 생각이 들었다.

저렇듯 흉물스런 뱀이 이렇듯 고운 자태의 백조를 잡다니! 석한은 긴 멜대를 바로 잡아 힘껏 내리쳤다. 뱀이 움찔하며 조임을 풀자 백조는 빠져 날아갔다.

석한과 뱀은 서로 싸우지 않을 수 없었다. 뱀은 고개를 쳐들고 석한을 공격했고 석한 또한 멜대를 휘두르며 뱀을 내리쳤다. 석한이 뱀의 대가리를 노리는 사이에 뱀은 긴 몸뚱이로 석한의 다리를 감아버렸다.

석한은 뱀과 어울려 싸웠으나 조여 오는 뱀 때문에 점점 힘을 잃어갔다. 두 손으로 뱀의 목을 잡고 겨우 버티는데 갑자기 백조 한 마리가 날아와 뱀의 머리를 힘껏 쪼았다. 놀란 뱀이 조임을 풀자 석한은 얼른 도끼를 찾아 쥐고 뱀을 두 도막냈다.

석한이 가쁜 숨을 몰아쉴 때, 백조는 석한의 머리 위를 인사하듯 빙빙 돌고 어디론가 날아갔다. 석한은 다시 나무하러 올라가려고 도끼와 멜대를 챙겼다. 놀랍게도 멜대 옆에는 빨간 보자기에 싸인 하얀 은덩어리가 있었다. 석한은 보자기에 써진 글귀를 읽었다.

목숨을 걸고 뱀을 죽여 백조를 구한 석한의 용기를 진정
존경합니다. 백조에겐 별다른 예물이 없어 조그만 성의로
백은(白銀)을 드립니다.

석한은 오늘의 이 일은 어디까지나 의(義)를 실천한 것이지 어찌 이(利)를 보고 생명을 구해준 것이겠느냐고 생각했다. 더군다나 백조 또한 자기의 생명을 지켜주지 않았는가?

석한은 날아가는 백조를 향해 손을 흔들며 말했다.

"사람은 서로 도우며 살아가는 것. 의를 보고 실천함은 당연한 본분이지! 석한은 의를 중히 여기고 이를 생각 않나니 백조와 좋은 우정이 있기만 바란다오."

그날 저녁 석한은 몹시 피곤했다. 저녁을 먹자마자 통나무 쓰러지

듯 코를 골며 잠을 잤다. 얼마나 잤는지 눈을 떠보니 하얀 옷을 입은 처녀가 침상 곁에 서 있었다. 석한은 혹 꿈이 아닌가 눈을 비비며 다시 보았다. 틀림없이 사람이었다. 석한은 약간 놀란 듯 더듬거렸다.

"누…… 누구십니까?"

처녀는 긴 소매로 얼굴을 가리며 부끄러운 듯 약간 고개 숙여 인사하며 말했다.

"저는 천상 서왕모의 시중을 드는 백조선녀입니다. 서왕모께서 선단을 만드는데 온갖 약초가 필요하다 해서 약재를 구하러 이곳 황산에 내려왔다가 변을 당했습니다. 석랑께서 구해주지 않았으면 저는 그때 죽었을 겁니다. 더군다나 약간의 백은을 받으시지도 않으시기에 제가 직접 몸으로 보답하고자 내려왔습니다."

석한은 백조선녀(白鳥仙女)의 말을 진정한 사랑이라고 생각했다. 그러나 석한 자신은 어떤가? 이듬해 봄 양식을 겨울에 먹어야 하고, 가을엔 겨울옷을 걱정하는 가난뱅이가 아닌가? 그런데 어찌 금지옥엽과도 같은 선녀를 아내로 맞이하겠는가?

잠시 후, 석한은 길게 한숨을 쉬며, 머리를 가로저었다.

"선녀! 다 쓰러져가는 이 오두막에 어찌 당신을 모시겠습니까? 잘난 사나이는 한숨으로 지은 밥을 먹지 않고, 잘사는 여자는 시집올 때 입은 옷을 입지 않으며, 현명한 새는 가시나무에 둥지를 틀지 않는답니다. 선녀께서는 그냥 돌아가십시오."

그러나 백조선녀는 웃으면서 말했다.

"기왕 사랑을 품었다면 어찌 빈부를 따지느냐는 말도 있지 않습니까? 이곳 황산 아가씨들이 자주 부르는 사랑노래를 저도 들은 적이 있습니다."

그러고선 백조선녀는 멋진 사랑 노래를 불렀다.

온 산에 진달래 붉게 필 때 술잔만큼 남은 쌀, 가난을 걱정
하랴!
처녀총각 진심으로 사랑한다면 나무하고 찻잎 따며 한세상
살리라!

석한은 환하게 웃으며 백조선녀를 바라보았다.
"선녀! 그 노래 진정입니까?"
"혼인은 종신대사(終身大事)인데 어찌 농담을 하겠습니까? 오늘 밤,
밝은 달이 하늘에 걸렸어도 신방에는 촛불을 켜야겠지요?"
그들은 달빛 아래, 한 자루 향을 피우고 부부가 되기를 맹세했다.

서왕모는 천만 가지 약초를 넣어 선단을 만들었지만 뜻대로 되지
않아 마음이 몹시 초조했다. 서왕모는 백조선녀를 불렀으나 백조선녀
가 나타나지 않자 노기가 충천했다. 다른 선녀들이 서왕모에게 자초
지종을 이야기했고 서왕모는 거품을 내며 욕을 퍼부었다.
"미천한 계집이 제멋대로 노는구나!"
천상의 여러 선녀들은 백조선녀와 석한의 사랑을 부러워했다. 때
문에 서왕모에게 간곡하게 부탁했다.
"은혜를 입었으면 보답하는 것이 인지상정 아닙니까? 거기다가 두
사람은 서로 사랑합니다. 그 사랑을 축하해주어야 합니다. 제발 너그
럽게 생각해주십시오."
그러나 서왕모가 언제 사랑을 해봤는가? 선녀들의 사랑을 어찌 이

해하겠는가?

"나쁜 계집년! 천상의 금지옥엽이 어찌 지상의 범부속자(凡夫俗子)와 짝이 되어야 하는가?"

서왕모는 선녀들을 걷어차며 뛰어나갔다. 즉시 황산의 석한 집 앞에 내려섰다.

마침 석한은 나무하러 산에 가고 집에 없었다. 백조선녀는 석한의 옷을 짓다가 서왕모를 보고 놀라 엎드렸다.

"제발 용서해주십시오. 소녀는 석랑의 은혜를 입었고 저희 부부는 진정으로 서로 사랑하고 있습니다. 저희는 부귀를 원하지도 않습니다. 마마께서는 제가 평소에 지성으로 모신 옛날을 생각하시어 은혜를 베풀어주십시오. 저희 둘이 백년해로할 수 있도록 도와주십시오."

지금 서왕모의 이목구비 일곱 구멍에서 연기가 날 정도인데 어찌 허락을 기대하겠는가? 서왕모는 또 누구인가? 신선 세계의 살림을 총지휘하고 책임지는, 인간으로 말하면 종갓집의 큰살림을 책임지는 억센 주부가 아닌가? 더군다나 서왕모는 뒷다리에 노란 털이 난 토끼마냥 교활한데!

백조선녀는 벌써 사랑의 단물을 먹었기에 그냥 데려가기가 어렵다고 생각한 서왕모는 속임수를 썼다.

"오늘은 나하고 돌아가자. 선단이 다 만들어진 뒤, 네 맘대로 하렴!"

백조선녀는 그 말을 그대로 믿었다.

"마마! 고맙습니다."

"그래, 어서 승천하자."

"석랑이 돌아오면 인사나 하고 가겠습니다. 제가 지금 부르겠습니다."

"안 돼! 선계와 속세가 다르고 서로 길이 다른데 불러 무엇하겠느냐?"

"비록 다니는 길이 다르지만 정성이면 통하지 않겠습니까?"

서왕모는 다짜고짜 백조선녀를 잡아끌었다. 끌려가는 백조선녀는 큰 소리로 석한을 불렀다.

"석랑! 석랑……!"

석한은 나무하다가 선녀의 목소리를 들었다. 서왕모는 석한이 따라오면 뜻하지 않은 일이 생길까 봐 백조선녀를 꽉 잡고 산을 떠나 구름 위에 올라 유유히 승천했다.

백조선녀는 울며불며 목이 터지도록 소리쳤다. 그러나 서왕모의 철석같은 심장에 무슨 연민이 정이 남아 있겠는가? 백조선녀는 속았다는 것을 알고 그녀도 서왕모를 속이려 말했다.

"마마, 제가 감로수를 모으는 병을 석랑 집에 놓고 왔어요. 잠시 돌아가서 가지고 오겠습니다."

그러나 서왕모가 어디 그런 술수에 넘어가겠는가? 서왕모도 능청을 떨며 말했다.

"정 그렇다면 너를 사람 모습 아닌 백조로 바꿔주겠다. 빨리 다녀오렴."

백조선녀는 석랑을 다시 한 번 더 보고 싶다는 일념에서 서왕모의 말을 받아들였다.

"선계(仙界)에 농담이란 있을 수 없는 것이다. 때가 되어도 돌아오지 않을 땐 나도 생각이 있으니 나를 원망하지 마라!"

"예! 꼭 돌아오겠습니다."

서왕모가 손을 놓자 백조 선녀는 백조가 되어 훨훨 날았다. 백조선녀는 석한의 집이 내려다보이는 백조봉(白鳥峰)에 내려앉았다.

서왕모는 구름 위에서 백조선녀가 하는 꼴을 내려다보고 있었다.

백조가 석한의 집에 가지 않자 속은 줄을 알고 노기가 충천하여 소리를 질렀다.

"백조선녀야! 네가 감히 나에게 거짓말을 하다니! 빨리 돌아오지 않으면 너를 돌로 만들겠다. 하나~, 둘~, 셋!"

백조선녀는 이미 모든 것이 끝났다는 것을 알았다. 어차피 다시 사람으로 환생 못하고, 천상에 올라간들 무엇하겠는가?

"늙은 할망구! 나를 돌로 만들겠다면 맘대로 해보지. 석랑이나 바라보고 지낸다면 그게 더 좋겠소!"

서왕모는 백조선녀를 돌로 변하게 주문을 외웠다. 백조는 석한의 오두막을 향해 날아갈 듯, 돌로 변한 백조는 오늘도 황산의 백조령을 지키고 있다고 한다. 산에 오르는 모든 나무꾼을 지켜주는 착한 백조가 되었다고 한다.

5. 정병산의 선녀

　광동성과 광서성의 경계에 오주(梧州)란 고을이 있다. 오주에서 경치 좋기로 유명한 계림(桂林)에 가려면 이강(漓江)을 거슬러 올라가야 한다.

　옛날에 계림에서 오주까지는 물 따라 내려오기에 사흘이 걸리지만 오주에서 계림까지는 보름 내지 스무날이 소요된다고 한다. 만약 배가 크면 큰 만큼 더 걸렸다.

　작은 배는 밧줄을 당겨 끌어 올렸지만 큰 배는 교람이라는 특별한 장치가 있어야 했다. 노 젓는 사공의 힘으론 도저히 거슬러 오를 수 없는 삼백육십구비의 영반탄(零半灘)이 있기 때문이었다. 교람은 일종의 톱니바퀴를 이용한 기구로 강가 큰 나무에 교람을 매어놓고 톱니바퀴를 돌려 배를 끌어 올리는 장치라고 한다.

　옛날 언젠가, 계림으로 갈 몇 척의 배가 오주에 대기하고 있었다. 그때 어디선가 하얀 소복을 입은 어여쁜 처녀가 선창에 나타났다.

　처녀는 계림에 있는 친척을 찾아가야 하는데 뱃삯이 모자란다면서 태워줄 배를 찾고 있었다. 물론 가는 도중에 잔심부름을 해주겠다는 말도 빼놓지 않았다.

　작은 배의 젊은 사공은 처녀를 가엽게 여겨 태워주고 싶었다. 그러나 젊고 어여쁜 처녀를 태웠다가는 그 긴 여정에 무슨 일이 생길지 몰랐다. 마치 날계란을 몸에 매달고 다니는 것처럼 궂은 일이 있으면 있었지 좋은 일은 없을 것 같았다.

　한편 다른 큰 배의 젊은 사공은 기꺼이 태워주겠다고 말했다. 그러나 선주가 반대하고 나섰다.

"젊은 여자가 일을 하면 무슨 일을 하겠는가? 공연히 방해만 되고 밥만 축내게 될 거야!"

젊은 처녀의 얼굴에 절망감이 비켜갔다.

그때 짐만 운반하는 추자선(鰍子船)의 노파가 처녀의 가엾은 모습을 살피면서 말했다.

"처녀야! 이리 오려무나. 나와 같이 가도록 하자."

처녀는 배에 올라 선미에 앉았다. 그 노파는 배에서 밥을 짓고 빨래하는 사람이었다.

다른 배들은 벌써 멀리 앞서 가고 있었다. 그러나 추자선은 십만 근의 짐을 싣는다는 화물선이니 마치 거북이처럼 천천히 나아갔다. 이미 해는 서산에 기울려는데 아직도 물굽이 하나를 돌지 못하고 있었다.

"할머니 이렇게 가다간 계림까지 한 달도 더 걸리겠어요!"

노파는 삿대를 힘껏 밀면서 대답했다.

"목소리도 예쁘구먼! 날씨가 좋으면 한 달, 좀 빨리 가면 스무여드레 날이지. 나야 늘 이러니까 모르겠는데 급한 일이 있는 사람은 가슴이 다 타고 남는 게 없다고 말을 하지!"

"오늘 저녁에 계림에 도착할 수 있다면 얼마나 좋겠어요?"

"그런 꿈같은 말을 아예 하지를 말아! 오늘처럼 바람 없는 날은 그래도 괜찮지. 큰 바람이라도 만나면 교람을 맨 밧줄이 끊어지고 절벽에 부딪쳐 파선도 하지. 아니면 사흘 동안 죽어라 올라갔다가 하룻밤 사이에 떠내려오기도 한다오."

노파의 말이 끝나기도 전에 하늘에 먹구름이 끼기 시작했다. 곧 큰 바람이 불더니 온 하늘 빗물을 모아 퍼붓기 시작했다. 사공들은 급히 닻을 내리고 배를 한쪽으로 대었다.

비바람에 놀란 강물이 뱃전을 때리고 튀어 올랐다. 노파도 삿대로 버티며 큰 소리로 말하며 분주히 움직였다. 그러나 곧 교람을 맺던 밧줄과 닻을 내린 밧줄이 끊어졌다. 배는 서너 번 크게 기우뚱했다. 노파와 사공들은 배를 겨우겨우 얕은 물가로 밀어붙였다.

그날 밤은 아무 일도 할 수 없었다. 모두 선실 안에 움츠리고 앉아 비바람이 멎기를 빌 뿐이었다. 날은 어두웠고 바람 소리는 여전히 급했다. 어느 틈엔가 노파도 졸기 시작했다. 뱃전을 치는 물소리만 계속 들려왔다.

모두가 마음 졸인 하룻밤이었다. 다음 날 비바람은 겨우 멎었다. 날이 채 밝지 않아 아직도 어둠이 짙었다. 사공들은 엊저녁과 다른 물굽이에 배가 멈춘 것을 알았다.

하얀 옷의 처녀가 노파에게 와서 말했다.

"할머니, 정말 고마웠습니다. 저는 그만 여기서 내리겠습니다."

"어디 가서 바람 좀 쏘이고 오겠는가? 배가 곧 떠날 텐데! 그리고 지금 조반을 먹어야 하는데!"

노파는 처녀가 잠시 바람 쏘이러 가는 줄 알았다. 처녀가 배에서 내려 산비탈을 올라가는 것을 보고 좀 이상타 생각했지만 곧 밥을 짓느라고 분주했다.

사공들은 출발 준비 때문에 바빴다. 날이 훤하게 다 밝았고 아침 안개는 빨리 걷혔다.

노파는 조반을 다 지어놓고 처녀가 돌아오지 않았다며 앞산을 바라보았다. 그러고선 깜짝 놀라 뱃전에 주저앉았다.

"이럴 수가? 어떻게 이럴 수가?"

"하룻밤 사이 삼백육십 물굽이를 돌아왔단 말인가?"

노파는 사공들에게 소리쳤다.

"여기는 상비탄이야. 계림에 다 왔어!"

모든 사공이 놀라 기절한 듯 멍청히 서 있었다.

노파는 그 처녀를 찾아야겠다는 생각을 했다. 급히 사공을 불러 처녀가 올라간 산비탈을 찾아보라고 했다. 사공들이 급히 비탈을 올라가보니 험하고 험한 절벽 위로 손을 잡은 흔적이 또렷하게 새겨 있었다. 그 단단한 바위에 손가락 자국을 패이게 하다니!

모두가 구름이 걷힌 푸른 하늘과 계림의 빼어난 산수를 다시 한 번 바라보면서 중얼거렸다.

"우리는 엊저녁에 선녀와 동행했어!"

원래 그 큰 화물선을 몰아 하룻밤 사이 삼백육십 물굽이를 올라간 선녀는 바로 정병산(淨甁山)의 선녀였다. 정병선녀는 본래 용왕의 시중을 들고 있었다. 그러다가 노비와 같은 처지가 싫어 인간세계로 도망을 나와 각지를 돌며 어려운 사람들을 도와주었다고 한다.

정병선녀는 광주에서 오주로 그리고 계림에 와서 계림의 아름다운 산수에 반해 정병산에 거처를 정했다고 한다. 그러면서 가끔씩 힘들여 일하는 선량한 인간들을 도왔다니 그 얼마나 아름다운가? 정병선녀는 그곳 계림의 풍요를 지켜주는 선녀이기도 했다니 인간들의 사랑을 받는 것이 당연하지 않겠는가?

6. 함수초

옛날 아주 잘생긴 젊은이가 있었다. 그가 강가에 낚시하러 갈 때마다 그곳엔 한 노인이 앉아 있으면서 염불하듯 중얼거렸다.

"디디디…… 디디! 작은 고기 저리 가고 큰 고기만 오너라!"

젊은이가 볼 때마다 노인은 큰 고기를 낚아 올렸다. 젊은이는 참을 수 없어 노인에게 말을 걸었다.

"노인장! 노인 어른한테 고기 낚는 법을 한 수 배우고 싶습니다."

그러나 노인은 고개를 저으며 말했다.

"젊은이! 나한테 그런 것을 배울 게 아니라 강둑을 따라가는 데까지 가보게나. 좋은 일이 있을 것 같네. 자네가 건실한 젊은이니 좋은 운수가 왜 따르지 않겠나?"

노인은 낚시를 걷어가지고 천천히 걸어가다가 어느새 사라져 버렸다. 젊은이는 이상하다 여기면서 그 노인은 틀림없이 신선이라고 생각했다. 그나저나 좋은 일이 생길 거라는 말은 무슨 뜻일까? 젊은이는 강변을 따라 가보기로 했다.

젊은이는 한낮부터 해가 질 때까지 걸어갔다. 이제 하늘에는 별이 듬성듬성 보이고 보름달은 둥글게 떠올랐다. 이어 눈앞에 연꽃이 가득한 물굽이가 보였다. 젊은이는 눈부시게 빛나는 연꽃을 보았다. 달빛 광채도 연꽃 때문에 한층 더 밝다고 생각했다. 한참을 서서 연꽃 구경을 했다. 바람이 불 때마다 연꽃이 흔들리고 연잎 위에 물방울이 굴렀다. 조금 더 가까이 다가가 본다는 게 그만 발이 미끄러져 연못 속으로 풍덩 빠져버렸다.

젊은이가 다시 기어올랐을 땐, 이상하게도 처음 모습이 아니었다. 하늘에서 별이 우수수 쏟아지는가 싶더니 뽕나무가 무성한 마을에 초가집이 듬성듬성 보였다.

젊은이는 가까운 초가집을 찾아들었다. 초가 안에선 등불을 켜고 젊은 아가씨가 비단을 짜고 있었다. 긴 치마를 입은, 등불에 비친 아가씨는 정말로 연잎처럼 싱싱해 보였다. 검은 머리엔 연꽃 한 송이를 꽂고 있었다.

젊은이는 문밖에서 큰 소리로 물었다.

"길 좀 묻겠습니다. 여기가 어느 마을입니까?"

처녀는 손을 멈추고 고개를 들었다. 달빛 아래 보았던 바로 그 연꽃과도 같은 고운 얼굴이었다.

"여기는 연화장(蓮花莊)이란 마을입니다. 저는 연화라고 합니다. 먼 길에 피로하시다면 잠시 들어와 쉬시지요."

젊은이는 기뻐하며 얼른 안으로 들어갔다. 연화 아가씨는 몇 마디 나누고서 다시 베틀에 앉았다. 그녀는 아주 능숙하게 비단을 짰다. 하얀 손이 움직일 때마다 흰 비단실이 풀어지며 짤가닥 소리가 경쾌했다.

젊은이는 말없이 바라보고 앉아 있다가 일어섰다. 한마디 만류하는 말이 없어 다시 연꽃이 가득 찬 강물을 바라보며 젊은이는 혼자 생각했다.

'그 아가씨는 틀림없이 연꽃이 변한 선녀일 것이다. 내가 만약 연화아가씨를 맞이할 수만 있다면……'

젊은이는 그날 밤 자기 집으로 돌아왔다. 다음 날, 젊은이는 일할 마음이 조금도 없었다. 다시 그 마을을 찾아갔다. 해가 질 황혼 무렵 그곳에 도착했다. 서산을 짓누르는 해가 더욱 눈부시게 빛나고 수면에 반짝이는 금빛이 연꽃을 더욱 아름답게 만들었다.

젊은이는 날이 어두워질 때까지 기다렸다. 연화는 엊저녁보다 훨씬 친절했다. 젊은이의 땀에 젖은 옷을 벗기고 새로 지은 옷을 내주었다. 새 옷을 입은 젊은이가 연화에게 더듬더듬 말했다.

"나 혼자 외롭게 살고 있습니다만……."

그러나 연화는 아무 대꾸도 없었다. 젊은이는 다시 집으로 돌아와야만 했다. 밤은 깊었으나 잠을 이룰 수 없었다. 서성이다가 앉았다가, 도저히 참지 못하고 젊은이는 다시 밤길을 걸었다.

강물 위로 뽀얀 안개가 무럭무럭 피어올랐다. 이슬에 신발이 젖었고 연화가 지어준 새 옷엔 땀이 가득 배었다. 그곳에 도착했을 땐 이미 동이 튼 뒤였다. 새들이 지저귀고 태양이 비치면서 연잎 위에 이슬방울들이 이리저리 구르기 시작했다.

연꽃은 더욱 눈부시게 빛나고……!

젊은이는 가장 큰 연꽃을 바라보았다. 연화 아가씨가 저 연꽃 속에 있으려니 생각하면서 뚫어지게 응시했다. 간절한 소망을 마음속으로 빌면서, 연화가 금방이라도 웃으면서 떠오르리라 생각했다.

과연! 그 큰 연꽃이 흔들리면서 수면 위로 연화가 모습을 드러냈다. 웃으면서 서 있었다. 그리고선 긴 치마를 날리면서 물결 위로 사뿐사뿐 걸어 나왔다.

젊은이는 미칠 듯이 기뻤다. 그녀가 선녀라는 것을 잊어버렸다. 그녀가 물속으로 빠질 것만 같아 얼른 손을 잡아 뭍으로 껑충 뛰어나오게 했다. 연화 얼굴에도 기쁨이 넘쳤다. 그러나 근심스레 말했다.

"저의 아버님께선 속세의 범인과 만나는 것을 싫어하십니다. 어쩌면 다시 뵙기 어렵겠습니다."

젊은이에겐 마치 온 하늘의 뇌성벽력처럼 들렸다. 금방 눈물이 주르르 흘렀다. 연화는 젊은이의 눈물을 보자 마음을 굳힌 듯 말했다.

"망설이지 않겠어요. 이 하늘 끝, 저 바다 모퉁이라도 같이 따라 가겠어요"

젊은이는 눈물도 마르기 전에 웃으면서 말했다.

"아가씨가 따라와 준다면 큰 산 돌밭 속이라도 괜찮지요. 산이라도 뽑아내고 농사를 짓겠습니다."

연화는 머리에 꽂았던 연꽃을 빼들고 후~하고 입김을 불었다. 꽃잎은 활짝 펴지고 녹색의 연잎도 커졌다.

연화는 연꽃을 한 손으로 잡고 다른 한 손으로는 젊은이를 안았다. 둘은 하늘 높이 솟았다. 그리고 아주 빠르게 날아갔다. 구름 속으로 다시 산봉우리 위로 날아갔다. 마치 유성처럼 빨랐다. 잠시 후 그들은 어느 산골짜기에 내렸다.

그들 발밑에는 가시덤불과 자갈뿐이었다. 주위는 온통 산뿐이고 조그만 연못자리도 없었다. 젊은이는 몹시 걱정이 되었다. 그러나 연화는 기쁨에 넘쳐 말했다.

"저는 베를 짜고 낭군께선 사냥을 하세요. 우리가 굶거나 헐벗지는 않을 거예요!"

"허나 오는 저녁 당장 이슬을 피할 집도 없다오."

"그건 전혀 걱정거리가 아닙니다. 자! 여기 보세요."

연화는 녹색의 긴 치마를 벗어 앞으로 던졌다. 긴 치마가 푸드득 펴지면서 빙빙 돌아 땅에 떨어졌다. 연화는 낭군을 데리고 치마 속으로 들어갔다.

그곳은 푸른 강물과 연꽃이 가득한 두 사람이 처음 만났던 그곳 그대로였다. 초가집과 살림도구, 연화가 비단을 짜던 베틀도 그대로였다. 조그만 다리를 건너는 그 초가집엔 솥과 세숫대야, 항아리와 물통, 먹고 입고 써야 할 물건들이 무엇이든지 다 있었다.

다음 날, 젊은이는 사냥을 나섰다. 연화는 머리에 꽂았던 연꽃을 낭군에게 주면서 말했다.

"이걸 잘 간직하세요. 만약 늑대나 호랑이, 뱀을 만나더라도 놀라지 마시고 이 연꽃송이를 흔들면 절대로 해치지 못합니다. 그러나 무슨 일이 있더라도 다른 사람에게 주면 안 됩니다."

젊은이는 큰소리로 약속했다. 어여쁜 색시가 이렇듯 신통력이 있으니 무얼 걱정하고 무얼 더 바라겠는가?

동편 산을 오르내리면서 많은 토끼와 꿩을 사냥했다. 젊은이는 빨리도 돌아왔다. 연화는 소나무 가지를 꺾어 돌 틈과 흙 사이에 꽂았다. 신기하게도 소나무 가지는 금방 뽕나무로 변했다.

연화는 소나무 가지를 꺾어 꽂고 꺾어 꽂으며 뽕밭을 넓혔다.

"이 산골짝을 연못으로 만들고 저 산비탈을 모두 뽕밭으로 만들겠어요."

연화는 벌겋게 그을린 얼굴을 들고 밝게 웃었다. 젊은이는 황홀한 행복에 취해 제정신이 아니었다.

다음 날, 젊은이는 서쪽 산으로 사냥을 나갔다. 그 산에는 야생말과 산양이 무리지어 놀고 있었다. 젊은이가 야생마를 타고 산양을 끌고 내려오면서 집 근처를 바라보았다. 그곳엔 벌써 푸른 물에 잠겨가고 있었기에 젊은이는 크게 놀라 달려왔다.

연화는 푸른 비단을 짜서 거친 돌 위에 널었다. 그러면 순식간에 물이 찬 연못이 되었다. 그 연못은 조금씩 넓어져 갔다. 밤이 늦도록 연화는 비단을 짰다. 팔다리가 아팠지만 웃으면서 일을 했다. 젊은이가 만류하자 두 사람은 겨우 잠자리에 들었다. 연화는 소곤대듯 말했다.

"우린 이곳에 완전한 가업의 터를 닦아야 해요. 큰 연못 넓은 뽕밭을 이루어야 합니다."

하루 이틀이 한 달, 두 달로 바뀌었다. 젊은이의 모습은 하루가 다르게 말쑥해졌지만 연화의 모습은 그렇지 않았다.

연꽃을 꽂았던 그 머릿결은 광채가 없이 푸시시했고 분홍물이 들던 그 뺨은 검고 거칠게 변했으며 손가락 마디는 나날이 굵어졌다. 젊은이는 일이 너무 힘들어 빨리 늙는 것 같다고 말렸지만 연화는 고개만 저으며 웃을 뿐 하루도 쉬지 않았다.

어느 날 젊은이는 산을 겹겹이 넘어 처음 보는 산에 들어갔다. 산허리엔 한 떨기 야생화도 볼 수 없었다. 젊은이는 이상하다 생각하며 눈앞에 보이는 동굴 속을 들여다보았다.

동굴 안은 캄캄했다. 음산한 바람에 비린내가 섞여 나왔다. 젊은이는 연화가 준 연꽃송이를 믿고 조금씩 조금씩 안으로 들어갔다.

동굴 안에서 커다란 호랑이와 늑대 떼를 만났지만 젊은이가 연꽃을 뽑아들자, 붉은 섬광이 비치면서 호랑이와 늑대들은 모습을 감추었다.

젊은이가 한참을 더 걸어 들어가자 동굴이 밝아졌다. 다시 얼마를 더 나아가자 커다란 집이 나타났다. 젊은이는 대문을 열고 들어섰다. 집안에는 커다란 등불이 수없이 걸려 있고 마루에는 젊은 여자가 혼자 앉아 있었다. 그 여자의 하얀 뺨과 목덜미 눈이 부실 정도였고 붉은 입술 사이로 정이 흠뻑 젖은 애교의 말이 옥구슬처럼 굴러 나왔다. 마치 전에 만나본 사람인 양 반갑게 맞이하면서 상좌에 앉히고 융숭한 대접을 베풀었다.

젊은이는 집에 두고 온 연화보다 열 배쯤 곱고 예쁘다고 생각했다.

그 여인은 웃으면서 황금 술잔에 향기 좋은 술을 따라 권했다. 은 접시에 좋은 안주를 담아 먹여주면서 신방을 차리자고 말했다. 그 말은 몹시 달콤하고도 유혹적이었다.

눈 깜짝할 사이에 사흘이 지났다. 젊은이는 요부의 유혹에 넘어가 연화와의 정을 까맣게 잊고 있었다. 요부가 이끌어주는 환락에 빠져 연화가 얼마나 애타게 기다리는지 생각도 못했다.

나흘째 되는 날, 요부는 동굴을 나가 친척 집에 다녀와야 하는데 호랑이와 늑대가 무섭다고 했다. 젊은이는 아무 생각도 없이 연꽃송이를 빼주었다.

그 요부가 대문을 나서다 마자 '펑'하는 엄청난 폭음과 함께 모든 것은 사라졌다. 캄캄한 어둠 속에는 아무것도 보이지 않았다. 동쪽 서쪽을 더듬어도 돌뿐이었고 발밑엔 자갈과 가시나무뿐이었다. 어디선가 호랑이 울음소리와 귀신이 흐느끼듯 비참하고 무시무시한 소리만이 동굴을 울릴 뿐이었다.

그는 소리도 지르며, 큰 소리로 연화아가씨를 불렀지만 아무 대답도 없었다. 젊은이는 손으로 더듬어 적당한 바위틈을 찾아내 몸을 끼워 넣고 기다렸다.

연화는 집에서 열심히 비단을 짰다. 고개를 들어 하늘을 보니 어느덧 점심때였다. 지금쯤 낭군이 들어와야 할 텐데! 연화는 손가락을 꼽아 낭군에게 무슨 일이 있는지 헤아렸다.

금방 모든 것이 떠올랐다. 낭군은 지하 요녀(妖女)의 꾐에 빠진 것이 확실했다. 지상에서의 한 시간은 지하에서의 하루라는데……!

연화는 낭군이 요녀와 삼일 밤낮을 같이 있었다는 것도 알았다. 화가 났고 참기 힘들었다. 정과 의리를 저버린 낭군이 원망스러웠다. 연화는 크게 한숨을 지며 눈물을 흘렸다. 그러나 어찌하겠는가?

연화는 낭군을 찾아 나섰다. 여러 산을 넘고 골짜기를 더듬었다. 동굴을 기웃거리고 바위틈을 살폈다. 그러나 어디에도 모습은 보이지 않았다. 연화는 머리에서 은침(銀針)을 빼어 큰 바위에 놓고 기다렸다. 갑자기 건너편 산에서 큰 소리가 들렸다.

연화는 맞은편으로 달려갔다. 골짜기에 큰 구멍이 나 있었다. 우물보다도 더 크고 깊어 바닥은 그냥 캄캄했다. 우물 바닥에서 다시 산 밑의 큰 동굴로 통하고 낭군이 그곳 동굴에 있다는 것도 알았다.

연화는 은침을 머리에 꽂은 채 우물을 통해 동굴로 들어가 낭군을 꺼내왔다. 젊은이는 부끄럽고도 불안했다. 연화는 조금도 화내지 않고 다만 눈물만 줄줄 흘리더니 겨우 입을 열었다.

"낭군께서 그리 쉽게 나를 배반할 줄 꿈에도 생각 못했습니다. 사실 저는 보물 두 개를 갖고 있습니다. 하나는 제 머리에 꽂은 은침인데 이는 무엇이든지 열 수 있는, 말하자면 열쇠입니다. 다른 하나는 낭군에게 준 연꽃 봉우리인데 저는 그것을 가지고 하늘을 날 수도 있으며 또 늙지도 않는 보물인데 낭군의 위험을 생각해서 낭군께 주었던 것입니다. 대신 저는 젊은 모습을 잃어가고 있었던 것인데……"

연화가 말을 채 마치기도 전에 골짜기에서 차가운 바람이 불어오더니 그 요녀가 나타났다. 연화는 얼른 젊은이를 데리고 앞으로 내닫기 시작했다. 전처럼 연꽃송이만 연화 손에 있다면 요녀 하나 상대하기가 어렵지 않지만 지금은 그것이 요녀의 손에 있지 않은가? 연화는 요괴를 물리칠 방법을 생각하면서 빨리 달렸다. 젊은이는 발이 땅에 닿지 않는 것 같았다. 요녀는 뒤쫓아 오면서 젊은이에게 돌아오라고 소리를 쳤다. 연화는 젊은이에게 급히 말했다.

"절대로 고개를 돌리지 마세요. 되돌아보면 모든 게 끝장입니다."

요녀는 뒤쫓아 오면서 말했다.

"생각해보세요. 우리는 삼일동안 얼마나 좋았던가? 나 같은 미인을 잊을 수 있겠어요. 돌아오세요!"

젊은이는 요녀의 말을 듣자 마음이 움직였다. 젊은이가 고개를 돌려 뒤를 바라보는 순간 요녀는 긴 손수건을 던졌다. 젊은이는 자기도 모르게 요녀에게 빨려들었다. 요녀는 젊은이를 잡자 회오리바람을 일으키며 산 동굴 속으로 들어가 버렸다.

연화는 어이가 없었다. 한숨을 쉬며 돌아서서 말했다.

"내 말을 듣지 않았으니 난들 어찌하겠습니까? 이제는 구하려 해도 구할 수 없습니다."

과연, 오래지 않아 동굴 앞에는 젊은이의 옷과 뼈가 쌓여 있었다. 연화는 젊은이의 옷과 뼈를 집 근처에 묻었다.

부지런한 연화는 매일 푸른 비단을 짜고 소나무 가지를 꺾어 뽕밭을 만들어갔다.

몇 년 뒤, 골짜기엔 푸른 물이 넘실대는 호수가 되었고 산자락은 모두 뽕밭으로 변했다. 연화의 집 부근 넓은 땅은 모두 낙원으로 변했다. 나비가 날고 새가 지저귀며 호수엔 연꽃이 가득했다.

어느 날, 연화는 낭군의 무덤을 찾았다. 낭군의 무덤엔 푸른 잎의 작은 풀이 돋았다. 처음 보는 풀이었다. 연화가 그 풀에 손을 대자 풀은 잎을 떨면서 움츠러들었다. 마치 몹시도 부끄러운 듯 고개를 숙이면서!

다시 며칠 후, 젊은이가 처음에 만났던 낚시하던 노인이 신선의 모습으로 연화를 찾아왔다. 연화는 젊은이와의 자초지종을 상세히 말했다. 신선은 연화의 이야기를 듣더니 어디론가 달려갔다. 곧 젊은이가 요녀에게 주었던 연꽃송이를 다시 찾아다 연화에게 주었다.

연화가 연꽃송이를 머리에 꽂자마자 연화의 검은 머리는 다시 윤기가 흘렀다. 그리고 연화의 얼굴은 옛 모습을 되찾았다. 젊은이 무덤 위의 작은 풀은 그 씨가 널리 널리 퍼졌다. 작은 산언덕, 낮은 구릉에도 그 풀은 퍼져 나갔다.

사람들은 그 풀을 함수초(含羞草)라고 불렀다. 부끄러워 움츠러드는 함수초의 내력을 모르는 젊은이들은 지금도 옛 임보다 새 사람이 좋다며 쫓아다닌다고 한다.

7. 오양성

　광동성에 있는 광주(廣州)를 오양성(五羊城) 또는 간략하게 양성(羊城)이라고 부른다.

　그 옛날 다섯 신선이 다섯 가지 색의 비단옷을 입고 다섯 마리 양을 타고 내려와 오곡 이삭을 백성들에게 주었기에 오양성이라는 아름다운 이름을 얻었다고 한다.

　다섯 신선이 내려오기 전부터 바닷가 주변엔 많은 남월(南越) 사람들이 살고 있었다. 그들 중 한 무리가 거친 들판과 산언덕에 남무성(南武城)이란 성을 쌓았는데 그 남무성이 바로 광주성의 전신이었다.

　남무성 안의 작은 언덕 아래에 자기 분수를 지키며 정직하게 살아가는 농부가 있었다. 어느 해, 큰 가뭄이 들었다. 그 농민 역시 양식이 떨어져 초근목피로 연명하는데 남무성의 차인들이 몰려와 세금을 내지 않았다며 농부를 잡아갔다. 농부는 울면서 하소연했다.

　"나리, 집안에 곡식 한 톨 없고…… 솥 안에 개구리가 살 지경인데 어떻게 세금을 내겠습니까? 내년에 낼 수 있도록 은혜를 베풀어주십시오."

　그들은 농부를 잡아가면서 열여섯 살 난 어린 아들에게 사흘 내에 세금을 내지 않으면 농부를 사형시키겠다는 말을 남기고 떠났다. 어린 아들은 너무 억울해 땅을 치며 통곡했다. 그 울음소리가 얼마나 애통했는지 하늘 끝에 있는 천부(天府)의 남천문까지 들려 남해 신선을 감동시켰다.

　청, 황, 적, 백, 흑의 오색 비단옷을 입은 다섯 신선은 각각 양을 탄 채 구름을 몰고 내려와 어린 아들 앞에 나타났다. 그들은 손에 오곡 이삭을 들고 있었다.

그중 소년과 비슷한 나이의 신선이 소년에게 말했다.

"친구여! 울지 마오! 그대의 딱한 사정을 다 알고 있소."

그들은 소년에게 오곡 이삭을 주면서 말했다.

"이 오곡 이삭은 하늘에서 자라는 좋은 종자이다. 네가 땅에 뿌리고 가꾸면 많은 소출을 얻을 것이다. 그러면 너희 부자야 무슨 걱정이 있겠느냐?"

다섯 신선은 남무성을 굽어보며 축원했다.

"이 성 안에 오래 오래도록 흉년이 없기를 비옵니다!"

그러고서 신선은 모습을 감추었다.

어린 소년은 마치 꿈에서 깨어난 듯 눈을 비비며 손에 쥔 오곡 이삭을 바라보았다. 그리고 즉시 밭에 나가 씨앗을 뿌렸다. 소년이 물을 주자 금방 싹이 나왔다. 이어 이삭이 패고 누렇게 여물었다. 소년은 곡식을 거두었다. 씨 뿌려 수확하기까지 하루에 이루어진 일이었다.

다음 날 아침, 소년은 곡식을 담아 남무성에 바치며 부친을 풀어달라고 말했다. 남무성 성주는 깜짝 놀랐다.

"엊저녁까지 곡식 한 톨 없다더니 어디서 났는가?"

성주는 소년이 바친 곡식을 직접 매만지며 깨물어 보았다. 틀림없는 곡식이었다. 그것도 아주 잘 여문 크고 굵은 알갱이였다. 성주는 갑자기 이마를 찡그리며 소리쳤다.

"네 이놈 이런 곡식을 어디다 숨겨두었었느냐? 아니면 틀림없이 도둑질을 한 것이겠지! 여봐라! 저 어린 녀석이 사실을 말할 때까지 곤장을 치거라."

소년은 어쩔 수 없었다. 신선들이 오곡 이삭을 주었다는 이야기를 더듬거리며 했다. 성주는 농부를 풀어주었다. 그리고 차인들을 시켜 뒤쫓게 했다. 농부는 아들을 따라 산비탈의 밭에 물결치는 곡식을 바라보았다.

마침 저편 언덕에 그 다섯 신선이 앉아 담소하는 모습이 보였다. 농부와 아들은 신선에게 고맙다는 인사를 올렸다. 성주가 보낸 차인들도 신선을 보았다. 그들은 다짜고짜로 달려들어 신선을 묶었다. 그러나 한 줄기 연기와 함께 모두 사라졌다.

차인들은 어리둥절하면서도 한편에서 풀을 뜯는 양들을 발견했다. 차인들은 칼과 창을 쥐고 양들에게 달려들었다. 그러나 쨍 하는 소리와 함께 칼과 창이 부러지며 차인들은 '욱' 하면서 팔을 싸잡았다. 그것은 양처럼 생긴 커다란 바위였다.

광주성의 그곳에는 지금도 다섯 개의 양 모양 바위가 있다. 또 양의 등에는 선인들의 손가락 자국이 선명히 남아 있다고도 한다.

물론 그 뒤로 광주성에는 흉년이 들지 않았고 오곡이 풍성해졌다. 때문에 오양성이란 이름이 지금도 전해진다고 한다.

8. 학성

산 너머 산, 고개 너머 고개,
처주 열 고을 중 아홉에 성이 없어
누구든 성을 쌓는 이에게
백은 삼천 냥을 상으로 주리라.

아마 몇백 년 전의 일이다. 어느 날, 절강성 청전현(靑田縣)의 아문에 방문이 붙었다. 그 방문을 본 사람들은 군데군데 모여 웅성댔다. 험악한 지형을 따라 누가 성을 쌓겠는가? 처주(處州)의 열 개 고을 중 평지에 위치한 처주성만 성곽이 있고 다른 고을에는 성곽이 없었다.

청전현에 뇌안(賴顔)이라는 지현(知縣)이 새로 부임했다. 뇌안이 청전현을 한번 둘러보고 머리를 굴려 출세할 방법으로 생각해낸 것이 바로 성을 쌓는 일이었다.

"나같이 뛰어난 인재가 이런 궁벽한 시골 지현으로 만족할 수 있는가? 마음에 안 들어도 할 수 없지. 내 승진을 위한 업적을 쌓고 중앙으로 영전해야지!"

방문이 붙은 지 사흘이 지났지만 아무도 나서는 자가 없었다. 뇌안의 마음은 찬물을 끼얹은 양 차가워졌다. 닷새가 지났는데도 뇌안 앞에 얼씬거리는 자가 없었다. 뇌안은 초조해지면서 기름을 부은 장작처럼 화가 타올랐다.

"고을 내 모든 석공들을 불러들여라."

뇌안의 명령이 떨어지자마자 공교롭게도 노인 한 사람이 젊은이

둘을 데리고 나타났다.

"나리, 저희들은 모두 석수장이입니다. 나리 분부대로 축성해보겠습니다. 여기 큰 애는 석죽(石竹)이고, 작은 애는 석림(石林)입니다. 저희들은 상금을 바라지 않습니다. 다만 나리께서 다른 백성들을 강제로 동원하거나 세금을 더 거두지 마십시오!"

뇌안은 늙은 석공의 말을 듣고 고개를 끄덕였다. 다음 날부터 세 사람은 성을 쌓기 시작했다. 우선 기초를 다질 땅을 파내었다. 고을사람들은 그 소문을 듣고 도와주겠다고 나섰다.

너도 한 삽 나도 한 짐 흙을 파냈고, 이 사람도 한 개 저 사람도 한 개씩 돌을 날랐다.

산속 바위를 캐어 네모 반듯하게 다듬어 나르고 쌓고 다지며 채워갔다. 하루 이틀, 두 달, 석 달, 달이 지나면서 성곽은 뻗어 나갔다. 평지에 성을 쌓고 산비탈을 따라 성곽은 제 모습을 드러냈다. 삼 년이 지나자 마침내 가장 험한 절벽 부분을 제외하고 나머지 모든 일이 끝났다.

남은 부분은 원숭이조차 오르지 않는다는 낭떠러지 위였다. 많은 사람들이 석씨 부자를 위해 뇌안에게 말했다.

"그곳은 지세가 너무 험하여 쌓을 수 없습니다."

많은 백성들이 엎드려 울면서 호소했지만 뇌안의 말은 단호했다.

"성곽은 둥글게 이어져야 한다. 어찌 한 치라도 끊어질 수 있느냐? 빨리 완성토록 하여라."

늙은 석공은 혼자 마음속으로 생각했다.

"쌓으라면 쌓겠다. 나 역시 불가능하다고 생각지는 않는다. 우리 부자가 성을 쌓는 것은 뇌안을 위해서가 아니라 바로 이웃을 지키고 해적을 막기 위해서다."

늙은 석공은 두 아들을 채근하면서 험한 절벽을 오르내렸다. 맨 몸으로도 다니기 어려운 곳을 돌을 지고 올라다녀야 했다. 하루 이틀이 지나 이레째에 성곽은 거의 완성이 되었다.

그러나 '꾸르릉' 소리와 함께 성곽은 무너졌다. 동시에 늙은 석공도 돌무더기와 함께 천길 벼랑 아래로 굴렀다. 온 성 안 사람들이 이름을 부르고 울며 탄식했다. 석죽과 석림이 벼랑 아래서 부친을 껴안았을 때 노인이 말했다.

"나는 살 수가 없다. 너희들이 완성토록 하여라. 성벽이 이루어지는 날, 지하에서 내 눈을 감겠다."

석죽과 석림은 부친을 여의고 온 가슴에 슬픔뿐이었다. 그러나 그들은 눈물을 닦을 겨를도 없이 다시 축성에 매달렸다.

다시 하루 이틀, 이레째 되는 날, 똑같은 곳에서 '우르르 쿵 쾅' 소리와 함께 성벽은 다시 무너졌다. 다만 다른 것이 있다면 늙은 아버지가 아닌 젊은 석죽이 돌과 함께 굴렀다. 석죽도 그 부친과 같은 유언을 남기고 영영 못 올 먼 길을 떠났다.

부친과 형을 잃은 석림은 다시 일어설 기운도 없었다. 석림의 눈에 눈물도 마르지 않았는데 뇌안의 독촉은 더욱 심했다.

석림은 다시 일어섰다. 이제는 고을 사람도 오지 않았다. 친척 형제 몇 사람이 석림을 도왔다. 하루 이틀이 지나 두 이레째 날, 걱정하던 대로 똑같은 곳이 무너졌다. 석림도 돌에 묻혀 떨어졌다. 그러나 어디선지 커다란 학 한 마리가 날아와 팔 벌리듯 양쪽 날개로 석림을 안아 올렸다.

석림은 가뿐히 일어섰고 상처도 없었다. 석림은 놀라 학을 바라보았다. 학은 산꼭대기에서 동그라미 두 개를 그리며 날고 있었다. 석림은 학을 바라보다가 무릎을 쳤다.

"그렇다! 꾸불꾸불 쌓으라는 뜻이다!"

석림은 다시 산 위에 올라섰다. 그리고 사람들에게 학의 계시를 말했다. 사람들 모두 이는 하늘 뜻이라며 환성을 질렀다. 고을 사람들이 모두 도와주었다. 석림은 벼랑 위의 가장 험난한 부분을 꾸불꾸불 이어나갔다.

다시 시작한 뒤, 이레 만에 축성은 끝났다. 모두 만세를 불렀다. 성내에선 모든 사람들이 서로 껴안고 웃고 즐겼다. 용등을 켜고 폭죽을 터트리며 사자탈춤을 추었다. 폭죽소리는 하늘 끝까지 울려 퍼졌다.

석림도 흥겨워 집에 돌아왔지만 돌아가신 부친과 형님을 생각하여 눈물을 흘렸다. 피곤한 몸을 끌고 부엌으로 갔다. 우선 찻물이라도 한 잔 마시고 싶었다. 그러나 석림은 깜짝 놀랐다.

누군가 찻물을 끓여 놓았다. 솥을 열어보니 뜨거운 저녁밥이 준비되어 있었다. 아무리 생각해도 알 수 없는 일이었다.

"지금 오셨어요?"

어디선지 은방울 소리보다 더 낭랑한 소리가 들렸다. 석림은 자신의 귀를 만져보았다.

두리번거리던 석림은 자기의 눈을 믿을 수가 없었다. 부엌문 앞에는 언제 왔는지 선녀보다 더 어여쁜 처녀가, 초롱초롱한 눈망울에, 복숭아처럼 붉은 뺨을 가진 처녀가 대바구니를 들고 서 있었다.

"배고프시죠? 식사 올리겠어요."

석림은 무슨 말인가 해야겠다고 생각했으나 입술이 떨어지지 않았다.

"아직도 저를 모르시겠어요? 이레 전에 낭군의 목숨을 구했어요."

"아! 바로 백학선녀? 선녀께서 제 목숨을 구해주신 큰 은혜 어떻게 보답해야 할지?"

석림은 더듬거렸다. 고마운 은인이지만 너무 눈부시게 어여뻐 바로 볼 수가 없었다.

"아마 생전의 인연이 있었던 것 같아요. 저는 오늘 낭군한테 시집온 거예요."

"어! 저는 가난한 석수장이입니다. 제가 어찌 선녀를 맞이하겠습니까?"

"낭군의 가난을 걱정하지는 않아요. 저는 낭군의 부지런히 일하는 모습과 굽힐 줄 모르시는 용기, 그리고 총명과 백성들을 위해 성심을 다하시는 모습을 사랑하고 있어요."

"저- 그게 아니라……."

"낭군께서는 걱정하지 마십시오. 선녀가 속세인과 어떻게 인연이 닿겠느냐 걱정하시지만 인연이 없으면 살을 맞대고서는 이루어지지 못한답니다. 낭군께서 허락만 해주신다면……."

석림과 백학선녀는 그날 밤 아름다운 백년가약을 맺었다.

다음 날, 청전현 아문의 차인이 석림을 찾아와 뇌안의 말을 전했다.

"석림은 듣게나! 지현께서 말씀하시길 내일 아문에 들어와 상금을 받아가라 하신다. 그리고 같이 성을 둘러보신다 하니 일찍 나오도록 하게나."

차인은 석림을 만나보고 우물쭈물하다가 백학선녀를 보았다. 눈이 휘둥그레진 차인은 아문에 들어가 보고했다. 잠시 후 차인은 다시 석림의 집에 나타났다.

"석림은 내일 부부가 함께 나와 상금을 받으라는 분부시네."

그러나 석림은 대답을 못하고 선녀를 쳐다보았다. 백학선녀는 그 뜻을 눈치 채고 차인에게 말했다.

"좋아요. 내일 아침 같이 가겠어요."

"선녀! 어찌 간다고 말하십니까?"

차인을 보낸 석림이 걱정스러운 듯 선녀에게 물었다.

"낭군께서는 모른 척하십시오. 저에게 방도가 있어요."

다음 날 석림과 백학선녀는 아문에 들어가 뇌안을 만났다.

뇌안의 사팔뜨기 눈이 전후좌우로 부지런히 움직이며 백학선녀를 훑었다. 뇌안의 입에서는 침이 흘렀다. 뇌안은 석림과 백학선녀를 데리고 성벽을 돌았다. 뇌안은 다정스러운 듯 석림 곁에 바싹 다가서 걸으면서 말했다.

"석림이여! 정말 대단한 솜씨야! 천하제일이야! 이 벼랑 위에서 부친과 형님을 잃고 얼마나 상심했는가? 그러고서도 이렇듯 훌륭하게 끝냈으니 참으로 대단한 일이야!"

뇌안의 음험한 마음은 바삐 돌고 움직이며 기회를 노렸다. 석림을 밀어 죽이고 선녀 같은 석수장이의 아내를 뺏어가지고 중앙으로 영전하다니! 아! 이렇게 좋을 수가! 뇌안은 금방이라도 만세를 부르고 싶었다.

드디어 그 험한 절벽 위에 올라선 뇌안은 석림을 가까이 오라하더니 있는 힘을 다해 밀어버렸다.

'아-악' 소리와 함께 석림이 벼랑으로 떨어지자 백학선녀는 얼른 깃털 하나를 날렸다. 백학의 깃털은 석림을 받쳤고 석림은 사뿐히 땅에 내렸다.

뇌안은 백학선녀를 바라보며 능글맞은 웃음을 보냈다.

"아가씨여! 상심하지 마오. 그 젊은이는 영 조심성이 없어 실족을 했소! 오늘 이후 아가씨의 부귀영화는 모두 내가 만들어 주겠소."

뇌안은 백학선녀의 손을 잡으려 했다.

"놔라! 짐승 같은 놈!"

'퍽' 하는 소리와 함께 뇌안의 관모가 땅에 떨어졌다. 뇌안의 얼굴은 붉으락푸르락 씩씩거렸다.

"아니, 이 촌계집이, 내가 누군지 아직도 모르는 모양인데! 여봐라! 저년을 당장 묶어라!"

"잠깐 그럴 필요 없지! 내가 뛰어내리면 되잖소!"

백학선녀는 벼랑에서 날아 떨어졌다. 바로 석림 옆에 사뿐히 내려서며 말했다.

"낭군! 다친 데는 없습니까?"

"고맙소. 두 번씩이나 구해주시니!"

"저 사팔뜨기는 정말 고약한 사람입니다. 저런 사람은 혼을 내주어야 합니다."

백학선녀는 큰 돌 위에 올라서서 양팔을 벌렸다. 선녀의 양팔은 커다란 날개가 되어 세찬 바람을 일으켰다. 절벽 위에 큰 바람이 일면서 뇌안과 그 하수인들은 벼랑으로 굴러떨어졌다. 그들은 처참한 종말을 겪었다.

석림과 백학선녀는 서로 의지하며 어디론가 사라졌다. 이후 청전현을 학성이라고 불렀다. 사람들은 해적으로부터 지켜주는 성이 있기에 행복했다. 청전현 사람 모두는 석림과 백학선녀를 이야기하며 그리워했다.

9. 죽림사

　'지상에 소림사(少林寺), 천상에 죽림사(竹林寺)'란 말이 있다. 하남성 등봉현(登封縣)에 있는 소림사에서는 늦은 밤이면 하늘에 떠 있는 죽림사를 볼 수 있다고 한다.

　옛날 호산(嵩山)에는 사계절 지지 않는 꽃과 일 년 내내 늘 푸른 나무들이 울창했다. 그 산자락에는 소나무와 잣나무로 둘러싸인 웅대하고도 화려한 죽림사가 있었다.

　죽림사의 대나무는 특히 유명하였으며 그 푸른 댓잎에서는 파란물이 떨어질 듯 윤기가 흘렀다. 죽림사에는 십여 명의 화상(和尙 스님)이 있었는데 그들은 매일 향을 사르며 예불을 드리고…… 늘 그렇고 그런 덤덤한 하루하루를 보내야만 했다.

　우두머리 화상의 법명은 도재(道齋)였는데, 그는 자신의 수행 경력도 적지 않고 도행 또한 뛰어나다고 자부하면서 부처 이상 가는 대단한 신선이 되겠다는 생각을 늘 갖고 있었다. 다시 말해 몸은 불교의 스님이었지만 마음으로는 도가의 신선이 되고 싶은 그런 화상이었다.

　그는 온종일 신선초를 찾아 산을 헤매었고 밤에는 선단(仙丹) 제조법을 연구하고 실험했다. 결코 적지 않은, 초목의 뿌리와 잎을 씹었고 온갖 종류의 선단을 만들어 복용해봤지만 신선이 되지 못했다. 도리어 마른 장작같이 깡마른 체구에 얼굴과 피부 군데군데 푸릇푸릇한 얼룩이 생겨 어찌 보면 사람과도 같지만 달리 보면 귀신같은 몰골이었다.

　그 죽림사의 가장 어린 화상인 도람(道籃)은 겨우 열 살이 된, 본집도 부모도 없는 고아였다. 도람은 매일 큰 망태를 메고 산에 들어가 나무하고 풀을 베고 밥을 지으며 찻물도 끓여야 했다. 도람이라는 법명은 망태기를 메고 살아야 했기에 사부 도재가 지어준 이름이었다.

어느 날 이른 아침, 어린 도람은 사부가 시키는 대로 망태를 메고 나무하러 갔다. 조금 뒤에 좋은 가사를 걸치고 손에 염주를 든 도재도 산으로 들어갔다.

도재는 가끔씩 눈을 번득이고 코를 벌름거렸다. 마치 잿더미 속에서 타다 남은 검은 콩이라도 찾아내야 하는 듯 풀 섶을 휘젓기도 했다.

왜냐면 어제 약초를 캐면서 맡았던 이상한 향기가 아직도 코끝에 남아 있는 듯했기에 오늘은 좀 특이한 것을 얻으리라는 기대 때문이었다. 이 산의 어딘가에 틀림없이 기화이초가 숨어 있을 것이니 그것들을 찾아내기만 하면 장생불사하는 신선이 되거나 아니면 성불할 수 있다고 믿었다.

늙은 화상 도재가 이리저리 살피고 더듬을 때, 어디선가 맑고 티없는 웃음소리가 들려왔다. 그 소리가 나는 데를 바라보니 절벽 위쪽 평편한 풀밭에 두 어린애가 방방 뛰며 놀고 있었다. 그런데 그중 하나는 분명 어린 도람이었다.

다른 하나는 도람보다 훨씬 작은 아이였다. 머리는 푸른 헝겊으로 세 갈래 묶어 올렸고 보통아이들과 다른 옷에 진홍색 넓은 천으로 배를 한번 둘러치고 있었다. 그 아이는 발그스레한 얼굴에 뽀얗고 통통하게 살이 오른, 아주 귀여운 아이였다.

늙은 화상 도재는 그 모습을 보고 화가 나서 소리를 질렀다.

"꼬마 도람아! 저 고약한 녀석! 나무하라 했더니 놀기만 하느냐? 좋아! 나무가 적으면 혼을 내주겠다."

그러나 잠시 후 도람은 마른 나뭇가지를 큰 망태에 가득 담아가지고 돌아왔다. 도재는 이상하게 생각하며 도람을 다그쳤다.

"넌 어디서 이렇게 마른 나무를 훔쳤느냐?"

그러나 도람은 고개를 크게 가로저으며 말했다.

"훔치긴 어디서 훔쳐요? 이거 제가 다 해왔어요"

"거짓말 마라!"

늙은 화상의 노여움이 터졌다.

"내 눈으로 네가 다른 아이와 놀고 있는 것을 똑바로 보았다. 나무들이 제 발로 망태기에 들어오더냐?"

"실은…… 저……."

"넌 무슨 핑계를 대려고 꾸물대느냐? 출가인은 거짓말을 해선 안 된다. 누구든 거짓을 말하면 신선이 될 수 없어! 도대체 어찌 된 일인지 빨리 말해라!"

도재는 손에 쥔 선장(禪杖)을 금방이라도 내려칠 듯 쳐들었다.

어린 도담은 신선이 되든 안 되든 상관없었다.

'흥! 누가 하늘에 가서 산다고 했나? 우선 밥이나 배불리 먹고 그저 놀 수 있다면 그만이지. 누가 신선이 되려고 개꿈을 꾸고 있는 줄 아나 보지?'

도람은 혼자 생각하면서도 사부의 손에 있는 선장이 무서웠다. 얻어맞지 않으려면 어쩔 수 없었다.

"사실은 같이 놀던 소삼과(小蔘果)라는 아이가 도와줬어요."

"무어? 너 지금 뭐라고 말했어! 누구라고? 그 애는 어디서 산다고 하더냐?"

"그 애는…… 이름이 소삼과인데…… 산꼭대기서 산대요."

"음……!"

늙은 화상은 침을 삼키며 한참 말이 없었다.

"그래…… 그 애가 나무하는 것을 도와주었단 말이지…… 그 애가 나무할 줄 알더냐?"

"할 줄 알아요. 아주 잘해요."

도람은 얼어맞지 않는 것만도 즐거운 듯 말을 이었다.

"그 애는 큰 나무도 잘 올라가고 험한 바위도 잘 타요. 그리고 도끼를 잘 써서 금방 나무 한 단을 해놓고 나하고 놀았어요."

"어?"

늙은 도재는 정말로 할 말을 잊었다. 잠시 후 천천히 웃음을 띠면서 말했다.

"괜찮아. 괜찮아! 내일 그 애보고 많이 해달라고 해. 네가 못 짊어지면 내가 도와주마!"

"안 돼요! 그 애는 낯선 사람을 싫어한대요."

다음 날 도재는 도람의 뒤를 밟았다. 벼랑 위 풀밭에서 도람이 휘파람을 불자 그 어린아이가 어디선가 툭 튀어나왔다. 두 아이는 손을 잡고 좋아하더니 곧 숨바꼭질을 시작했다. 산들바람이 불어올 땐 그 아이한테서 맑은 향기가 퍼져오는 듯했다.

도재는 그 향기를 맡자 이상하게 힘이 솟는 것 같았다. 몸이 나른해지면서도 힘이 뻗치고 마음이 상쾌해지는 것이 마치 좋은 술을 한 잔 마신 것 같았다.

'희한하고 묘한 일이다! 혹시 저 아이가 삼천 년 만에 꽃이 피고 오천 년이 지나야 열매를 맺는다는 선삼(仙蔘)이 아닐까? 저 애 신발은 정말 처음 보는 이상한 것이야!'

그날 밤늦게, 늙은 화상은 자기 거처로 도람을 은밀히 불렀다.

그리고 바늘에 꿴 실꾸리를 하나 주면서 당부했다.

"내일 산에 가서 소삼과와 놀다가 그 애 몰래 이 바늘을 땋은 머리 위에 꽂아라. 만약 잘못했다간 밥을 굶기겠다! 알겠지?"

도람은 사부의 명을 어길 수 없었다. 또 무슨 까닭인지 영문도 몰랐다.

그 다음 날, 재미있게 놀다가 도람은 소삼과가 눈치를 못 채도록 바늘을 꽂았다.

그 순간 도람을 주시하고 있던 늙은 도재가 소리를 질렀다.

"도람아!"

도람이 뒤돌아보는 순간 소삼과는 어느덧 사라졌다.

도람이 어리둥절 머뭇거리는 사이에 도재는 큰 소리로 웃으며 괭이를 메고 올라왔다.

"좋아! 좋아! 숨어봤자 어디 숨겠어! 하하하……!"

도재는 이리저리 기웃거리며 실을 찾았다. 그리고 금방 절벽 틈 풀 사이에서 하얀 실을 찾아냈다. 그리고 실을 따라 조심스레 나아갔다. 바늘은 세 갈래 푸른 줄기가 갈라져 자란 풀 위에 꽂혀 있었다.

"찾았다! 찾았어!"

도재는 평생 쌓아두었던 모든 힘을 다 쏟아내듯 소리를 질렀다. 그리고 괭이를 휘둘러 돌을 캐내고 손으로 흙을 퍼냈다. 세 갈래 줄기 밑으로 조금씩 마치 어린아이 모습 같은 뿌리가 드러났다.

도람은 깜짝 놀랐다. 같이 놀던 소삼과가 저렇게 변했다니! 그 보다는 사람의 몸뚱이와 저리도 흡사하다니! 도람은 두려웠다. 무어라 말할 수 없는 죄스러움이 있었다.

도람은 사부 도재에게 물었다.

"그 애는 어떻게 됐나요?"

"그 애는 벌써 죽었다."

도재는 태연하게 거짓말을 했다.

"진짜 죽었어요? 사부님! 대자대비하시니 그 애를 구해주세요. 살려주세요!"

그러나 도재는 화난 듯 소리쳤다.

"떠들지 마라! 이 일은 누구한테든 말하면 안 돼! 똑바로 봐라. 그 애는 요괴였어! 내가 삶아 먹을 거야!"

절에 돌아온 도재는 손수 선삼을 깨끗이 씻어 큰 솥에 넣고 도람에게 불을 지피도록 했다.

세 시간쯤 지나자 부글부글 끓기 시작했다. 그리고 김이 무럭무럭 나면서 진한 향기가 퍼지기 시작했다.

절 안의 여남은 화상들은 모두 침을 석 자나 흘리면서 이리저리 왔다 갔다 했다. 밤이 깊었는데도 온 산의 새와 짐승이 잠에 못 들고 퍼덕거리며 낑낑대기도 했다.

도재는 솥 앞에 턱을 감싸 쥐고 앉아 있었다. 다른 중들이 나누어 먹자면 어떻게 쫓아내야 할지, 솥뚜껑을 열어보지도 못하게 하면서 궁리궁리했다.

"삼경이 지나 모두 잠든 다음, 범부속자(凡夫俗子)들을 모두 털어버리고 선삼을 먹어야지. 사경에 신선이 되어 승천하면 너희들, 어리석은 올챙이들! …… 이 답답한 세상, 고통 속에서 살면서 내 이야기를 하겠지……!"

그는 즐거워 입을 벙긋거렸다. 그러나 일이 교묘하게 돌아갈 줄 그 누가 알았겠는가? 늙은 화상 도재가 신선과 하늘을 꿈꾸며 득의만면 벙긋거리고 있을 때, 절문 밖에서 도재를 소리쳐 부르는 사람이 있었다.

그는 다름 아닌 백련사의 중 오통(悟通)이었다. 도재는 오통이 이런저런 것을 알아차릴까 봐 돌려보내려고 급히 나가면서 제자들에게 말했다.

"내가 잠시 자리를 비운다고 누구든 경거망동하지 마라!"

도재는 문밖에서 오통을 돌려보내기 위해 백방으로 설득했다. 오통은 들어와 자고 가겠다, 도재는 오늘만은 안 된다며 승강이는 점점 길어졌다.

절 안의 대소 화상들은 부엌으로 모여들었다. 솥 안의 진한 향기가 모든 중의 가슴을 두근거리게 했다. 누군가가 솥전을 두드리며 말했다.

"사부 말씀이 요괴를 삶고 있다지만 내가 볼 땐 분명히 커다란 살코기일 거야! 그러니 이렇게 냄새가 구수하지!"

"출가한 중이 고기나 생선을 먹을 수야 없지! 그러나 우리들은 너무 오랫동안 이런 희한한 것을 구경도 못했지! 그러나 사부는 혼자서 다 먹을 거야! 흥! 주지라고 우리를 무시하기는!"

그러자 또 다른 화상이 새로운 제의를 내놨다.

"이제 우리 더 이상 당하지 말자! 저 늙은 사부가 없는 동안 먼저 한 그릇씩 맛을 보고나서 얘기하자!"

모두 대찬성이었다. 각자 한 그릇씩 퍼 담았다. 서로 지지 않으려고 서로 많이 담으려고, 너도 한 덩이 나도 한 덩이, 그리고선 향기롭고 맛있는 고깃덩어리 같은 것을 쩝쩝거리며 씹었다.

기왕 맛을 보았는데 어찌 그만둘 수 있겠는가? 한 조각을 먹자 힘이 솟구치면서 더욱 입맛이 당겨 찌꺼기 하나 남기지 않고 모두 먹어치웠다. 다만 도람은 한 조각도 먹지 않았다. 자기가 그렇게 좋아하던 어린 친구가 이렇듯 비참히 죽다니! 그 뜨거운 물에 삶겨 죽다니!

도람은 비참한 생각에 눈물을 줄줄 흘렸다. 그러나 여태껏 아무것도 먹지 못했기에 배가 고파 견딜 수가 없었다.

도람은 솥에 가득 찬 국물을 떠서 후루룩후루룩 마셔댔다. 배가 부를 때까지 국물만 계속 들이켰다.

늙은 화상 도재가 오통을 겨우 돌려보내고 부엌으로 돌아와 솥뚜껑을 열었을 때, 선삼 덩어리는 하나도 없고 국물만 반 솥쯤 남아 있었다.

도재는 너무 화가 치밀어 마치 죽은 시신 육시(戮屍)가 뛰어다니듯 이목구비 일곱 구멍에서 연기가 날 정도로, 출가인(出家人)의 체면이나 법도는 생각지도 않고 절 마당 가운데서 이리저리 뛰며 온갖 욕을 퍼부었다. 그러니 크고 작은 중 누군들 그 앞에 나타나겠는가? 술래잡기 하듯 모두 숨어버렸다.

도람은 미친 듯 날뛰는 늙은 사부를 바라보면서 생각했다.

'흥! 저 늙은 귀신은 늘 혼자 먹더니만, 이번에는 양심도 없이 남을 해치고 삶아 먹으려다가 제 혼자만 못 먹었으니 저 발광을 하는구나. 내가 저 국물을 먹는 데까지 먹고 나머지는 차라리 버려야겠다.'

도람은 남은 국물을 물통에 퍼 담았다.

그리고 반 통쯤 들이켰다. 이제 도저히 더 먹을 수 없다고 생각했을 때 도재가 부엌으로 뛰어들었다.

도람은 물통을 들고 절 대문 쪽으로 뛰었다. 영문을 알아챈 도재가 다급하게 뒤따랐다. 거의 절문 앞에서 도재는 물통을 낚아채려 했다. 그러나 도람은 물통을 절의 문지방에 내팽개쳤다.

꽝~

하늘이 무너지는 듯, 온 산에 벼락이 치듯, 모든 바위가 한꺼번에 쏟아지듯, 큰 소리가 나면서 하늘로 커다란 황금빛이 뻗어 올랐다.

그러면서 절이 통째로, 모든 사람이, 그러나 단 한 사람을 제외하고, 그리고 절 안의 나무와 심지어는 벽돌 한 장까지도, 마당의 돌까지도 그대로 하늘로 솟구쳤다.

그리고 표표히 바람 소리를 내면서 승천했다.

선삼 한 조각, 국물 한 모금도 못 먹은, 남아 있어야 할 한 사람! 늙은 화상 도재는 급히 절 문의 문지방을 붙잡고 매달렸다. 그리고 울면서 애원했다.

"살아 있는 부처님들! 제발 나도 데리고…… 나도 데리고……!"

도람은 늙은 사부의 낭패한 모습을 똑바로 보면서 땅을 차며 외쳤다.

"저 음험하고 간사한, 신선에 미친 욕심쟁이!"

"저 검은 심보, 하늘에도 갈 수 없는 고약한 노인네!"

늙은 도재는 더 이상 매달릴 수가 없었다. 팔 힘이 빠지고 버둥댈 힘도 없어 결국 떨어져 죽고 말았다.

전설에는 죽림사에 있던 중 모두가 신선이 되었다고 한다. 그중 나이 어린 도람이 도행이 제일이었고 조화 부림이 가장 심오했다고 한다. 그것은 선삼(仙蔘)탕을 가장 많이 먹었기 때문이라고 했다. 선삼의 효과는 모두 국물에 있었기 때문이란다.

그래서 국물을 먹은 절 대문이 승천하자 절간 전부가 승천했다고 한다. 그 뒷날 사람들은 죽림사를 기념하기 위하여 그 절터에 원래의 모양대로 절을 다시 지었는데 그 절이 바로 지금의 소림사라고 한다. 죽림사와 소림사는 서로 맞보며 그 모습도 같다고 한다.

지금도 소림사 마당에 서면 천상의 죽림사를 볼 수 있다고 하니 하남성 사람 그 누군들 한 번쯤 가 보고 싶지 않겠는가?

10. 회선암

　아주 오랜 옛날, 한 나무꾼이 살았었다. 그는 매일 칠성암(七星庵) 부근 산에 올라 나무를 해다 팔아 겨우겨우 살아갔다. 이른 새벽 산에 올라가야 했기에 그의 아내는 잡곡밥을 산나물과 같이 보자기에 싸주었다. 나무꾼은 산에 가 나무를 한 짐 묶어 내려오다가 칠성암 바위 아래서 늦은 점심을 먹고 다시 성내에 늘어가 나무를 팔아 한두 되 좁쌀이나 잡곡을 사오곤 했다.

　그날도 나무꾼은 산에 올라 나무를 다했다. 그런데 갑자기 하늘이 어두워지며 비가 쏟아지기 시작했다. 나무꾼은 서둘러 나무를 지고 칠성암까지 단숨에 내려왔다. 옷은 비에 젖었지만 쉬지 않고 뛰어왔기에 몸에서는 김이 무럭무럭 솟았다.

　나무꾼이 칠성암에 잠시 비를 피하는데, 칠성암 큰 바위 밑 우묵한 곳에 바둑을 두고 있는 세 사람을 발견했다.

　한 사람은 붉은 옷을 입고 있었으며, 다른 한 사람은 노란 옷, 그리고 또 한 사람은 알록달록한 무늬가 있는 옷을 입고 있었다. 세 사람 모두 먼 길을 다니는 듯 단출한 옷차림이었다.

　나무꾼은 그들의 한가한 놀음에 은근히 화가 나서 그들에게 다가가 말했다.

　"허구한 날 일할 생각은 하지 않고 이런 데 앉아 빈둥대니 학질이나 걸려라!"

　그러나 빨간 옷, 노란 옷은 바둑을 두느라고 쳐다보지도 않았다. 알록달록한 옷을 입은 사람이 겨우 고개를 돌리더니 나무꾼을 보고 대꾸했다.

"누가 우리보고 학질이나 걸리라고 하는가? 우리마냥 허구한 날 먼 길에 큰 수레 끌며 고생하는 사람이 또 있겠나? 소나기가 하도 심해 당신처럼 잠시 쉬는 것뿐이오!"

그 말을 듣고 보니 과연 그런 것 같았다. 그들 모두 신체가 건장했고 손가락 마디는 나무꾼보다 더 굵은 것 같았다. 그들 역시 얼굴에 땀방울이 가득했으니 빈둥대는 건달은 아닌 것 같았다.

밖에는 비가 계속 내리고 있었다. 나무꾼도 하릴없이 옆에서 바둑을 구경했다.

바둑판이 끝났다. 붉은 옷과 노란 옷을 입은 사람은 나무꾼과 서로 인사를 나누었다. 그리고 나무꾼 손에 든 보자기를 보며 무엇이냐고 물었다.

"밥이지요. 점심밥입니다."

나무꾼은 점심 먹는다는 것을 잊고 있었다. 갑자기 시장기가 돌았다.

"아이고! 그래요? 사실 우리도 한나절 먼 길을 오느라고 배가 몹시 고픈데 좀 얻어먹을 수 있겠습니까?"

나무꾼은 보자기를 풀어 돌 위에 놓으면서 말했다.

"다들 잡수시오. 난 집에 가면 먹을 게 있습니다."

세 사람은 고맙다고 말 한마디 하더니 너도나도 한 입씩 금방 다 먹어치웠다. 비가 멈추었다. 나무꾼은 급히 나뭇단을 지고 성내에 팔고 돌아왔다. 이미 늦은 저녁이었다. 그날 따라 나무꾼은 밥을 많이 먹었다. 나무꾼 아내가 이유를 물었고 나무꾼은 칠성암에서 만난 사람들 이야기를 했다. 나무꾼 아내도 고개를 끄덕였다.

"잘하셨어요. 어렵게 살아가는 사람들은 모두 일가나 마찬가지지요. 내일은 점심을 더 많이 싸드리겠습니다."

다음 날 이른 새벽, 나무꾼은 수북하게 싼 점심 보자기를 들고 나무하러 갔다. 공교롭게 그날도 점심 때 비가 왔고, 나무꾼은 칠성암에서 비를 피했다. 어제 그 세 사람도 바둑을 두었고, 점심은 넷이서 같이 먹었다.

셋째 날, 나무꾼 아내는 더 많은 점심밥을 싸주었다. 이상하게도 사흘 연속 점심때 비가 왔고 칠성암에서의 점심식사는 더욱 푸짐했다. 그들 세 사람은 나무꾼보다도 더 굶주린 사람 같았다.

"당신네들은 매일 큰 수레에 무얼 싣고 다니십니까? 그리고 어디까지 가십니까?"

"우리는 매일 십만 팔천 리 길을 다닙니다."

빨간 옷을 입은 사람의 말이었다. 그리고 나머지 두 사람을 한번 쳐다보고선 말을 이었다.

"내가 끌고 가는 것은 해입니다. 그리고 저 사람은 달을 밀고 다니며, 이 사람은 온갖 별들을 짊어지고 다닙니다."

나무꾼은 이들이 신선이라는 것을 금방 알아차렸다. 나무꾼이 전설처럼 들어온 일화(日華), 월화(月華) 그리고 성화(星華)가 아닌가?

해와 달과 별, 이 세 가지는 인간에게 밝은 빛과 따사로움, 어둠을 밝히는 달빛, 그리고 지친 마음을 달래주는 고마운 존재가 아닌가? 그 해와 달과 별을 끌고 밀며 짊어지고 지칠 줄 모르며 하늘을 달리는 이들은 얼마나 고생이 많은가?

나무꾼은 세 신선에게 고맙다는 인사를 했고 세 신선도 나무꾼의 착한 마음씨를 한껏 칭찬했다.

그들 넷이 마음을 터놓고 이야기하는 동안 비가 그쳤다. 세 신선은 한 줄기 푸른 연기가 되어 승천했고 남서쪽 하늘에는 일화(日華)가 끌고 가는 태양의 빨갛고 큰 바퀴가 빛나고 있었다.

그날 밤 나무꾼은 아내와 함께 마당에 서서 월화와 성화 이야기를 했다. 그들 또한 나무꾼에게 손짓하듯 잔잔한 빛을 던져주었다.

그 뒤 나무꾼은 해와 달, 별이 뜨면 마치 친구인 일화, 월화, 성화를 만난 듯 반가웠다. 그러나 그들 셋은 하늘에 있기에, 서로 수만 리 떨어져 있지만 마음만은 언제나 친숙했다. 나무꾼의 생활은 하루하루가 즐겁고 보람찼다.

그 뒤 나무꾼은 아내와 사별했다. 나무꾼은 혼자 살 수 없어 칠성암 부근에 있는 도관인 경림관(慶林觀)의 화부(火夫)가 되었다.

그 경림관 주변 넓은 논밭엔 많은 농부들이 땀 흘리며 일했다. 뜨거운 여름날, 농부들이 너무 지쳤을 때, 경림관 화부는 일화에게 구름 뒤에 잠시 쉬면서 농부들에게 서늘한 바람을 불어주라고 친우에게 부탁하듯 말했다.

그 말이 하늘에 통하는지 태양은 곧 구름 뒤로 숨었다.

농사철이 바쁘면 화부는 월화에게 밝은 빛을 비춰달라고 부탁했고 월화는 화부의 말을 들은 듯 밝은 빛을 내려 주었다. 때문에 농부들은 횃불을 켜지 않고서도 농사일을 할 수 있었다.

날이 가물면 화부는 일화, 월화, 성화를 불러 바둑을 두며 쉬라고 부탁했다. 물론 그때마다 많은 비가 내려 농부들의 근심 걱정을 덜어 주었다.

화부는 부지런하고 정직한 사람이었다. 그런 화부이기에 농민들을 억압하는 지주와 관리들을 미워했다. 그들의 차인들이 농민들에게 조세를 독촉하고 빛을 짜내고 사람들을 잡아가면 화부는 일화에게 손짓을 보내 빨리 서산 너머로 달려가라고 부탁했다. 그러면 갑자기 날이 어두워져서 캄캄한 길에 차인들은 돌에 걸려 넘어져 피를 흘리며 돌아갔다.

화부는 일하는 틈틈이, 비가 오는 날 가끔씩 하늘의 세 친우를 만나면서 도술을 조금씩 배우고 익혔다.

관리나 지주가 어울려 하수인들을 데리고 사냥을 할 때, 화부는 그의 모자를 허공에, 옷을 산속에, 신발은 길가에 내던졌다. 그러면 화부의 모자는 학이 되어 날고 옷은 사슴으로 변했으며 신발은 산토끼가 되었다.

그것을 본 관리나 지주들은 학과 사슴과 토끼를 쫓느라 온 산을 헤매나 결코 잡을 수 없었다. 한여름 날 삼십 리 길을 뛰어온 개처럼 헐떡거리고 쉴 때면 그 사슴과 학과 토끼가 나타나 조롱하듯 뛰고 날면 그들은 다시 온 산을 뛰는 고생을 해야만 했다.

그들이 지쳐 돌아갈 땐 일화 월화 성화도 빛을 주지 않아 칠흑 같은 어둠 속에서 넘어지고 팔다리가 부러져 병신이 되었다.

그 뒤, 경림관의 살림을 도맡아 책임지는 당가사(當家師)가 죽었다. 그의 뒤를 이어 화부는 당가사가 되어 경림관을 꾸려나갔다. 경림관 부근 주변 수십 리 내의 모든 농부들이 당가사의 공적을 알고 존경하게 되었다.

몇 년이 지났다. 나무꾼에서 화부로 그리고 당가사가 되어 몇 년이 되었으니 이제 그도 늙었다.

어느 날, 마을의 두부장수가 두부 판을 메고 칠성암 근처 조라암이라는 큰 바위 아래를 지나가는데 당가사가 그곳에 앉아 있었다.

"안녕하십니까? 이렇게 이른 아침에 거기서 뭘 하십니까?"

"그대의 두부를 기다렸네. 내가 볼일이 있어 먼 곳을 떠나야 하는데 우리 경림관의 젊은 도제가 굶은 것이 걱정이 되네. 그대가 경림관에 두부를 한판 갖다 주지 않겠는가? 돈은 내 침상 밑 작은 상자에 들어 있으니 도제보고 꺼내달라고 하게. 아 참 그리고 상자열쇠는 내 목침 밑에 있다고 말하게."

두부장수는 경림관으로 달려갔다. 그런데 경림관 안에서 애고! 애고! 하는 통곡소리가 들리지 않는가? 두부장수는 이상하게 생각하면서 도제를 불러냈다.

"어서 두부나 들여가십시오."

"아니, 누가 두부를 보냈습니까?"

"이곳 당가사께서 보내셨습니다."

"우리 당가사님은 엊저녁에 승천하셨습니다."

도제는 설움이 복받치는 듯 다시 울기 시작했다.

"아닙니다. 내가 지금 조라암에서 뵙고 오는 길입니다. 두붓값은 침상 아래 작은 상자 속에 있고 그 열쇠는 목침 아래 있다고 했습니다."

두부장수의 말을 들은 도제는 안으로 들어가 열쇠를 찾아 상자를 열었다. 그들이 다시 후당으로 가 당가사의 시신을 찾았으나 시신을 어디로 갔는지 알 수 없었다. 그때서야 그들은 당가사가 신선이 되어 이미 속세를 벗어났음을 알았다.

두 젊은 도제는 당가사가 떠나는 마지막까지도 자신들을 돌보아준데 대하여 놀라며 감사했다. 그러나 이제 그들은 의지할 데가 없었다. 두 도제는 다시 훌쩍거리며 울기 시작했다. 두부장수는 조금 전에 도제가 상자를 열 때, 동전 밑에 종이가 들어 있는 것을 생각했다.

두부장수는 도제들에게 그 종이를 다시 보자고 말했다.

"우지 마십시오! 혹시 당가사님께서 살아갈 방도를 써 놓았을지도 모르잖습니까?"

세 사람은 탁자에 올려놓은 상자를 다시 열었다. 거기엔 글귀가 쓰여 있었다.

해와 달 그리고 별들은
아침저녁 쉬지 않고 운행한다.
사람이라면 으레 부지런히 일을 해야지!
앉아서 입만 벌린다면 사람이 아니지!

그 뒤 나무꾼과 일화 월화 성화가 바둑 두던 그 바위를 사선암(四仙巖)이라 불렀다. 그리고 두부장수가 신선을 만난 그 바위는 회선암(會仙巖)이라 이름을 지어 지금까지 전해온다고 한다.

11. 회심석

중국 오악(五嶽) 중 서악(西嶽)에 해당하는 화산(華山)은 섬서성(陝西省)에 있다. 화산은 '기이하고 험하기로 천하제일'이라는 명성만큼 험한 바위산이다.

화산을 구경하려면 옥천원(玉泉院)에서 청가평(靑柯坪)을 지나 큰 바위에 새겨진 회심석(回心石)이란 글자를 읽고서 화산을 오른다고 한다.

몽고족이 지배하던 원(元)나라 시절 학지진(郝志眞)이라는 뛰어난 문사(文士)가 있었다. 과거에 장원급제 하였지만 강직하고 바른 심성을 견지하며 권세에 아부하지 않았다.

학지진은 관직을 버리고 화산에 들어가 왕중양(王重陽) 조사(祖師)의 문하에서 도를 배웠다. 학지진의 도호는 태고(太古)였다. 그 뒤, 왕중양은 우화등선(羽化登仙)했고 학지진과 기타 여섯 명의 제자들은 사부의 장례를 마치고 각자 흩어졌다. 학지진은 하북(河北) 조주(趙州)의 다리 밑에 자리를 잡고, 매일 명상하면서 수진양성(守眞養性)에 힘썼다.

하루는 다리 아래 조용히 앉았는데 조그만 동자가 손에 푸른 벽돌 두 개를 갖고 와서 씩씩 소리를 내며 벽돌을 갈았다. 학지진은 어린아이 장난이겠지 생각하며 상관하지 않았다.

며칠 뒤, 동자는 학지진의 무릎에 벽돌을 갈기 시작했다. 학지진은 동자의 고약한 장난을 어떻게든 꾸짖어야겠다고 생각했다.

"왜 벽돌을 가느냐?"

"거울을 만들려 하지!"

"바보로구나. 벽돌이 어찌 거울이 되겠느냐?"

"내가 바보면 너는 더 바보다. 종일 눈을 감고 명상하면서 내공(內功)만 쌓고 외공(外功)을 쌓지 않으니 어느 세월에 신선이 되겠느냐?"

학지진은 어린아이 말에 크게 놀라며 눈을 떴다. 눈을 비비고 바라보니 그 어린 동자는 바로 스승 왕중양(王重陽)이었다. 학지진은 급히 예를 갖추며 말했다.

"사부님! 어리석은 제자를 깨우쳐 주십시오."

"도(道)를 이루려면 반드시 덕(德)을 먼저 쌓아야 한다. 인간에게 공덕을 베풀지 않은 신선은 없다. 이곳은 네가 성과(成果)를 얻을 수 있는 곳이 아니다. 너에겐 신령이 가득하고 경치가 아름다운 화산이 있을 뿐이다. 그곳에 가서 공덕(功德)을 쌓아라! 언젠가 도를 성취하는 날 있을 것이다."

학지진은 즉시 의발(衣鉢)을 챙겨 화산으로 들어갔다. 화산에 당도한 뒤 제일 먼저 비바람을 피할 움막을 지었다. 그다음 명상에 잠기고 수련하기 위하여 영원한 거처가 필요했다.

학지진은 화산의 북두평(北斗坪)이란 곳에 동굴을 파기 시작했다. 이른 새벽부터 밤늦게까지 바위를 쪼았다. 팔은 나무토막처럼 마비되고, 엄지와 식지 사이의 호구(虎口)에서는 피가 흘렀으나, 그는 쉬지 않았다. 배고프면 산에서 나무 열매와 솔방울을 따 먹었고 목마르면 계곡 물을 마셨다.

그렇게 석 달 동안 고생하며 세 길 정도 네모반듯한 자미동(紫薇洞)을 만들었다. 그 자미동을 파는 동안 학지진에게 두 명의 제자가 생겼다.

한 제자의 이름은 매량(梅良)이고 다른 제자는 죽청(竹青)이었다.

두 제자는 성심으로 사부를 모셨고, 학지진을 학조(郝祖)라 부르며 자미동을 완성할 때까지 많은 일을 잘해냈다.

자미동이 완공된 다음 날 어떤 도사가 찾아와 사정하듯 말했다.

"정말 잘 만들어진 굴이군요. 저는 이런 굴을 뚫을 줄 모릅니다. 이 자미동을 저한테 양보해 주십시오."

학조는 그 말을 듣자 두 말도 없이 자미동을 넘겨주었다. 두 제자는 크게 서운했지만 말 한마디 못하고 따라야만 했다. 학조는 제자들을 데리고 더 높은 지점에 새로운 굴을 파기 시작했다.

그러나 두 번째 동굴이 만들어지자 또 다른 도사가 찾아와 양보해 달라고 했다. 이번에도 학조는 선선히 물려주고 또 다른 굴을 파기 시작했다.

사실 화산에서 동굴 하나를 판다는 것이 정말 어려운 일이었다. 산전체가 돌로 만들어졌기에 단 한 치라도 끌로 뚫어야만 했다. 거기다가 화산 골짜기에는 외뿔이 난 독각오룡(獨角烏龍)이 살고 있는데 혹 잔돌이 굴러 용을 맞추거나 물소리라도 내면 대단한 심술을 부렸다. 그래서 굴을 파면서 나오는 잔돌은 모두 등에 져다가 수백 리 멀리 떨어진 태백산(太白山)에 버려야 했다.

그런 깊은 뜻을 매량과 석죽 두 제자가 알 리가 없었다. 두 제자가 잠자거나 쉴 때에 학조는 그 돌을 져다가 태백산에 버렸다. 혹 못 믿겠다는 사람은 지금이라도 화산과 태백산을 가보면 알 수 있다고 한다. 즉 화산에는 엄청나게 큰 바위뿐이지만 화산보다 높고 큰 태백산은 모두 잔돌로 이루어졌다.

학조는 두 제자와 함께 동굴을 파서 다른 도사에게 양보하고 또 파기를 계속했다. 사십여 년 동안 일흔 개의 굴을 팠지만 학조에게는 아직도 몸을 위탁할만한 굴이 없었다.

최후로 그들은 낙안봉(落雁峰)의 남천문 근처 아주 험한 절벽에 엄청난 기력을 소모하면서 조원동(朝元洞)이라는 굴을 팠다. 그러나 그 굴마저도 다른 도사에게 마치 사기를 당하듯 물려줘야만 했다. 그것도 젊은 도사에게! 이번 일에 대해선 매량과 석죽 두 제자의 불만이 대단했다.

사실 그들은 도를 배워 신선이 되겠다고 입산하여 사십 년 가까운 세월에 바위만 뚫는 작업만 했다. 도사나 신선 이야기를 배우기는커녕 일만 하고서도 몸을 눕힐만한 굴 하나 없다니!

학조도 그들의 마음을 모르는 건 아니었다. 학조는 제자들에게 옥(玉)을 쪼아야 옥기(玉器)를 만들 수 있듯이 성도(成道)하기 위해선 수련을 계속 쌓아야 된다며 제자들과 함께 화산에서 더 이상 험함 곳이 없다는 절벽 꼭대기로 갔다.

그곳은 다만 매가 둥지를 틀 뿐 보통 새들도 올라가지도 못하는 곳이다. 산짐승도 거기에 올라오지 않았으니 위로 올려다보면 꼭대기가 보이지 않고 내려다보면 계곡이 보이지 않는다는 그런 곳이었다.

학조는 이런 곳이 수도하기에 가장 좋을 것이라며 굴 파는 일을 시작했다. 그러나 매량과 석죽 두 제자는 전과 달랐다. 모든 일에 꾸물 댔고 학조가 바위를 깨트리고 쪼아도 나와 보지도 않았다. 학조는 혼자 돌을 깨고 광주리에 담아 나르면서 구름과 안개로 감싸인 절벽 꼭대기를 오르내렸다.

어느 날 학조는 지나가는 도사로 모습을 바꾸어 두 제자 앞에 나타나 지금 뚫고 있는 굴을 자기에게 달라고 말했다. 매량과 죽청 두 제자는 학조가 없는 틈을 타서 그간 수없이 많은 굴을 뚫었지만 아직도 굴 하나 없다는 신세타령을 늘어놓았다. 모습을 바꾼 학조는 그들에게 어느 세월에 수련하여 신선이 되겠느냐며 맞장구쳤다. 그들 두 사람은 고개를 숙인 채 한숨만 내쉬었다.

그 다음 날 학조는 안개가 자욱한 벼랑을 새끼줄에 매달려 내려갔다. 매량과 죽청 두 사람은 서로 마주 보았다. 두 사람의 눈길이 마주치면서 합의가 이루어졌다.

두 사람은 학조가 매달린 밧줄을 끊었다. 그 밑 수천 길 낭떠러지에 무슨 일이 일어났을지는 물을 필요가 없었다. 두 사람은 간단한 짐을 챙겨 산을 내려왔다.

산 아래까지 거의 다 내려왔을 때, 큰 바위 위로 난 길에 스승 학조가 전대를 멘 채 걸어오고 있었다.

그들은 매우 난감했다. 피할 수도 없었다. 크게 놀랐지만 놀란 내색을 할 수도 없었다.

"사부님, 어디 다녀오시는 길입니까?"

"상주(商州) 대장간에 가서 끌을 담금질해 오는 길이다. 그런데 너희들은 지금 어디를 가느냐?"

"저희들이야 사부님께서 아주 하산하신 줄 알고 저희들도 그냥……."

그들은 다시 발길을 돌렸다. 그들은 스승 학지진이 벌써 신선이 되었다는 것을 알고 무릎을 꿇었다.

"사부님께서 용서해주십시오. 오늘 이후 오직 한마음으로 수련하며 절대로 변심하지 않겠습니다."

학조는 그들이 진정으로 후회하는 것을 보고 말했다.

"일단 출가했으면 오직 자비의 일념을 가지고 세속 일에 덕을 쌓아야 한다. 그러면 언젠가는 득도하게 된다. 절대로 악한 마음을 지녀서는 안 된다. 잘 새겨 두도록 하여라!”

두 제자는 그저 예! 예! 하면서 눈물을 흘렸다. 그 이후 두 제자가 스승을 만나 마음을 돌린 그 바위를 회심석(回心石)이라고 불렀다.

그밖에 학조가 마지막으로 작업하다가 절반만 완성하고 승천한 반절동(半截洞)이 있고 ‘반절동전진암’이라는 학조의 친필이 남아 있다고 한다.

12. 선벌교

　절강성의 천태산(天台山)은 크고도 높은 명산이다. 언젠가 먼 옛날 천태산 아래에 옷감을 짜는 직포장(織布匠)이 살고 있었는데 이름은 석량(石梁)이었다.

　그는 특별한 기술을 갖고 있어 그가 짠 옷감은 곱고도 튼튼했다. 근처 천태현 사람들은 누구든지 석량의 옷감을 칭찬했고 다투어 사 갔다. 그들은 석량의 면포나 비단을 사다가 여러 가지 색으로 물들여 옷을 지어 입었다.

　어느 해 여름, 석량은 면포 삼백 자를 다 짰다. 그 면포는 이미 중 방광사(中房廣寺)에 팔기로 약속되었었다. 석량은 해가 진 뒤 서늘한 때를 이용하여 면포를 지고 산을 오르기 시작했다. 하늘에는 둥근 달이 높게 걸려 있었다.

　석량이 산중턱을 거의 올라갔을 때 어디 선지 푸석푸석 삽질하는 소리가 들렸다. 석량은 면포를 내려놓고 풀 섶 사이에 몸을 숨기고 주위를 살폈다.

　산골짝 안개가 뿌옇게 덮여 있는 곳에 커다란 뗏목이 한 척 보였다. 좀 떨어진 곳에는 몇 사람이 웅성대며 무엇인가를 광주리에 퍼 담고 있었다. 자세히 보니 그들은 천태산의 옥돌과 보석을 파 뗏목에 옮겨 싣고 있었다. 그들 중 허연 수염이 가득한 노인이 말했다.

　"이곳 보석들을 모두 하늘로 옮겨가면 우리 선가(仙家)가 더욱 광채가 날 거야!"

　그러자 모든 사람들이 큰 소리로 웃어댔다. 석량은 그들이 천태산의 옥돌과 보석을 훔치러 온 신선이라는 것을 알았다. 신선도 가끔씩 인간의 물건을 탐내는가? 우리 천태산의 보옥을 어찌 그냥 뺏길 수 있겠는가?

석량은 마음이 조급했다. 어떻게든 보옥을 지켜야 한다고 생각했다. 석량은 자기가 공들여 짠 면포를 가지고 살금살금 뗏목으로 다가갔다. 면포 한 끝을 뗏목에 단단히 묶고 다른 한쪽은 큰 바위에 묶었다. 그러나 그들이 면포를 자르면 그만이었다.

석량은 전에 노인들한테 들은 이야기를 생각했다. 신선은 범인(凡人)의 피가 묻은 물건을 가까이하지 못한다는 말이었다. 이에 석량은 가위를 꺼내 자신의 허벅지를 힘껏 찔렀다.

선혈이 뚝뚝 흘렀다. 석량은 자신의 피를 면포 곳곳에 문질렀다. 선인들은 여러 보석과 옥돌을 옮겨 싣느라고 분주했기에 석량을 보지 못했다.

'꼬끼오!' 먼 데서 닭이 울었다. 선인들은 급히 뗏목에 올랐다. 그리고 발을 한번 구르자 뗏목은 하늘로 떠올랐다. 그러나 멀리 가지 못하고 멈추었다. 그들은 뗏목이 피가 묻은 면포로 묶여 있는 것을 발견했다. 군데군데 붉은 피가 묻은 하얀 면포가 삼백 자나 길게 뻗친 모양은 장관이었다.

그들은 몹시 당황했다. 면포를 자를 수도 없었고 묶인 곳을 풀 수도 없었다. 피비린내 때문에 가까이 가지도 못했다. 수염이 허연 노인, 아마도 태백금성(太白金星)인 것 같은 노인이 소리를 질렀다.

"이놈 석량아! 빨리 면포를 풀어라! 보석 한 광주리를 주마. 이것만 있으면 면포를 짜지 않고도 평생을 잘 살 수 있어!"

그러나 석량은 고개를 흔들며 말했다.

"나는 부가옹(富家翁)이 되고 싶진 않습니다. 천태산의 보옥을 도둑맞을 수야 없습니다."

그러자 닭살같이 오돌토돌한 피부를 가진 늙은 서왕모가 소리 질렀다.

"석량아! 석량아! 꽃처럼 예쁜 색시와 장가들게 해주겠다. 이제는 홀아비살림을 그만둬야지!"

그러나 석량의 마음은 흔들리지 않았다.

"난 홀아비라도 좋습니다. 천태산의 보옥을 지키다 죽겠습니다."

그러는 사이에 다시 닭 울음소리가 들렸다. 선인들은 더욱 다급해져서 안달이었다. 그러자 가장 추남 추녀인 벼락을 때리는 뇌공(雷公) 부부가 화를 내며 소리를 질렀다.

"석량아! 더 이상 억지를 부리지 마라. 피묻은 이 면포를 풀지 않으면 벼락을 때려 너를 죽여 버리겠다."

그러나 석량은 면포를 더욱 힘껏 당기며 악을 쓰듯 큰 소리로 말했다.

"영감! 영감이나 억지 부리지 마시오. 천태산의 보물을 지킬 수 있다면 내가 죽은들 무슨 상관있겠습니까?"

뇌공은 화가 났다. 곧 '우르르 꽝'하는 소리와 함께 백여 길 되는 절벽이 무너져 내렸다.

신선들은 뗏목과 보옥 광주리들을 팽개친 뒤 구름을 타고 돌아갔다. 그러자 신선들의 뗏목은 큰 다리로 변했고 석량의 면포 삼백 자는 그대로 폭포가 되었다. 석량은 뗏목 옆에 높고 커다란 돌기둥으로 변했다.

그 뒤 사람들은 뗏목이 변한 다리를 '선인의 뗏목다리'란 뜻으로 선벌교(仙筏橋)라고 불렀고 폭포는 석량백포(石梁白布)라고 부르며 천태산 보옥을 지킨 석량을 추모했다.

13. 전량호

 광동성과 광서성의 접경인 욱남현(郁南縣)에 전량호(錢糧湖)라는 호수가 있다. 전량호는 작은 호수이지만 물이 맑아 그 바닥을 볼 수 있다고 하는데 호수 밑엔 궁전만큼이나 크고 화려한, 그러나 많이 부서진 집이 보인다고 한다. 특히 비가 오는 날에는 호수 밑으로부터 덩더꿍! 덩더꿍! 하는 풍악 소리가 들려온다고 한다.

 아주 오래전, 그 호수자리는 본래 넓은 들판이었고, 십만 석을 수확하는 대지주의 대궐과도 같은 집이 있었다.

 그 지주에게는 마음씨 착하고 부지런한 한 머슴들이 많이 있었다. 마치 소나 말처럼 부려 먹어도 아무 말 없이 일만 하는 그런 머슴들이었다. 어느 해인가 큰 가뭄이 들었다. 논밭은 거북 등마냥 갈라지고 곡식은 타죽었다. 지주는 머슴들이야 죽든 살든 매일 물을 퍼 올리게 시켰다.

 "만약 벼가 타 죽는다면 새경은 한 톨도 주지 않겠다."

 머슴들은 밤낮으로 물을 퍼 올려야 했고 얼굴은 누렇게 병들어갔다.

 어느 날, 머슴들 앞에 나은(羅隱)이라는 선인(仙人)이 나타났다. 나은은 머슴들에게 사연을 물었고 머슴들은 지주의 말을 그대로 얘기했다.

 "저런! 내가 자네들을 좀 도와주지."

 선인은 한 오 리쯤 떨어진 산에 있는 큰 바위를 들어냈다. 그리고 주머니에서 송곳을 꺼내 땅에 꽂고 주문을 외웠다.

 송곳이 한번 움직이면

수원(水源)이 끊어지지 않으리라!
철필이 산 밑을 지나면
금방 물길이 솟으리라!

카! 정말로 진기한 일이었다. 선인이 송곳을 뽑자 맑은 물이 콸콸
쏟아졌다. 선인은 송곳을 가지고 땅에 금을 그으면서 나아갔고 선인
이 지나가는 대로 물길이 생겼다.

머슴들은 만세를 불렀다. 모두들 나은에게 고맙다는 인사를 올렸
다. 어떤 머슴은 자신의 고달픈 생활을 하소연하면서 말했다.

"선인께서 기왕 저희들의 고통을 덜어주셨는데, 우리들이 고생을
면할 길은 없겠습니까?"

나은은 잠시 생각하다가 머슴들에게 말했다.

"그거야 여러분들이 할 나름이요. 내가 어떻게 도울 길은 없습니다."

그러고선 대지주의 집 둘레를 송곳으로 커다란 원을 그리고 지주
의 대문 양쪽엔 용을 그려놓았다. 용은 금방이라도 살아 움직일 듯
생생했으나 눈동자를 그려 넣지는 않았다.

나은은 그림을 다 그린 뒤 노래를 불렀다.

두 마리 용, 눈이 붉어지면,
큰 비바람 불어오리라.
산으로 피난가지 않으면
큰 재앙을 만나리라.
비바람이 그치면 다시
누릴 행복은 영원하리라.

노래를 마친 나은은 여러 머슴들에게 웃어 보이면서 어디론가 사라졌다. 머슴들은 선인이 부른 노래를 외워두었다.

한편, 대지주는 그날 친구 집 잔치에 갔다가 저녁때 늦게 돌아왔다. 자기 집 대문에 그려진 용 두 마리를 보고 크게 화를 내며 머슴들에게 빨리 지워버리라고 호통을 쳤다.

머슴들은 서로 바라보면서 선뜻 나서지 못했다. 저 용 그림을 지워버린다면 그들의 생활이 나아질 희망은 영영 사라져 버릴 것만 같았다. 제일 늙은 머슴이 나아가 지주에게 호소했다.

"어르신네! 저것은 선인께서 직접 그리신 것입니다. 보기도 괜찮으니 그냥 놔두는 게 좋을 것 같습니다."

그러나 대지주는 눈알을 부라리면서 욕을 퍼부었다.

"너희들은 대문을 망쳐놓았어! 선인 그림이라면서 어찌 저리 엉터리냐? 빨리 지우지 못하겠니?"

머슴들은 다급했다. 머슴들은 선인이 산 밑에서 수원을 찾아내 들판에 수로를 냈다면서 저 그림이야말로 대지주 댁의 길조라며 추켜세웠다. 대지주는 수하인을 불러 사실을 확인하고서야 지우지 말라고 분부했다.

다음 날, 머슴들은 용의 눈을 살펴보았다. 어제 그대로였다. 그다음 날도 마찬가지였고 한 달, 두 달…… 일 년이 지나도록 변함이 없었다.

머슴들은 매일 대문을 바라보며 마음만 졸였다. 그럭저럭 두 해가 지났다. 어느 날 대지주는 며느리를 맞이했다. 그러면서 머슴들 집에서 기르는 돼지와 양을 뺏어다가 잔치 음식을 준비했다. 많은 관리와 이웃 고을 지주들이 모여들었다. 머슴들은 머슴들끼리 모여 웅성댔다.

"에이 참! 용안은 언제 붉어지겠나?"

"선인께서 헛 말씀이야 하였겠는가? 오랜 세월이 지나야 한다고 하셨지! 우리들 하기 나름이라는 말씀이 있었는데 그게 무슨 뜻일까?"

그때 농담을 잘하는 머슴 하나가 돼지 피를 손가락에 묻혀와 용의 눈에 칠하면서 우스갯소리를 했다.

"용왕님! 잔치 음식 좀 드릴까요? 우리 지주님이 아직도 밉지 않습니까?"

그것을 보고 또 다른 머슴이 소리쳤다.

"아니! 됐어! 이제 용왕님 눈이 붉어진 거야!"

한편 지주의 못된 하인 하나가 그것을 보고 달려 들어가 지주에게 알렸다.

지주가 생각해보니 돼지 피는 더러운 것인데 돼지 피를 이 좋은 잔칫날 대문에 바르다니 말이나 되는가? 지주는 급히 다른 하인을 불러 빨리 지우라고 분부했다.

하인이 물걸레를 가지고 용안을 문대었다. 그러나 이상하게도 지워지지 않고 점점 붉어져만 갔다. 용의 눈은 마치 붉은 광채가 날듯 더욱 빨갛게 되었다.

그러자 갑자기 파란 하늘에 먹구름이 끼기 시작했다. 그리고 바로 광풍과 폭우가 쏟아지고 하늘에는 뇌성벽력이 요란했다. 머슴들은 곳곳에서 소리치며 노래 불렀다.

용안이 붉어졌다. 붉어졌어!
큰 비와 큰 바람이여!
우리 모두 산으로 가세.
우리 빨리 산으로 가세!

머슴들은 처자식을 데리고 산으로 내달렸다. 지주가 그들을 막아서며 나무랐다.

"가지 마라. 손님을 청해놓고 도망가면 어쩔 거냐? 빨리 돌아와라!"

그러나 어찌 그들을 막을 수 있겠는가? 머슴들은 빗속을 뚫고 도망쳤다. 마침 그때 새 며느리 교자가 도착했다. 가마를 메고 온 교군들과 풍악을 울리며 따라온 악공들도 집안 처마 밑으로 피했다. 돌연, 큰 우렛소리가 나면서 벼락이 대문을 쳤다. 그러자 두 마리 용이 대문을 박차고 살아 나왔다. 용은 불을 뿜으며 하늘로 올랐다. 동시에 선인이 송곳으로 원을 그린 만큼 지주의 집은 땅속으로 가라앉았다.

사방의 빗물이 쏟아져 들어갔다. 대지주와 관리들 그리고 이웃 고을의 부자들까지 모두 물속에 잠겼다. 가엾은 가마꾼과 악공들까지 묻혀버렸다. 대지주의 못된 하인들 묻힌 것이야 조금은 불쌍하지만 누가 눈물을 흘려주겠는가?

하늘은 다시 개었다. 언제 그런 일이 있었냐는 듯 조용해졌다. 으리으리한 대지주의 집과 수많은 돈과 양식이 모두 잠겼다. 머슴들은 다시 모여 노래를 불렀다.

용안이 붉어지더니 큰비 내리고 벼락을 쳤네!
비바람 속으로 용은 이미 승천했네.
대지주와 나리들 모두 함께 죽었고.
개 같은 하수인들 그들 따라 황천으로 갔네.
불쌍한 가난뱅이도 이제는 머슴이 아니네!

그 뒤 사람들은 그 호수를 돈과 양식이 들어 있다고 해서 전량호라고 불렀다. 또 그 호수가 있어 물 걱정을 안 했기에 돈과 양식이 생겼다. 때문에 그 이름이 더욱 맞아 들었다.

그 뒤 날씨가 좋고 물이 잔잔한 날에는 물속에 잠긴 대지주의 집이 보였다고 한다. 또 비바람 치는 날에는 호수 밑에서 악공들이 연주하는 풍악 소리가 들렸는데 그 이유는 선량한 악공들이 죽지 않고 그곳 양식을 먹어가며 즐기기 때문이라고 한다.

14. 선인동

만주 송화강(松花江) 상류, 무송현(撫松縣)의 동쪽으로 십 리쯤 떨어진 곳에 조그만 산이 있다. 그 산에는 동천복지(洞天福地)라는 큰 글씨가 새겨진 동굴이 자리하고 있으며, 동굴 곁에는 사시사철 마르지 않는 시내가 흐른다.

그 동굴의 길이가 얼마나 되는지 헤아릴 수 없지만 땅속으로 멀리 멀리 장백산(長白山)의 천지(天池)에 연결되었다고 한다.

본래 장백산이란 우리나라의 백두산(白頭山)을 말한다. 중국 고대엔 불함산(不咸山), 개마대산(蓋馬大山)이라 부르다가 태백산(太白山)이라 기록되기도 했는데, 여진족(女眞族)의 금(金)나라 때부터 장백산이라 불렀다고 한다. 초가을부터 다음에 늦봄까지 늘 흰 눈으로 덮여 있어 '오래도록 흰 산'이란 뜻으로 장백(長白)이란 이름이 붙었다. 산정의 천지에는 수많은 샘이 분출하여 압록강, 송화강, 두만강의 수원을 이루고 있다.

아주 오랜 옛날 무송현이 제대로 형성되기 전에, 그곳엔 십여 호의 주민이 농사와 사냥, 고기잡이를 하면서 살았다. 부유하지는 않았지만 의식 걱정이 없는 평화로운 곳이었다.

어느 황혼 무렵 마을에 낯선 늙은 거지가 나타났다. 남루한 청의에 우산을 멘 거지 노인은 집집마다 다니며 구걸했다.

"제발, 제발, 제가 살 수 있도록 밥 한 술만 주십시오."

여러 사람들이 그를 불쌍히 여겨 밥을 나눠주며 말했다.

"제발, 제발, 빨리 배부르게 열 술 다 드시오."

그 뜻은 다시는 빌어먹지 말고 잘 지내라는 축원이 담겨 있었다. 모든 집에서 음식을 주었지만 특히 제일 나중에 찾아간 집에선 정갈한 음식을 제대로 차려 주고 돈까지 한 푼 주었다. 노인은 돈을 받으며 혼자 중얼댔다.

"착한 사람이군! 이 좋은 음식과 돈을 얻었으니 나도 한동안 잘 지내겠구면!"

거지 노인은 돌아서려다가 다시 말을 이었다.

"나는 저쪽 산 아래 바위굴에 살고 있소. 혹 무슨 일이 있어 날 찾아오면 도울 수 있을 거요."

다음 해, 일 년 동안 한 방울의 비도 구경 못했다. 농작물이 시들었고 수확물을 거둘 수 없었다. 사냥꾼도 양식을 바꿀 수 없었으니 사람들은 살기 좋은 곳을 찾아 다투어 고향을 떠났다.

바로 그 무렵 마을 앞산 동굴에서는 섬광이 번쩍였다. 마치 큰불이 난 것 같아, 그 거지 노인의 거처라며 마을사람 몇이서 달려가 보았다. 그러나 굴속에서는 아무 일도 없는 것 같았다. 마을 사람들은 굴 안을 살펴보았다.

굴 안에서는 밝은 빛이 흘러나왔다. 그 빛은 거지 노인의 침상에서 나오고 있었다. 돌을 쌓아 만든 침상 주변은 온통 금은보화였다. 정말 눈부시게 광채가 났다.

노인은 죽은 듯 누워 있었다. 사람들은 노인에게 방해가 되지 않게 조용이 돌아가려 했다. 그러나 두 다리가 새끼줄에 묶인 듯 떨어지지 않았다. 몸은 돌아섰지만 눈은 침상 주변 금은보화를 주시하고 있었다. 거지 노인이 천천히 일어나 앉았다.

"기왕 이곳까지 왔으니 내 침상 주변 흙이나 담아 가시오."

사람들은 그릇이 없었기에 옷을 벗어 흙을 퍼 담았다. 그러면서도 왜 금은보화는 주지 않고 흙을 퍼 가라고 하는지 이상하게 생각했다. 그들의 그 마음을 먼저 헤아린 듯 노인이 말했다.

"모두 돌아가서 동남방을 향해 세 번씩 주문을 외우시오. 잘 들어보시오. 하늘과 땅의 크신 은혜에 감사하니, 대선(大仙)께서 보물로 바꿔주시네!"

거지 노인은 사람들의 눈을 꼭 감으라 하고 입김을 후~하고 불었다. 마을 사람들은 쉽게 돌아왔다. 동남방을 향해 주문을 외우니 그들이 퍼온 흙이 모두 금과 은으로 변했다. 마을 사람들은 고향을 떠나지 않았고 가가호호에 활활 타오르는 불꽃마냥 살림이 늘었다.

그러나 이렇듯 좋은 세월도 오래가지 못했다. 어느 해 사월 열여드레 날, 흑룡강의 용왕은 수하의 두더지 장군을 시켜 장백산 천지의 용왕에게 청첩을 보냈다.

두더지 장군은 구름을 타고 천지로 가던 중, 무송현을 내려다보는 산언덕에서 잠시 쉬었다.

십여 호의 조그만 마을은 퍽 윤택해 보였다. 산과 냇물이 적당히 어울려 꽃이 피고 온갖 새들이 우짖는, 그야말로 낙원이었다. 두더지 장군은 이런 곳에서 수련이나 하면서 조용히 살고 싶었다.

두더지 장군은 우선 마을 사람들을 내쫓아야 한다고 생각했다. 두더지 장군은 머리와 손발을 흔들며 비바람을 불렀다. 또 흑룡강 용왕의 위세를 빌려 큰소리치며 비를 쏟게 했다.

엄청난 물이 마을을 덮었다. 사람들은 지붕 위로 겨우 피신했다. 만약 비가 그치지 않으면 지붕조차 물에 잠길 것 같았다.

마을 젊은이 중에 전수(田秀)란 사람이 겨우 헤엄쳐 동굴을 찾았다. 전수는 동굴 밖에서 세 번 절하고 소리쳐 불렀다. 거지 노인이 나왔고 전수는 사정을 자세히 말했다.

노인은 자기가 쓰고 있던 모자를 하늘로 던졌다. 노인의 모자는 열 개로 변했고 열 개의 모자는 마을 지붕 근처에 내리면서 큰 배로 변했다. 마을 사람들은 배에 올랐고 모두 무사했다. 한편 거지 노인은 동굴을 향해 다시 소리쳤다.

"박쥐 정령들은 모두 나오너라!"

그러자 동굴에서 수많은 박쥐들이 쏟아졌다. 두더지와 박쥐의 싸움이 시작되었다. 결국 두더지 장군은 박쥐들을 이길 수 없었다. 두더지는 땅속으로 몸을 숨겼다. 두더지는 힘들여 땅굴을 파고 나아가 백두산 천지 용왕에게 청첩을 전했다. 그러나 곧 뒤따라온 거지 노인에게 잡혀 얻어맞고 다시 굴을 파면서 무송현으로 끌려왔다. 이후 무송현에는 천지와 연결이 되었기에 농사에 물 걱정을 하지 않았다. 그 뒤 무송현 사람들은 거지 노인을 신선으로 추앙했고 그 동굴을 선인동(仙人洞)이라 불렀다.

15. 무이산의 차

  복건성 무이산(武夷山)의 차(茶)는 꽤나 명성이 높다. 무이산 최초의 차나무에는 어떤 유래가 있는지? 이 역시 착한 사람에게 내려주는 선인(仙人)의 선물이 아니겠는가?

  아주 오랜 옛날, 무이산 구곡계(九曲溪)에 약초를 캐는 장 씨 노인이 있었다. 그는 심지가 선량한 사람이었다. 어느 집 누구든 아픈 사람이 있으면 장 노인은 마치 자기 일인 양 염려하고 도와주었으니 마을의 어른 아이 모두가 그를 존경하였다.

  어느 해, 한여름, 무이산 주변에 질병이 돌았다. 장 노인은 아래위 마을을 오르내리며 많은 사람들을 치료해 주었다. 그러나 환자는 많고, 준비한 약도 바닥났으며, 제철이 아닌 약초를 쓸 수도 없었다. 장 노인은 잠도 제대로 못 자며 걱정했지만 묘안이 없었다. 장 노인이 한참 걱정하고 있을 때 마을 사람 이숙(李肅)이 위독하다는 연락이 왔다.

  장 노인은 급히 이숙을 보러 갔다. 이숙은 고열이 나며 이미 혼수상태였다. 이숙의 병에는 적란(吊蘭) 생것이 있어야 치료할 수 있었다. 그러나 마을에 생 적란은 고사하고 말린 적란도 구할 수 없었다.

  장 노인은 약초를 캘 준비를 해가지고 급히 집을 나섰다. 한낮의 태양은 불덩이 같았다. 장 노인의 옷은 모두 땀에 젖었다. 무이산 계곡은 그래도 좀 나은 편이었다. 점점 깊은 골짜기로 들어가면서 사방을 살폈다. 해가 질 무렵 절벽 틈을 뒤지다가 겨우 적란을 찾았다. 그러나 거기는 쉽게 접근할만한 곳이 아니었다.

장 노인은 짚신 끈을 다시 조였다. 나뭇가지를 붙잡고 칡넝쿨에 매달리며 바위에 붙어 조금씩 기어 올라갔다. 그곳은 노인에게 정말 위험하고도 힘든 곳이었다. 그러나 지금 인명이 살고 죽는 순간인데 어찌 그냥 물러설 수 있겠는가?

장 노인은 적란 있는 곳에 올라갔다. 한 포기 두 포기 정성스레 캐서 망태기에 담았다. 그 귀한 적란을 얻었다 생각하니 마음이 후련했다. 그러나 문제는 또 있었다. 내려가는 길, 그것은 올라오기보다 더 어려웠다. 구우이호(九牛二虎)의 온 힘을 다해서 올라왔지만 밑을 내려다보니 현기증이 났다.

장 노인은 조심스레 손과 발을 떼었다. 그러나 갑자기 몸이 허공에 뜨는 것을 느꼈다. 하늘이 핑핑 돌아간다고 생각하면서 장 노인은 정신을 잃었다. 그리고 다시 움직이지 못했다.

서늘한 바람이 지나가는 것 같았다. 장 노인의 눈에 하얗게 센 머리와 어린아이같이 불그스레한 얼굴이 보였다. 산속의 도사이거나 신선이려니 생각이 들었을 때 이상한 향기를 맡으며 장 노인은 정신을 차렸다.

"나는 이곳 무이산의 신선이요. 평소 선량한 당신을 자주 보았소. 사람들을 위해 애쓰는 착한 사람을 죽게 버려둘 수가 없었소."

신선은 장 노인을 일으켜 세웠다. 장 노인은 신선을 따라 구름을 밟았다. 솜덩이를 밟은 것처럼 푹신했으나 발이 빠지지는 않았다. 귓가엔 바람 소리만 들릴 뿐 아무것도 보이지 않았다. 뿌연 안개와도 같은 것이 걷히면서 장 노인은 큰 돌문 앞에 서 있었다.

신선이 먼지떨이 같은 불진을 한번 흔들자 돌문이 열렸다. 안은 광활한 마을이었고 큰 집들이 즐비했다. 신선은 장 노인을 어느 대청으로 안

내했다. 집안은 깔끔하고 조용했으며 좋은 향내가 코를 즐겁게 했다.

무이산의 신선은 비취색 호로병을 따고 약물을 한 잔 따라주었다. 장 노인은 신선이 주는 약을 마셨다. 그윽한 향기와 쌉쌀한 맛이 기운을 돌게 했다. 눈이 밝아지고 기분이 좋았고 팔다리에 힘이 솟았다.

"이것이 무슨 신약(神藥)이옵니까?"

"이는 선다수(仙茶樹) 잎을 다린 것입니다. 정신을 맑게 하고 더위를 물리쳐주며 설사를 멎게 하며 병을 치료할 수 있지요. 우리 선원(仙園)에 한 그루 있는데 당신에게 주겠소. 이 나뭇가지를 꺾어 땅에 심어 가꿀 수 있으니 유념해서 키우세요."

장 노인은 몇 번씩 허리를 굽혀 고맙다는 인사를 했다. 그때 갑자기 귀를 울리는 큰 소리가 들리는 듯했다. 장 노인은 그 순간에 놀라 그냥 눈을 감았다.

장 노인이 다시 눈을 떴을 때, 자신이 큰 바위 위에 누워 있는 것을 알았다. 꼭 꿈을 꾼 것 같았다. 그러나 온몸이 홀가분했다. 벼랑에서 떨어진 것이 생각났지만 다친 곳은 하나도 없었다. 신선을 만났다는 생각을 하면서 주변을 살펴보았다.

바위 옆에는 큰 나무가 있었다. 처음 보는 나무였다. 신선이 말해준 선다수(仙茶樹)가 분명했다.

장 노인은 그 나뭇가지와 잎을 따서 망태기에 넣었다. 벼랑 위에서 캔 적란도 그대로 있었다.

장 노인은 급히 마을로 돌아왔다. 이숙의 병을 치료했고 차나무 가지를 땅에 심었다. 맑은 샘물을 퍼다 정성스레 가꾸었다. 차나무는 어린아이만큼 예쁘게 자라났다.

장 노인은 마을 사람들에게 신선을 만난 자초지종을 자세히 설명했다. 장 노인은 마을 사람들과 같이 무이산으로 차나무를 찾아갔다. 그 가지를 꺾어다가 마을 사람들과 같이 밭에 심었다. 차나무는 잘도 자랐고 몇 년 안에 온 마을에 퍼졌다.

이렇게 해서 무이산의 첫 번째 차나무는 마을 사람들에게 알려졌다. 사람들은 첫 번째 차나무 옆 큰 바위에 '다동(茶洞)'이라는 글씨를 남겼다.

16. 선양주

중국에서 항주(杭州)의 경치만큼 유명한 것은 소흥(紹興)의 술이다. 중국의 고량주(高粱酒)가 황하 유역의 밭농사와 수수를 원료로 하는 높은 도수의 증류주 계통 술이라면, 소흥주(紹興酒)는 양자강 유역의 논농사와 쌀을 원료로 만든 진한 향기의 양조주를 대표한다고 말할 수 있다.

특히 소흥의 선양주(善釀酒)는 황주(黃酒: 쌀과 차조 등으로 만든 곡주)의 정품(精品)으로 진한 노란색에 깊은 향기, 그리고 순후(醇厚)하면서도 질박(質朴)한 맛을 자랑한다.

언제쯤인지 확실치 않지만, 소흥 성문 밖 십 리쯤 되는 곳에 노송이 푸르고 산자락이 완만히 가라앉은 조그만 마을이 있었다. 그리고 그 마을에서도 산 밑에, 홀로 가난하게 살아가는 노파가 있었다.

그 노파는 누구에게나 친절했고 무엇이든지 도와주려고 애쓰는 착한 노인이었다. 회계산에 나무하러 가는 가난한 사람들은 노파의 집에서 잠시 쉬었다 갔으며, 노파는 그들에게 여름엔 시원한 물, 겨울엔 뜨거운 찻물을 내주었다. 또 지나가는 나그네라도 노파의 집에 들어가 숭늉을 마시며 몸을 녹였으며 여름엔 노파가 내주는 부채로 땀을 식혔다.

어느 여름날, 노파의 집에 다리를 절뚝거리는 늙은 거지가 나타났다. 얼굴은 창백했고 다리엔 고약한 종기가 나서 고름이 흐르고 있었다.

노파는 거지를 부축해 집안으로 들여와, 찻물을 따라주고, 물을 데워다가 다리를 씻겨 주었다. 심지어 부채를 손에 쥐여 주고 노파는 그 옆에서 파리와 모기를 쫓아주는 등 접대가 극진했다.

거지는 사흘이나 먹고 놀았다. 다리의 종기도 많이 나았다. 거지는 아무런 인사말도 없이 사라졌다. 만약 입장이 바뀌었다면 틀림없이 욕이 나왔을 것이나 노파는 일언반구 내색이 없었다. 오히려 거지 노인이 제 발로 걸어갈 수 있었으니 얼마나 좋은 일이냐고 말할 정도였다.

사흘이 지난 뒤, 그 거지는 다시 찾아왔다. 마치 딴 사람인 양, 백발이지만 동안(童顔)이 붉고, 흰 수염을 날리며 눈엔 광채가 나는 노인이었다. 다리의 종기도 나았는지 보이지 않았으며 옷은 전보다 깨끗했다.

노파는 아주 오랜 친구를 다시 만난 듯 반갑게 맞이했다.

"할머니! 내가 감사를 표시해야 하는데, 별다른 것이 없습니다. 여기 저 아래 마을에서 얻어온 종자(粽子)가 있는데 드시겠소?"

종자란 단오절에 먹는 일종의 찹쌀떡이다. 그러나 노파는 점잖게 거절했다.

"아이고! 별말씀을! 친척끼리 돕고 가난한 사람끼리 돕는다고 하지 않습니까? 그렇게 격식을 따져 감사하다고 말씀하면 오히려 서먹서먹합니다. 그냥 드십시오."

노파는 거지에게 뜨거운 찻물을 내다주며 단오떡 종자를 먹으라고 권했다. 거지 노인은 떡을 다 먹고 나서 띄엄띄엄 말했다.

"에! 할머니는 정말 선량하십니다. 고통을 받는 가난한 사람을 도와주고…… 참 고맙습니다. 단오떡은 내가 먹었지만 단오떡을 싼 이 대나무 잎은 할머니에게 주겠습니다."

거지는 노파 집 뒤로 절뚝거리며 걸어갔다. 그곳엔 산에서 내린 물이 바위틈 사이로 졸졸 흐르고 있었다. 거지 노인은 댓잎 두 개를 바위틈의 물이 떨어지는 곳에 끼워 넣었다. 그러자 흘러내린 물은 금방 누렇게 변하며 진한 향기를 풍겼다. 늙은 거지는 빙긋이 웃으면서 말했다.

"한번 마셔보시지! 골짜기 물이 술로 변합니다. 노파께서 죽을 때까지 먹고 살 걱정은 안 해도 될 거요."

노파는 눈을 비비며 술을 떠먹어보고 코를 대보며 손으로 비벼보았다. 틀림없는 술이었다. 그것은 여태껏 먹어보지 못한 순하고도 향기로운 술이었다.

노파는 입을 다물 수가 없었다. 노파의 눈은 가늘게 찢어지며 연신 아래위로 춤추듯 했다. 노파가 거지 노인에게 고맙다는 인사를 하려고 몸을 돌렸을 땐, 그 종적을 찾을 수 없었다.

노파는 한참을 생각하다가 손뼉을 쳤다.

"맞아! 바로 그분, 철괴리(鐵拐李)야!"

노파는 동쪽 하늘을 향해 연신 허리를 굽히며 철괴리를 칭찬하면서 치하했다. 그 뒤 노파는 술을 팔기 시작했다. 소흥성내 어느 주점에서도 맛볼 수 없는 최고의 술이면서도 값은 제일 쌌다.

나무하러 올라가는 가난한 나무꾼들에게는 공짜로 술과 안주를 내주었다. 노파의 장사는 날로 번창했고 소문은 널리 퍼져 멀리 항주에서도 노파의 술을 찾아오는 사람이 줄을 이었다.

소흥현의 지현(知縣)은 이름이 막덕귀(莫德貴)였다. '덕을 귀하게 여기지 않는다'는 이름조차도 고약한 사람이었다. 백성들은 막덕귀를 '하얀 굴뚝'이라고 불렀다 겉으론 깨끗한 척, 백성을 위하는 척하지만, 속은 시커먼 굴뚝 그대로였다.

막덕귀는 소문을 듣자마자 노파의 집으로 달려왔다. 단숨에 한 사발을 들이키고선 넋을 잃은 듯 서 있었다. 술맛이 하도 좋아서 제정신을 잃지는 않았다.

제정신을 잃지 않았기에 늘 하던 그대로 나쁜 생각만 했다. 막덕귀가 놀랍고도 걱정스러운 것은 세상에 어찌 댓잎 두 쪽 때문에 물이 술로 변하는가? 그리고 저걸 어떻게 하면 내 것으로 만들 수 있을까? 막덕귀의 고민은 바로 그것이었다.

"이런 문제일수록 쉽게 생각해야지. 저 대나무 잎만 떼어다가 우리집 연못에 집어넣으면 되지. 일 년 내내 술로 채워진 연못 그것이 바로 주지(酒池) 아니겠어!"

막덕귀는 다짜고짜로 술이 떨어지는 곳의 댓잎을 힘껏 당겼다.

'펑!'하는 소리와 함께 댓잎은 떨어지면서 큰 술독으로 변했다. 큰 술독을 본 막덕귀는 독 안으로 머리를 넣고 거꾸로 섰다. 막덕귀를 따라온 욕심 많은 차인들도 술통을 향해 뛰어들었다. 술독은 곧 돌로 변했다. 막덕귀와 차인들은 하나도 술통 밖으로 나온 사람이 없었다.

술독과 같은 그 바위는 지금도 그 자리에 그대로 있다고 한다. 그리고 그때 댓잎이 하나 없어졌기에 술도 반으로 줄었다고 한다.

당시 사람들은 그 술은 노파가 착하기 때문에 즉 선량하기에 신선 철괴리가 내린 술이라고 선량주(善良酒)라고 불렀다. 그러나 지금 이 시대까지 선양주(善釀酒)라 불리는 것은 노파가 죽은 뒤 노파만큼 선량한 사람은 없었고 다만 술을 잘 빚는 솜씨 좋은 사람이 있었기에 선양주라고 불려 왔다고 한다.

17. 침항주

복건성 용암(龍岩)의 침항주(沈缸酒)는 전 중국에 명성을 날리는 술이다. 침항주에는 신선과 관련된 재미있는 이야기가 전해온다.

청(淸)나라 말기 민서(閩西: 복건성 서부지역)지방에 백일 가뭄이 들었다. 전지가 균열하고 냇물이 바닥을 드러냈으며 샘물조차 말라버렸다. 많은 사람들이 고향을 버리고 유랑했다.

그전에 상항(上杭) 백사란 곳에 살던 젊은 부부가 고전(古田)을 거쳐 용암(龍岩)의 용수(榕樹) 부락으로 이주해 왔다. 그의 형제 서열이 다섯 번째이었기에 마을 사람들은 그를 오로관(五老管)이라고 불렀다.

오로관은 정직하고 부지런한 사람이었다. 남을 잘 도와주었고 인정도 많았기에 마을 사람들은 그를 좋아했다. 오로관의 선대에 주점을 열었었기에 그는 술을 빚는 기술을 갖고 있었다.

그는 열심히 일해 돈을 조금 모아, 용수촌에 천흥주가(泉興酒家)란 술집을 열었다. 용암에서 정주(汀州)를 오가는 행상과 객인들이 천흥주가에서 잠시 쉬면서 술을 마시고 채미령(採薇嶺)을 넘어 다녔다.

오로관의 양주 비법은 정성을 다하는 데 있었다. 그는 오직 찹쌀만을 사용했는데 그녀의 아내가 술쌀에 섞인 멥쌀을 하나하나 골라낸 뒤 술밥을 쪘다. 누룩을 만들 때도 정성을 다했고 누룩에 검불조각 하나도 들어가지 않게 조심했다. 술을 앉힐 때도 마을 앞의 냇물이나 샘물을 쓰지 않았다.

집에서 십여 리 떨어진 깊은 산 속에 있는 동굴의 맑은 물을 직접 길어다가 술을 앉혔다. 찹쌀과 누룩이 발효하여 부글부글 거품이 나면 다시 저어 가라앉히길 세 번씩 되풀이했다. 또 술이 그렇게 다 익었어도 술항아리를 땅속에 묻어 두었다가 석 달이 지난 뒤에야 손님에게 내놓았다. 때문에 천흥주가의 술은 색이 곱고 맛이 순수했으며 손님을 모시는 정성이 있어 술맛을 본 행인은 누구나 엄지손가락을 세우며 칭찬을 아끼지 않았다.

바로 그 해 백일 가뭄으로 동굴 샘물도 말랐다. 백성들은 앉고 서나 불안에 떨며 사방에서 기우제를 지냈다. 백성들의 간절한 소원과 통곡을 하늘에서 모를 리 없었다. 옥황상제는 이철괴를 범계(凡界)에 내려보내 민정을 살피게 하였다.

이철괴는 다리를 저는 거지가 되어 용수촌의 강 맞은편 마을인 경원구에 나타났다. 이철괴는 집집마다 돌아다니며 구걸을 했지만 누구나 종기고름이 질질 흐르는 거지를 미워했다. 동냥은커녕 욕을 퍼붓고 금방이라고 때려죽일 기세였다.

그는 물 한 모금, 땅바닥에 버린 오이껍질 한쪽도 얻어먹지 못하고 맞은편 용수촌으로 건너왔다. 이철괴는 용수촌에서 맨 먼저 오로관의 주점을 찾았다. 그때 오로관의 아내는 술밥을 쪄서 주먹만 하게 뭉쳐 멍석에 널고 있었다. 그녀는 불쌍한 거지를 보자 안쓰러워하면서 안으로 들어오라고 권한 뒤 찰밥 두 덩어리를 내주며 먹으라고 했다.

이철괴는 오로관의 아내로부터 가뭄이 얼마나 심한지 또 마을 사람들이 얼마나 고생하는가를 자세히 들을 수 있었다. 또 오로관이 술 담글 때 길어오는 동굴의 샘물조차 말랐다는 말도 들었다. 이철괴는 오로관의 아내와 함께 동굴 속 샘물을 직접 확인했다.

이철괴는 샘물 솟는 곳을 들고 다니던 지팡이로 힘껏 눌렀다. 갑자기 물구멍이 커지면서 차고 시원한 물이 쾈! 쾈! 쏟아졌다.

　오로관의 아내는 너무 감격해 눈물을 글썽이며 거지에게 고맙다는 인사를 거듭했다. 그리고 거지를 불러 자기 주점 상좌에 앉아 기다려 달라고 부탁했다.

　이날 이철괴가 용수촌에는 물길을 터주어 언제나 푸른 물이 넘실대나 건넛마을 경원구는 모두가 인색했기에 선인의 징벌을 받아 지금까지도 냇물이 자주 바닥을 보인다고 한다. 또 그 동굴에는 선인의 족적이 아직도 남아 있다고 한다.

　한편 오로관은 남의 집 일을 하고 돌아왔으나 먹을 것이 없었다. 아내에게서 자초지종을 듣고 오히려 아내를 칭찬하고 거지를 잘 보살펴 드리라고 당부도 하였다. 오로관은 그날 밤 거지와 마주 앉아 남은 술 한 항아리를 꺼내 밤새도록 마셨다.

　그리고 두 사람은 같은 침상에 나란히 누웠다. 이철괴는 천흥주점 오로관의 착한 마음을 벌써부터 알고 있었다. 마을 사람들의 고생도 그리고 세상을 사는 착한 사람들의 이야기도 들었다.

　새벽 사경 무렵에 거지는 변소에 가야겠다면서 일어났다. 오로관은 다리를 저는 거지가 혹 어둠 속에 넘어지지나 않을까 걱정이 되어 등불을 켜들고 따라나섰다. 이철괴는 변소에 가지 않고 주점 뒷마당에 묻힌 술항아리에 그간 먹은 것을 가득가득 토했다.

　그것은 구역질 나는 오물이 아니었다. 술항아리마다 향기로운 술들이 가득 찼다. 이후 그 항아리에 술을 담그면 더욱 향기와 맛이 좋았다.

　이철괴는 작별인사도 남기지 않고 금방 모습을 감추었다. 이후 천흥주가의 침항주는 더욱 유명해졌고 동굴의 샘물을 길어다 담그는 용암의 술은 모두 침항주로 중국에 명성을 날렸다.

18. 조왕신

음력 섣달 스무사흘부터 그믐날까지 하남(河南)지방의 농가에서는 부뚜막을 치우고 방 청소를 하며 그믐밤을 새우는 수세(守歲)까지 매일매일 할 일이 거의 비슷하게 이루어진다. 수세의 풍습이며 새해맞이 준비라 할 수 있는 일련의 과정은 중국인에게 하나의 풍속으로 내려오고 있다.

옥황상제의 막내딸은 현숙하고 마음씨가 착했다. 그녀는 이 땅의 가난한 인간들을 불쌍히 여겼고 나중엔 부뚜막을 만드는 일을 하는 젊은이를 사랑하게 되었다.

옥황상제는 그 사실을 알고 몹시 화가 났으나 젊은 남녀의 사랑을, 그것도 속세의 가난뱅이와 천상의 귀한 선녀와의 사랑을 막을 수는 없었다.

결국 귀한 딸을 인간세계의 가난뱅이에게 시집보내 고생하는 것으로 벌을 대신하도록 하였다. 그러나 서왕모는 막내딸을 끔찍이도 아꼈기에 옥황상제한테 간청하여 부뚜막 일을 하는 가난한 젊은이를 부엌의 신 즉 조왕(竈王)으로 임명했고 막내딸은 조왕비(竈王妃)가 되어 천상과 지상의 세계를 오가며 살게 했다.

조왕비는 천상선계의 좋은 음식이나 술 그 밖의 부엌 물건들을 수시로 인간들에게 나누어 주었다. 옥황상제는 본래 가난한 사위가 마음에 들지 않았고, 딸마저 천상선계의 물건을 빼 가는 것을 알고 잔뜩 화가 나서 일 년에 한 번씩만, 그것도 섣달그믐께만 문안을 올리러 올라오라고 명령했다.

　다음 해, 섣달그믐이 다가오자 인간세계엔 양식이 떨어지는 가난한 사람들이 많았다. 이런 딱한 실정을 잘 알고 있는 조왕비는 친정에 올라가 먹을 것이라도 갖다가 나눠줘야겠다고 생각했다. 그러나 아무리 가난하다지만 조왕비 자신이 빈손으로 친정인 선계에 올라갈 수는 없었다.

　인간들은 조왕비의 착한 공덕을 입고 있었기에 곡식을 조금씩 모아 찐빵을 만들어 주었다. 조왕과 조왕비는 찐빵을 싸 가지고 스무이튿 날, 천상의 세계로 올라가 옥황상제와 서왕모를 뵈었다.

　근친을 마친 조왕비는 옥황상제에게 인간들의 딱한 사정을 설명하며 도와달라고 간청을 드렸다. 그러나 옥황상제는 동정은커녕 가난뱅이 사위를 미워하며 어서 빨리 돌아가라고 말했다.

　조왕비는 옥황상제의 홀대에 화가 나서 금방이라도 돌아서고 싶었지만, 지상의 가난한 인간에게 빈 손으로 돌아갈 수가 없었다.

　마침 그때 서왕모가 조왕부부에게 내일 부뚜막이나 청소하고 내려가라고 말했다.

　스무사흘 날, 조왕비는 부뚜막을 청소했다. 옥황상제는 조왕비에게 내일은 꼭 돌아가라고 말했다.

　"부뚜막을 청소했으면 집 안 청소도 해야지요. 내일 방 청소를 다 하고 내려가겠습니다."

　스무나흘 날 조왕비는 집안 청소를 깨끗하게 마쳤다. 옥황상제는 내일은 그만 내려가라고 말했다.

　"재촉하지 마세요! 명절을 쇠려면 두부가 있어야 하는데 집안에 두부가 없어요. 내일 두부를 만들고 돌아가겠어요!"

스무닷샛날, 조왕비는 두부를 만들었다. 옥황상제가 빨리 내려가라고 채근하자 조왕비가 대답했다.

"고기도 썰지 않고 어떻게 명절을 보내겠어요? 내일 고기를 썰어 놓고 내려가겠습니다."

스무엿샛날 조왕비는 여러 가지 고기를 썰고 음식을 장만했다. 옥황상제가 또 재촉을 했지만 조왕비는 딴청을 부렸다.

"명절에 손님이 많이 오는데 닭도 안 잡아놓고 어떻게 손님 대접하겠어요? 내일 닭을 잡아야겠어요."

스무이렛날, 조왕비가 닭을 잡자 옥황상제가 조왕비를 불러 이제 제발 돌아가라고 사정을 했다.

"먼 길 가려면 마른 양식이라도 있어야 합니다. 내일 찐빵을 만들고 국수를 뽑은 다음에 가겠어요."

스무여드렛날, 조왕비는 빵을 쪄서 보자기에 잘 싸놓았다. 옥황상제는 아직도 할 일이 있느냐며 내일 날이 밝으면 빨리 떠나라고 성화를 댔다.

"이제 그만 재촉하세요. 내일은 술을 걸러놓아야 합니다."

스무아흐렛날, 조왕비는 술을 걸러 크고 작은 항아리에 채워 놓았다. 옥황상제는 사람을 보내 내일 떠나지 않으면 다시는 못 올라오게 하겠다며 역정을 냈다.

"만두도 빚지 않고 설을 쇠는 사람은 없어요. 내일 만두를 빚은 다음 늦게라도 떠날 터이니 진정하시라고 전해주세요."

섣달그믐 날, 조왕비는 아침부터 만두를 만들었다. 먹고도 남을 만큼 많이많이 만들어 커다란 광주리에 차곡차곡 담았다 그러다 보니 해가 지고 있었다. 조왕비는 그동안 만든 음식들을 모두 챙겼다.

조왕비는 서왕모와 옥황상제에게 작별 인사를 올리고 음식 보따리를 크게 싸가지고 지상으로 내려왔다. 그믐날 밤, 지상의 가난한 사람들은 불을 켜고 조왕비를 기다렸다.

가난한 그들은 조왕비를 보고 향을 피우며 반갑게 맞이했다. 물론 조왕비는 그들 모두에게 천상선계의 음식을 골고루 나누어 주었다.

사람들은 조왕비의 은덕을 잊을 수 없었다. 인정이 많고 부지런한 조왕비가 했던 그대로 부뚜막과 집 안 청소, 두부를 만들고 고기를 준비했다. 닭이나 오리를 잡고 빵과 국수를 마련했으며 술을 거르고 만두를 빚었다.

물론 음식을 이웃 간에 나누어 먹으면서 밤새 불을 켜고 지난 일 년을 회상했다. 조왕비가 그랬던 것처럼 착한 일을 많이 하겠다는 다짐을 하면서 설을 맞이했다고 전한다.

〈參考文獻〉

『道教文化辭典』: 張志哲 主編. 江蘇古籍出版社. 上海. 1994.

『列仙傳』: 劉向 著.

『中國文人傳奇』: 凌飛雲 編. 可筑書房. 錦德圖書公司. 臺北. 1991.

『中國仙話』: 鄭土有, 陳曉勤 編. 上海文藝出版社. 上海. 1990.

『中國風俗辭典』: 葉大兵, 鳥丙安 編. 上海辭書出版. 上海. 1991.

『八仙傳奇』: 畢珍 著. 漢欣文化事業有限公司. 臺北. 1990.

『華夏諸神』: 馬書田 著. 北京燕山出版社. 北京. 1990.

『繪圖歷代神仙傳』: 中國書店 編. 新華書店首都發行所. 北京. 1991.

『神人』: 陳起煥 編譯. 사철나무. 서울. 1994.

『중국인의 토속신과 그 신화』: 陳起煥 著. 지영사. 서울. 1996.

『東游記』: 陳起煥 譯. 지영사. 서울. 1998.

진기환 ─────────

중국 고전소설 『儒林外史』, 『東遊記』를 번역,
『史記講讀』, 『史記人物評』, 『중국의 土俗神과 그 神話』,
『三國志 故事成語 辭典』, 『三國志 故事名言 三百選』,
『中國人의 俗談』, 『젊은 리더를 위한 삼국지의 지혜』,
『三國志 人物評論』, 『水滸傳 評說』,
『아들을 아들로 키우기(가부장적 가정교육론)』,
『精選 三國演義 原文註解』 등의 저서,
개인 문집으로 『陶硯集』이 있음.
서울의 大東稅務高等學校 교장 역임.

초판인쇄 | 2011년 12월 5일
초판발행 | 2011년 12월 5일

엮 은 이 | 진기환
펴 낸 이 | 채종준
펴 낸 곳 | 한국학술정보㈜
주   소 | 경기도 파주시 문발동 파주출판문화정보산업단지 513-5
전   화 | 031) 908-3181(대표)
팩   스 | 031) 908-3189
홈페이지 | http://ebook.kstudy.com
E-mail | 출판사업부 publish@kstudy.com
등   록 | 제일산-115호(2000. 6. 19)

ISBN   978-89-268-2822-9 93910 (Paper Book)
        978-89-268-2823-6 98910 (e-Book)